新疆兵团哲学社会科学基金一般项目（13YB03）最终成果
石河子大学哲学社会科学优秀学术著作出版基金资助

经济管理学术文库·经济类

西向开放视角下
兵团区域竞争力多维评价研究

Research on Multidimensional Evaluation of
XPCC Under the Perspective of Westward Openness

朱金鹤／著

经济管理出版社
ECONOMY & MANAGEMENT PUBLISHING HOUSE

图书在版编目（CIP）数据

西向开放视角下兵团区域竞争力多维评价研究/朱金鹤著 . —北京：经济管理出版社，2021. 3

ISBN 978 - 7 - 5096 - 7852 - 7

Ⅰ.①西… Ⅱ.①朱… Ⅲ.①生产建设兵团—区域经济发展—竞争力—研究—新疆 Ⅳ.①F324.1 ②F327.45

中国版本图书馆 CIP 数据核字（2021）第 047319 号

组稿编辑：钱雨荷
责任编辑：曹 靖 郭 飞
责任印制：赵亚荣
责任校对：陈 颖

出版发行：经济管理出版社
　　　　　（北京市海淀区北蜂窝 8 号中雅大厦 A 座 11 层　100038）
网　　　址：www. E - mp. com. cn
电　　　话：(010) 51915602
印　　　刷：唐山玺诚印务有限公司
经　　　销：新华书店
开　　　本：720mm×1000mm/16
印　　　张：16. 5
字　　　数：315 千字
版　　　次：2021 年 3 月第 1 版　 2021 年 3 月第 1 次印刷
书　　　号：ISBN 978 - 7 - 5096 - 7852 - 7
定　　　价：88. 00 元

前　言

新疆生产建设兵团（以下简称兵团）是新疆对外开放的主力军和排头兵，"西向开放"对兵团具有紧迫感和可行性，在西向开放视角下对兵团区域竞争力展开多维评价也具有重要的现实意义。西部大开发实施十多年来，兵团经济逐步向一体化深化发展，西向开放已然成为新一轮西部大开发和对外开放战略的重要补充，同时也为兵团区域竞争力的提升带来了千载难逢的机遇。兵团发展口岸经贸地缘优势、资源优势突出，是西向开放的地缘通道和发展区域经济的前沿阵地。加紧构筑"西向开放"平台，不仅有利于兵团发展大物流、大循环、大商贸、大开放型外向经济，而且有利于吸纳、集聚优质的生产要素，更有利于进一步拓展优势资源转化的空间和领域，围绕丝绸之路经济带核心区建设培育区域发展增长点。

本研究依据区域经济理论、竞争优势理论，在西向开放视角下围绕兵团区域竞争力多维评价这一主线展开论述。首先，探究了西向开放与兵团区域竞争力互动关系的作用机理，构建了西向开放视角下兵团区域竞争力多维评价的理论框架。其次，分析了兵团区域竞争力的资源基础、支撑环境和发展条件，为分项测评区域竞争力提供现实依据。再次，采用熵权法对兵团的经济竞争力、产业竞争力、贸易竞争力、科技竞争力、人才竞争力、资源竞争力、绿色竞争力、公共服务竞争力、文化竞争力进行测评。又次，采用变异系数法综合评价兵团总体的区域竞争力状况与发展态势，分别从区域差异视角、师域差异视角、兵地对比的视角对比分析各区域的综合竞争力、核心竞争力、基础竞争力、潜在竞争力的空间时空特征与空间差异。复次，从直接因素、间接因素、动力因素、制约因素四个层面对兵团区域竞争力的影响因素进行识别与分析，构建了具有兵团特征属性并包含四个层次的"直接—间接—动力—阻力"区域竞争力模型，采用格兰杰因果关系法探究了对外开放度与兵团区域竞争力的因果互动关系。最后，在实证分析的基础上提出西向开放视角下提升兵团区域竞争力的有效途径与对策。

本书为朱金鹤教授主持的新疆生产建设兵团哲学社会科学基金一般项目《西

向开放视角下兵团区域竞争力多维评价研究》（13YB03）最终成果，自立项至结项历经近五年，其中甘苦皆积累为前行的经验和基石，成果中亦凝聚了多人的努力和付出。

课题组成员先后到新疆发改委、建设厅、环保厅和相关兵团师市进行实地调研和访谈，为该研究工作打下坚实基础。2014 年 7～9 月，对兵团发改委、统计局等相关部门进行调研；2014 年 11 月初，赴南疆一师、二师、十四师、阿克苏、库尔勒、和田等地就经济贸易、科技、文化发展进行调研；11 月底，对第六师、第七师、第十三师主导产业、服务业进行调研。2015 年 9 月中旬，对第四师、第五师工业制造业、公共服务、现代农业、特色产业进行调研；12 月下旬对第五师 81 团、83 团、86 团、88 团、91 团进行调研。2016 年 10 月，对第七师、第四师、第五师、第九师及奎屯、伊犁精河、尼勒克贸易、环境保护管控情况进行调研；2016 年 11 月底，对八师 132、121、136、141、142、147 各团场及北泉镇、西古城镇、花园镇社区治理、居民公共服务方面进行调研。2017 年 6 月中下旬，对第九师 161 团、164 团、166 团、167 团、169 团和塔城额敏县、托里县、裕民县主导产业、小城镇建设进行调研。对参与以上调研的课题组成员、涉及的相关政企部门、事业单位、团场领导与访谈人员的大力支持与配合表示诚挚感谢。

本书的主要分工如下：朱金鹤教授从整体上对本书进行了总体规划、设计与修改完善、精简与整合，包括研究思路设计、研究方法选择、评价指标体系设计、研究大纲设计与细化、项目组织、总体方案统筹、调研方案及执行，第 1 章、第 8 章、第 9 章内容撰写，研究报告的修改完善、全书统稿。在各章具体写作、实证研究、数据测算中近几年指导的研究生、博士生投入了大量的工作，其中：2017 年第一稿中硕士生王军香（第 5 章、第 6 章）、姜朋朋（第 7 章）、叶雨辰（第 3 章）、韩晓乐（第 4 章）投入了大量时间和精力，做出了较多贡献。

2018 年研究大纲进行了重大调整、修订和分工，后期修改、完善书稿的参与人员具体贡献如下：

博士生张瑞碧：2.1 西向开放政策与演进；2.3 西向开放对兵团区域经济发展的影响机理。

金融专硕牛凯：3.3.4 兵团区域科技发展条件；3.3.5 兵团区域人力资源条件。

硕士生樊琴：3.1 兵团区域竞争力提升的资源基础；4.4 兵团对外贸易竞争力评价；4.5 兵团科技竞争力测评；4.6 兵团人才竞争力测评。

硕士生张瑶：3.1 兵团区域竞争力提升的资源基础；8.2 提升兵团分区域竞争力的区域差异化对策。

硕士生叶雨辰：5.2 西向开放视角下兵团区域竞争力的研究方法选择；

5.3 西向开放视角下兵团区域竞争力的多维评价。

硕士生韩晓乐：4.1 兵团区域竞争力分项测评原则与测评方法；4.2 兵团经济竞争力测评；4.3 兵团产业竞争力测评。

硕士生郭东升：辅助负责第2、第3、第5、第6章的统稿与修改、完善，全稿的统稿与完善；3.2 兵团区域竞争力的支撑环境；3.3.1 兵团区域经济发展条件；3.3.2 兵团区域产业发展条件；3.3.3 兵团区域贸易发展条件；4.7 兵团资源竞争力测评；4.8 兵团绿色竞争力测评；4.9 兵团公共服务竞争力测评。

博士生王雅莉：辅助全书总体统稿的修改与完善，辅助负责第1、第4、第7、第8章内容统稿与修改、完善；3.3.6 兵团区域绿色发展条件；3.3.7 兵团公共服务发展条件；3.3.8 兵团区域文化发展现状；第6章 西向开放视角下兵团区域竞争力时空特征的实证分析；第7章 西向开放视角下兵团区域竞争力的影响因素分析；8.1 提升兵团整体区域竞争力的综合对策。

世事流沙，年年如旧，好花常有，好梦难留。
繁星满册，一线相系；互为人间，自成宇宙。
立在山巅，回望江河，人生海海，起落沉浮；
火冷灯稀，雪垂云野；日升月潜，世事婆娑。
来时冬至，眉上风止；归来未晚，闲处清欢。
心有惊雷，生似静湖，禅茶一味，雅俗二筹。
星月静栖，真味无赢；多闻草木，犹有书香……

知足知不足，有为有弗为；学力所限，瑕疵难免，敬请指正。
"别裁伪体亲风雅，转益多师是汝师"！学路漫长，互励共勉！

目　录

第1章 导 论

1.1 研究背景与研究意义

1.1.1 研究背景

随着经济全球化和中亚区域一体化的发展，当前我国已形成"陆上开放"与"海上开放"、西部的沿边开放与东部的沿海开放并进的对外开放格局，西向开放也必将成为兵团发展的强大动力。20世纪80年代末期，中国经济体制改革研究所在对西亚部分国家进行了短期的经济考察后提出了西部西向开放战略。经过30多年的改革开放，中国对外开放取得了巨大成就；西部大开发实施10余年，西部区域经济一体化深化发展，西向开放逐渐成为新一轮西部大开发和对外开放战略的重要补充；"十二五"规划期间，中央将西向开放提升为国家战略。2010年5月第一次中央新疆工作座谈会提出，要加大实施沿边开放力度，加快新疆与内地及周边国家物流大通道建设，努力将新疆打造成中国对外开放的重要门户和基地，并先后决定设立位于第四师附近的霍尔果斯和第三师附近的喀什作为新疆两个经济开发区，为新疆西向开放奏响新的篇章；2011年9月新疆将持续举办19年的乌洽会升级为中国—亚欧博览会，迈出了新疆加快沿边开放和西向开放的实质性步伐，确立了新疆在中国对外开放格局中对中亚、中东乃至欧洲开放的中心地位，成为打造中国西部区域经济的增长极和西向开放的桥头堡等对外开放的重要战略部署。2013年3月6日，全国政协常委、中国贸促会会长万季飞在全国政协第十二届一次会议分组讨论时建议"中国要加快实施西向开放战略"，新疆作为中国西向开放的最前沿得到高度重视。同年5月，国新办举行新疆对外开放发布会，提出按照中央新疆工作座谈会做出的战略部署，新疆积极构建"外引内联、东联西出、西来东去"对内对外开放新格局；2014 年，第二次中央新疆工作座谈会明确指出：着力打造新疆丝绸之路经济带核心区，从理论上确定丝绸之路经济带核心区的"五中心、三基地、三通道、十大产业集聚区"。2015 年，新疆经济工作会议及新疆生产建设兵团（以下简称兵团）发改委年度工作会议上均已明确将兵团农业"走出去"作为新疆和兵团承接"一带一路"国家战略的重要支撑点之一。2016 年 4 月 21 日，中国"一带一路"规划正式发布，明确提出和重申了新疆丝绸之路经济带核心区地位，同年 5 月，兵团党委审议通过了《新疆生产建设兵团国民经济和社会发展第十三个五年规划纲要》，提出了要利用好"一带一路"主题，促进区域协调发展、加快新型城镇化进程、加快工业转型升级、做大做强建筑业、示范引领全国现代农业、促进服务业提速提质、全力推进信息化发展、强化基础设施支撑八方面工作任务。同年 12 月，国务院审议通过《西部大开发"十三五"规划》，部署进一步推动西部大开发工作，指出要持续实施好西部大开发战略，加强"一带一路"建设，坚持创新驱动、开放引领，大力夯实基础支撑，推动西部经济社会持续健康发展。2017 年 5 月，响应北京召开的"一带一路"国际合作高峰论坛，新疆制定了 2014 ～ 2020 年行动计划，启动交通枢纽、商贸物流、金融、医疗、文化科教"五大中心"建设。

西向开放战略的提出与实施为兵团区域竞争力的提升带来了千载难逢的机遇。兵团有 37 个团场分布在 11 个国家一类开放口岸地区，发展口岸经贸地缘优势、资源优势突出，是西向开放的地缘通道和发展区域经济的前沿阵地。利用毗邻中亚的优势，加紧构筑"西向开放"平台，不仅有利于兵团发展大物流、大循环、大商贸、大开放型外向经济，而且有利于吸纳、集聚优质的生产要素（资本、技术、人才等），更有利于进一步拓展优势资源转化的空间和领域，在全球化和一体化进程中培育区域发展增长点，提高兵团区域竞争力。近年来，在党中央、国务院的亲切关怀和自治区党委的统一领导下，兵团充分发挥西向开放的地缘区域优势，利用国际国内两个市场、两种资源，全力打造招商引资平台、外向型产业平台，培育现代物流平台、口岸发展平台，建立合作与交流平台，不断改善投资发展环境。兵团已与 131 个国家和地区建立了经贸关系，与 20 多个国家和地区开展经济技术合作，形成了沿边、沿桥（亚欧大陆桥）和沿交通干线向国际、国内拓展的全方位、多层次、宽领域的对外开放格局。

区域发展目标的多样性导致区域间在多个维度上展开竞争，区域竞争力评价也应该从多个维度进行综合评价分析。多年来兵团各师团尤其是沿边师团受自然环境差、建设投入少、经济基础薄弱、远离内地市场、人才资源短缺等经济基础、资源禀赋因素的制约，使兵团区域竞争力和全国及发达地区相比尚有较大差距。因此，在经济全球化不断推进、区域间综合发展竞争日趋加剧的背景下，本书以西向开放为视角，从区域经济实力、产业竞争力、科技竞争力、人才竞争力、资源竞争力、文化竞争力、对外贸易竞争力、核心竞争力等多层面对兵团区域竞争力进行多维评价，探讨兵团区域竞争力的动力因素与制约因素，在此基础上提出兵团区域竞争力提升的对策，可以丰富区域竞争力研究领域的实践性；对兵团区域竞争力进行多维评价，进而找出影响和制约各区域竞争力的关键因素，对有效解决兵团经济先行区域如何发挥比较优势、经济欠发达区域为何缺乏竞争优势、如何有针对性地提高兵团产业竞争力优势等问题，对加快实施西向开放战略、推进西向开放进程，促进兵团各区域经济协调发展、实现跨越式发展，实现"两个力争"和"两个率先"均具有重要的理论意义和现实指导意义。

1.1.2 研究意义

由于受特定区位、自然条件、历史和社会环境等因素制约，兵团相对于东部发达地区、沿海开放地区来说对外开放水平较低。因此，兵团"西向开放"具有一定的迫切性，在西向开放视角下对兵团区域竞争力展开多维评价也具有重要的现实意义，主要表现在以下几个方面：

兵团推进西向开放战略是兵团主动融入"一带一路"开放战略、推进"上合组织框架"落实、促进与周边经贸一体化发展的需要。"西向开放"是全球经济一体化进入国际大背景下，中国经过 40 多年的改革开放，经济取得了巨大发展之后做出的更高层次的开放。而国家提出的"一带一路"倡议是一个相对主动的开放，是参与国际规则制定的重要举措，兵团只有参与到"一带一路"建设中，加速"西向开放"，才能有助于中国融入全球一体化进程，才能有助于中国在全球经济地位中得以提升，才能有助于中国参与国际规则的制定。自上合组织 2010 年签署《上海合作组织成员国政府间农业合作协定》，建立农业合作机制以来，各成员国在该协定的指导下，在种植业、畜牧业、跨境动植物疫病防控、农业技术、专家培训等领域开展了广泛合作。兵团作为丝绸之路经济带的"核心区"，在推进中国与丝路沿线国家的畜牧业和农业合作中有着天然优势，在诸多领域具有合作互补和深化交流合作的潜力：首先，地理上靠近中亚，新疆是对中亚国家贸易、投资活动的地区中心，有 10 余个通往中亚国家的陆路口岸，而这些口岸所在区域大都是兵团的边境团场。其次，与中亚地区国家具有相似的气候和环境条件，自然资源兼具共性和互补性。最后，处于相似的经济发展阶段，农业产业结构也极为相近。可见兵团的作用与新疆的地位相辅相成，兵团积极参与全国"西向开放"将有助于带动新疆经济社会全面发展。因而，兵团的西向开放对于推进"上合组织框架"落实、促进与周边经贸一体化发展都有着"桥头堡"的作用。

提升兵团区域竞争力有利于建设先进生产力和先进文化的示范区，推进丝绸之路核心区建设。"十三五"是"第一个百年目标"的冲刺时期，是中国迈向全面小康的关键时期，兵团承担着"屯垦戍边"的历史重任，兵团"西向开放"有助于国家全面开放战略的实施，有助于"第一个百年目标"的顺利实现，有助于新疆经济社会的健康发展。第一，有利于建设先进生产力和先进文化的示范区，兵团嵌入式分布在新疆全境，在新疆各时期各地建设中都发挥了先进生产力和先进文化的示范推动作用。在新时期新形势下，如何成为新疆"先进生产力和先进文化示范区"，关系着兵团的自身发展、作用发挥和新疆的长治久安。首先，现代农业是兵团的强项和亮点。发挥兵团在规模化、组织化、技术推广等方面的优势，按照现代农业发展和转型升级标准，推进农业产业公司化运作，优化产业结构对于新疆发展的稳定性有着至关重要的作用。其次，以国家战略驱动，将兵团城镇打造成新疆先进生产力和先进文化建设的核心示范区，协同解决人口结构、文化认同和社区多样文化相互嵌入等核心问题是关乎新疆发展举足轻重的大事，是打造丝路核心区的关键点。第二，兵团参与到"西向开放"战略当中，将对推进丝绸之路核心区——新疆的经济社会发展有着至关重要的作用。首先是扩大新疆贸易出口，增加收入；其次是加快新疆产业升级，优化经济结构；再次是经济由内向型向外向型转变；最后是形成西部全面开放的格局，实现中国中西部的平衡发展。可见，兵团参与"西向开放"将对推进丝绸之路核心区建设具有重要影响。

增强兵团区域竞争力有利于使兵团真正成为安边固疆的稳定器和凝聚各族群众的大熔炉，在新时期更好发挥兵团"屯垦戍边""建城戍边"职责。兵团在调节社会结构、推动区域协调、优化人口资源等方面发挥着独特作用，积极参与"西向开放"战略将为兵团更好发挥这些作用提供助力。一是兵团维护新疆稳定的作用会更加凸显，更好地发挥巩固边防、维护边疆安全的作用。兵团作为稳疆固边的"稳定器"，必须做大做强、增加分量，才能在"丝绸之路经济带"发展和新疆稳定巩固中发挥积极作用。二是给兵团发展改革带来了外部动力，是兵团做大做强的又一机遇。"西向开放"战略是国家战略，且得到周边国家的积极响应，必将成为沿线国家和地区共同发展、强化合作的又一机遇，与周边国家扩大交往，既会促进发展，也会为深化自身改革起到积极影响。三是兵团文化交融优势更加明显，传播中国文化的使命和载体作用不容忽视。中央第二次新疆工作座谈会提出兵团要做"先进文化的示范区"，在"西向开放"的过程中，兵团"五湖四海"的文化交融优势在文化传播方面将大有作为。

综上所述，无论是从国际角度，还是从国家、新疆以及兵团自身角度出发，兵团亟须参与并推进"西向开放"。

1.2 国内外研究现状述评

1.2.1 国内外区域竞争力相关研究

国外对区域竞争力的研究始于对国家竞争力研究，其研究历史可追溯到20世纪70年代末，1978年美国技术评价局受白宫和参议院委托开始对美国竞争力的研究，标志着国家竞争力研究的开始。美国于1985年发布了第一份国家竞争力报告，1990年成立正式的政府竞争力政策咨询机构"竞争力政策理事会"（CPC）；鉴于美国对国家竞争力战略层次上的重视与研究，日本紧随其后；随后，欧洲国家自80年代初也开始通过成立专门的课题组着手对国家竞争力进行研究，1995年欧盟成立"竞争力咨询小组"（CAG），专职向欧洲议会和首脑会议提供竞争力发展的政策建议。瑞士洛桑国际管理学院IMD（1989年至今）对竞争力的评价模型、指标体系、方法进行了系统的研究，将区域竞争力分解为八个大的方面因素，包括企业管理、经济实力、科学技术、国民素质、政府作用、国际化程度、基础设施和金融环境。迈克尔·波特认为，区域竞争力集中体现在一个区域的产业竞争力上，一国的特定产业是否有国际竞争力取决于六个因素，即要素状况，需求状况，相关产业与辅助产业，企业战略、结构与竞争，机遇作用，政府作用，这六大因素构成了著名的"钻石模型"。加拿大学者帕德莫和吉博森（Tim Padmore，Hervey Gibson，1998）在"钻石模型"的基础上提出了GEM模型，确定了影响区域竞争力的六大因素，包括资源、设施、供应商和相关辅助行业，本地市场，外地市场，公司结构，战略和竞争，并用蛛网模型表示。Brooksbank和Pickernell（1999）认为，区域竞争力是一定数量的决定因素相互强化的结果，是区域间相对居民生活水平的比较。城市战略机构（IUS）自2008年起开始发表以城市为研究对象的区域竞争力指数——城市实力指数（Global Power City Index，GPCI），并将竞争力的范围拓展到了全欧洲和全球的范围对全球主要城市的竞争力进行横向和纵向比较。近年来，国外学者对区域竞争力的研究不再只停留于宏观和中观，开始向行业、产业和企业以及更加微观的领域延伸，Guang Ji tong（2011）基于模糊灰色分析法对区域农业品牌竞争力进行了综合评价。Jomphong Mongkhonvanit（2014）根据欧盟的概念方法与经验证据研究了产学研（A‑I‑G）对区域竞争力的作用机理。Murat Kaslmoğlu（2016）

研究了伊斯坦布尔的金融竞争力，构造了综合指标（九个指标用于银行部门，而13 个指标用于金融市场）将伊斯坦布尔金融中心与迪拜、法兰克福、中国香港、吉隆坡、伦敦、莫斯科、纽约、巴黎、上海、新加坡、东京、多伦多 12 个城市比较。Francisco Coronado（2017）通过以农业活动为生产力考察的竞争力指数测算了秘鲁沿海地区、高地和丛林地区的农业竞争力。综观国际的研究可发现，关于区域竞争力的研究已经形成一个较为完整的理论体系，并且实证研究也十分丰富，但是大部分研究都是基于发达国家的背景，研究发达国家的区域、行业，得到的结论也仅适用于发达国家，而广大的发展中国家以及发展中国家地区的区域竞争力状况还尚未得到充分的重视。

国内关于区域竞争力的研究始于 20 世纪 90 年代末，目前方兴未艾，有关区域竞争力的内涵考究经历了一个由浅入深、层层细化的过程，而对于区域竞争力研究对象也经历了一个由"宏"转"微"，不断适应社会发展变化的过程。具体来看：①关于区域竞争力的内涵，国内学者从不同维度进行了较为深入的研究。狄昂照（1992）首次在国内公开讨论国际竞争力的概念、定义，并用多指标分析方法对亚太 15 国（地区）的国际竞争力进行评价；严于龙（1998）、徐云峰（2001）等认为区域竞争力直接表现为一区域的产品在国际、国内市场上的竞争力；王海霞（2004）等认为区域经济竞争力是对一个地区经济发展状况和发展环境的概括；徐琼（2006）认为区域经济竞争力是该区域经济实力、经济外向度、金融环境、创新因素、政府管理与科技发展的综合体现，是各种经济变量的有机组合及其动态合力的结果。有的学者认为区域竞争力主要通过区域经济的均衡产出、生产能力和市场地位体现（阳国新，1995；郝寿义，1998；王国贞，2007；谢立新，2009；单玉丽，2012），有的学者认为区域竞争力问题本质上是区域的可持续发展问题（张为付，2007；丁力，2008；左继宏，2009；张斌，2011；芦岩，2012；程玉鸿，2013），也有学者用区域经济实力来定义区域竞争力（王秉安，2005；左继宏，2011），亦有学者认为区域间的竞争就是对资源的竞争（王秉安，2000；王连月，2010；王立成，2010），还有学者认为区域竞争力是区域多种能力的综合（赵修卫，2003；王秉安，2000）。②在研究的对象上，经历了一个由宏观到微观，由东部到中西部区域的转变，由按省域划分的区域到按发展政策划分的经济圈转变。首先，区域竞争力的研究对象从早期的国家和区域层面的竞争力研究（严于龙，1998；倪鹏飞，1998；王秉安，2000；左继宏，2005）转向产业竞争力研究（程臻宇；2011，孙东琪，2013；李治国，2012；潘霞，2013；程乾，2015），其中主要涉及了高新技术产业、文化产业、金融业、旅游业、物流产业等新兴产业的竞争力研究。其次，区域竞争力的研究对象从发达区域，如广东（胡霞，2004；宋光辉，2004）、东北（张平宇，2003；宋光辉，

2004）、江苏（张金华，2002）向中西部区域转变，如中部六省（陈晓红，2006；上官飞，2011；李磊，2017）、西部12省区（蒋同明，2006；谯薇，2007；陈桃红，2013；李娟，2014）。最后，区域竞争力的研究对象从按省市划分的区域研究逐步向按发展政策划分的经济圈转变，如马建会（2006）、于丹（2007）、刘璟（2009）、林寿富（2015）研究了珠三角的区域竞争力情况，张国强（2012）、徐光瑞（2015）、曾冰（2015）分别从区域战略性新兴产业竞争力与一体化角度出发，对比了长三角、珠三角和京津冀的区域竞争力。黄茂兴（2012）对海西区与长三角、珠三角区域经济竞争力比较与联动机制进行了探讨。

1.2.2 区域竞争力的实证研究

区域竞争力的实证研究涉及区域竞争力的评价模型和区域竞争力的评价方法两个方面。

（1）在区域竞争力的评价模型上，国外研究较早，代表性的经典模型有迈克尔·波特提出的钻石模型、Tim Padmore（1998）的蛛网模型、瑞士洛桑国际管理学院（2000）提出的IMD模型。国内学者（韩国元，2009；龚发金，2012；张继良，2010）在国外早期经典模型的基础上进行了深入研究，代表性的有国内直接—间接竞争力模型、三力体系模型、弓弦理论模型、三要素模型和核心—外围因素城市竞争力模型。近年来，学者们在国家、城市的区域竞争力评价模型更新和改进不大，但在具体行业和更加微观的领域有着新的进展。胡瑞华（2009）将传统的波特钻石模型进行改进，构建了建筑产业竞争力六边形模型。李雪茹（2009）对VRIO模型修正评价了区域文化产业的竞争力，喻胜华（2011）、唐颖（2013）通过可以反映内生潜变量和外生潜变量的结构方程模型分别分析了区域旅游产业竞争力和区域科技竞争力的影响因素，董会忠（2015）建立科技创新与区域竞争力动态关联评价的"投入—产出—协调—发展"概念模型，运用正态云理论，对全国的区域竞争力进行纵向评估及动态预测，并对东部、中部和西部进行横向比较。诸葛晴怡（2015）基于偏离—份额模型评价了长三角区域经济结构优势和自身竞争力的强弱。

（2）在区域竞争力的评价方法上，从常见的研究方法来看，主要有层次分析法、数据包络分析法、主成分分析法、多变量方差分析、相关性分析、复回归分析、路径分析等（万绪才，2001；张欣，2002；杨森林，1999；黎洁，1999；冯茂娥，2003；张争胜，2005；黄秀娟，2007），这些方法适用范围广且操作简单易行，在区域竞争力研究中使用频率较高。此外，近年来，在微观层面的竞争力研究中，出现了新方法衍生、传统方法组合使用的两大趋势。在新方法的采用上，主要有 TOPSIS 法、熵权法、突变级数法、BP 人工神经网络法等（郭子雪，2017；郑亚平，2015；李彩惠，2015；关建清，2012；慕静，2008）。

相对而言，多数学者采用了传统方法的组合，一方面继承适用的普遍性，另一方面弥补传统方法在主观性较强、信息流失严重、易忽视定性因素等方面的不足。主要包括了 PCA - DEA 方法（胡瑞华，2009），即将主成分分析法（PCA）引入 DEA 模型中，构建带有 PCA 权重约束锥的 PCA - DEA（C2WH）模型；AHP - EM - SD 集成模型法（马铭，2016），即将传统的层次分析法（AHP）进行拓展，以 AHP - EM 组合赋权的评价体系为框架，进而运用系统动力学方法（SD）构建区域竞争力 AHP - EM - SD 集成模型；AHP - EM - TOPSIS 法（晏永刚，2017）组合运用 Delphi、AHP、熵权法确立指标权重，再采用 Topsis 分析方法来评价区域竞争力。此外，还有 PP - DEA 模型法（王旭，2013）、AHP - BP 人工神经网络模型（徐知渊，2017）等。

1.2.3　区域竞争力影响因素综述

区域竞争力的影响因素研究是对区域竞争力评价模型研究的细化，是构建区域评价模型的基础，而选择合理的指标是区域竞争力影响因素分析的基础和前提条件。在区域竞争力影响因素的理论基础上，主要包含了 10 种理论观点：古典区位理论强调综合各种因素的单个经济个体的最优区位对区域竞争力的重要性；古典经济学理论则侧重要素的相对优势，包括土地、劳动、自然资源和资本等对区域竞争力的影响；发展经济学理论提出技术性和制度性的后发优势对区域竞争力的作用；增长经济学理论强调知识和专业化的人力资本积累对区域竞争力的促进作用；创新理论侧重一区域中新生产要素的组合即创新；新制度经济学理论从制度结构与制度变迁角度探讨区域竞争力的提升；新贸易理论侧重规模经济，包括熟练劳动力、专业化的基础设施、供应商网络和本地化技术等因素；新金融理论强调包括储蓄率和资本配置效率金融的作用；企业经济学理论侧重企业的状况，包括企业更注重的技术水平和管理水平；竞争优势理论提出了区域竞争力的钻石四要素，包括生产要素，需求条件，相关及支持产业，公司的战略、组织以及竞争。

在官方机构推出的区域竞争力影响因素指标选择上，瑞士洛桑国际管理学院（IMD）从 1989 年起每年发布世界竞争力年报，将国际竞争力的影响因素归纳为经济活力、工业效率、市场趋向、金融活力、人力资源、国家干预、资源利用、国际化倾向、未来趋势和社会政治稳定性。从 1991 年开始，根据新的研究内容和定义将影响因素做了较大调整，归并为八类要素，即企业管理、经济实力、科技水平、国民素质、政府管理、国际化度、基础设施和金融体系、经济和社会凝聚力；第二次报告认为区域竞争力最主要的影响因素如下：一是就业率和就业人员的生产力水平；二是行业就业集中度；三是人口统计特征；四是由固定资产形成总额衡量的期间投资；五是对知识经济资产的投资；六是基础设施；七是教育水平和性质；八是创新和 RTD（研究和技术发展）。英国贸易和产业部（DTI，2004）从五个方面建立了"区域竞争力指标体系"，即整体竞争力、劳动力市场、教育和培训、资本以及土地和基础设施。米德兰东西部基本准则认为，竞争力取决于：知识密集型技能，创新能力，企业对固定资产和人力资源开发的投资水平，在高增加值产业活动中的就业集中度，坚实的财政和商业服务，较高的外国直接投资水平。世界经济论坛 2005 年推出的全球竞争力指数（GCI），根据各国十二项指标上的表现进行打分，作为决定一国竞争力的主要依据，用以反映一国竞争力的全貌。具体包括：制度建设、基础设施、宏观经济环境、卫生与初等教育、高等教育和培训、商品市场效率、劳动力市场效率、金融市场发展水平、技术成熟度、市场规模、商业成熟度以及创新水平。

近年来，我国学者对区域竞争力指标的选择和指标体系的构建也在不断深化。魏敏（2007）将影响区域竞争力的因素分为初始竞争力、潜在竞争力和现实竞争力三类，其中初始竞争力包括自然优势力，潜在竞争力包括政府能动力、产业竞争力、企业竞争力、人力竞争力和外界互动力，现实竞争力包括经济实力。夏智伦、李自如（2009）将影响区域竞争力的因素划分为产业竞争力、企业竞争力、对外开放竞争力、经济综合实力竞争力、基础设施竞争力、科学技术竞争力以及劳动力（人力资本）竞争力七类；左继宏（2011）按九大因素评价区域竞争力，包括区域经济实力、产业竞争力、金融竞争力、科技竞争力、基础设施竞争力、城市竞争力、政府作用、国民素质竞争力、居民生活竞争力；龚发金（2012）认为区域竞争力由三个直接竞争力因素（产业竞争力、企业竞争力和涉外竞争力）和四个间接因素（经济综合实力竞争力、基础设施竞争力、国民素质竞争力和科技竞争力）两个层次构成。

1.2.4 文献评价

综上所述，对于区域竞争力的研究，在区域竞争力内涵的考究上经历了一个由浅入深、层层细化的过程；对研究对象的研究经历了一个由"宏"转"微"，且不断适应新兴业态的过程。具体到我国，研究对象经历了一个由东部到中西部区域的转变，由按省域划分的区域到按发展政策划分的经济圈转变；区域竞争力的评价模型在宏观对象的研究上新模型较少，但在微观对象的研究上，时有进展；在区域竞争力的评价方法上，有新方法衍生、传统方法组合使用的两大趋势；在区域竞争力影响因素的选择上，学者们涉及的类别包罗方方面面，指标体系的构建也会因为研究对象的特征和研究对象所处的区域特征发生改变。目前，区域竞争力的研究已经形成一个完整的理论体系，但仍存在以下问题：

一是现有关于区域竞争力的研究文献中，对于国家竞争力和城市竞争力研究得比较多，而对于介于国家竞争力和城市竞争力之间的国家级区域竞争力（兵团）的研究却很少。二是关于区域竞争力内涵的界定和理解仍有待深化。现有关于区域竞争力的界定基本上是套用国家竞争力的定义，忽略了被评价对象区域所具有的本质特征，因而未能把握区域竞争力的本质。三是区域竞争力的研究主要集中在竞争力的外在表现形式上，缺乏对竞争力产生的内在原因和机理进行系统的理论分析，因而没能抓住区域竞争力的本质来源，进而导致区域竞争力的评价缺乏一定的科学性和合理性。四是尽管在区域竞争力的提升策略研究上已做了不少工作，有了一定基础，但从总体上看，当前这类研究大多是空泛的理论探讨，存在针对性不强、可操作性差等不足，因此，有必要针对性地研究具体和实用的提升措施，提高对策的可操作性和实施效果。

本书研究的是西向开放背景下，兵团区域竞争力的多维评价。国外研究大多是以国家为研究对象，从研究内容上可借鉴的意义不大，但其研究方法为本书提供了系统研究竞争力的思路和比较具体的评价指标体系；国内研究针对新疆区域竞争力的研究较少，针对兵团区域竞争力的研究更为罕见；目前还没有适应其特殊性的竞争力评价指标体系，这为本书研究提供了突破口。基于此，在已有文献基础上，本书做了以下拓展和突破：

（1）在研究对象上，涉及兵团区域竞争力的研究较少，而由于影响因素指标的选择和指标体系的确立是构建区域竞争力的评价模型基础，因而研究对象发生改变，将直接影响标的选择和指标体系的确立，进而影响区域竞争力的评价。所以，不能空泛地用新疆区域竞争力情况代表兵团区域竞争力情况，而本书的研究正好填补了学界在兵团这一研究对象上的空白。本书根据兵团独特的经济、文化、社会特点，在参照国家竞争力定义的基础上，提出和界定了兵团区域竞争力内涵。

（2）在研究深度上，本书在立足西向开放的背景下对兵团区域竞争力进行多维评价，更加全面系统，不仅涉及 2000 年以来兵团整体的区域竞争力变化趋势，也涉及兵团各个师市、南北疆的区域竞争力变化趋势，不仅对比了兵团与新疆的区域竞争力，更深入分析对比了兵团区域内部不同的分项竞争力，不仅考察了西向开放背景下不同维度的竞争力，也探究了影响兵团区域竞争力的因素，对王秉安教授提出的"直接—间接"竞争力模型进行改进和拓展，提出了更适用兵团的"直接—间接—动力—阻力"竞争力评价模型，力求为兵团区域竞争力的提升政策提供有效建议。

（3）在研究视角上，本书基于西向开放的视角探究兵团区域竞争力的提升，兵团承担着"屯垦戍边"的历史重任，兵团"西向开放"有助于国家全面开放战略的实施，有助于"第一个百年目标"的顺利实现，有助于新疆经济社会的健康发展。而以往文献的研究大多针对区域企业、产业或者经济竞争力的提升，少有文献在西向开放的视角下，探究地区区域竞争力的提升，这也与兵团的区位条件和历史使命有关。

（4）在研究的现实意义上，本书在"三期叠加"为主导的新常态背景下，紧抓西向开放对"一带一路"政策的重要性，探究了兵团对外开放竞争力与其他竞争力的相关关系和因果关系，用以为兵团抓住"一带一路"的契机、提高对外开放水平提供路径选择。而"一带一路"政策又与供给侧结构性改革有着深刻的内在契合，因而，兵团区域竞争力的提升既有利于兵团建设先进生产力和先进文化的示范区，也有利于以点带线，以线带面，推进丝绸之路核心区新疆的经济社会发展，进而打通丝路之线，为中国经济高速发展创造区域新活力。

1.3 研究内容与研究方法

1.3.1 研究内容

本书依据区域经济理论、竞争优势理论、区域分工理论、地域分异理论等相关理论，在西向开放视角下围绕兵团区域竞争力多维评价这一主线展开论述。首先，探究了西向开放与兵团区域竞争力互动关系的作用机理，构建了西向开放视角下兵团区域竞争力多维评价的理论框架。其次，分析了兵团区域竞争力的资源基础、支撑环境和发展条件，为分项测评区域竞争力提供现实依据。再次，采用熵权法对兵团的经济竞争力、产业竞争力、贸易竞争力、科技竞争力、人力竞争力、资源竞争力、绿色竞争力、公共服务竞争力、文化竞争力进行测评。又次，采用变异系数法综合评价兵团总体的区域竞争力状况与发展态势，分别从区域差异视角、师域差异视角、兵地对比的视角对比分析各区域的综合竞争力、核心竞争力、基础竞争力、潜在竞争力的空间时空特征与空间差异。复次，从直接因素、间接因素、动力因素、制约因素四个层面对兵团区域竞争力的影响因素进行识别与分析，构建了具有兵团特征属性并包含四个层次的"直接—间接—动力—阻力"区域竞争力模型，采用格兰杰因果关系法探究了对外开放度与兵团区域竞争力的因果互动关系。最后，在实证分析的基础上提出西向开放视角下提升兵团区域竞争力的有效途径与对策。本书共由9章内容构成，各章具体内容安排如下：

第1章：导论。本章主要阐述区域竞争力评价研究的背景和意义，研究的整体思路和框架，国内外研究现状与评述，对本书主要研究方法和内容，以及区域、兵团、区域竞争力等基础概念的界定。

第2章：西向开放与兵团区域竞争力互动关系的作用机理分析。梳理了兵团西向开放的政策与演进历程，分析了包括西向开放对兵团的区域竞争力发展的影响机理和兵团区域竞争力提升对西向开放的支撑功能在内的西向开放与兵团竞争力之间的互联互动关系，并在此基础上，具体探讨了西向开放对兵团区域竞争力的影响效应。

第3章：兵团区域竞争力：资源基础、支撑环境与发展条件。首先，主要从能源资源、水文资源、土地资源、森林资源、农业资源和旅游资源六个方面对兵团资源禀赋进行分析；其次，从优势、劣势、机遇、挑战四个方面对兵团支撑环境进行分析；最后，对西向开放背景下，兵团区域发展的总体情况，兵团经济、产业、贸易、科技、人才、资源、绿色、公共服务、文化九个方面的发展现状进行阐述，为下文分项测评区域竞争力提供现实依据。

第4章：西向开放视角下兵团区域竞争力分项测评。采用熵权法对兵团经济竞争力、产业竞争力、贸易竞争力、科技竞争力、人才竞争力、资源竞争力、绿色竞争力、公共服务竞争力、文化竞争力进行测评。

第5章：西向开放视角下兵团区域竞争力的综合评价。构建了包含核心竞争力、基础竞争力、潜在竞争力在内的3个一级指标，包含经济竞争力、科技竞争力、产业竞争力、绿色竞争力、资源竞争力、公共服务竞争力、贸易竞争力、人才竞争力、文化竞争力在内的9个二级指标，以及反映二级指标的共21个三级指标的综合指标体系。采用变异系数法和综合评价法考察了兵团的核心竞争力、基础竞争力、潜在竞争力变化情况，以及兵团各师的核心竞争力、基础竞争力、潜在竞争力变化差异情况。

第6章：西向开放视角下兵团区域竞争力时空特征的实证分析。首先，对比分析了南北东疆兵团核心竞争力、基础竞争力、潜在竞争力的差异；其次，从兵团师域的角度对核心竞争力、基础竞争力、潜在竞争力进行时空特征的实证分析；最后，从兵地差异视角对核心竞争力、基础竞争力、潜在竞争力进行兵地对比，旨在多维度、多层次探究兵团区域竞争力水平。

第7章：西向开放视角下兵团区域竞争力的影响因素分析。结合西向开放的背景与其特殊的政治经济情况，首先，对兵团区域竞争力的影响因素进行识别与分析，归纳并总结了影响兵团区域竞争力的直接因素、间接因素、动力因素与制约阻力因素，并建立了兵团直接竞争力、间接竞争力、动力和阻力的指标体系。其次，在对兵团区域竞争力影响因素分析中构建了兵团区域竞争力影响要素模型——"直接—间接—动力—阻力"和兵团区域竞争力模型。再次，从外资依存度、对外经济合作度、外贸依存度、国际旅游依存度四个方面选取了8个指标采用因子分析法测评了兵团 2000~2015 年的开放竞争力水平。最后，在测算出兵团经济竞争力、产业竞争力、企业竞争力的情况下，通过相关分析和格兰杰因果关系检验了对外开放度与兵团区域竞争力影响要素之间的因果关系。

第8章：基于西向开放的兵团区域竞争力提升的对策。根据前文兵团分项竞争力、兵团内部各师市竞争力测评结果，以及兵团西向开放影响因素的分析结果，从提升兵团整体区域竞争力的综合对策、按竞争力层次的分区域竞争力提升对策、具体分项竞争力的提升层面提出了相关政策建议。

第9章：主要研究结论与展望。对全书研究的主要结论进行了总结，并提出了本书的可能创新之处、不足与展望。

1.3.2 研究方法

第一，理论和实际相结合的方法。以发展经济学、区域经济学、产业经济学为基础，对兵团区域竞争力的现状、问题、原因进行深入分析，抽丝破茧、循序渐进、层层深入，在充分实证分析的基础上，在对兵团区域竞争力影响因素的判别和分析下，得出了有针对性的、可实施的对策，充分证实了理论指导实践、实践源于理论的思想。

第二，定性分析与定量分析相结合的方法。运用统计学和计量经济学的方法，对收集到的数据资料进行定量分析，在阐述区域竞争力的相关理论基础上，定性分析了兵团区域多维竞争力发展的现状；在定量分析方面，通过改进的熵权 TOPSIS 方法对兵团经济、产业、对外贸易、科技、人才、资源、绿色、公共服务和文化分项竞争力进行了测度；运用变异系数法、综合评价法、自然断点法，分别从南北疆区域差异视角、师域差异视角、兵地对比的视角对比分析各区域的综合竞争力、核心竞争力、基础竞争力、潜在竞争力的空间分布特征与空间差异；采用因子分析法测度了兵团竞争力影响因素，采用格兰杰因果关系法探究了对外开放度与兵团区域竞争力的因果互动关系，从多维度、多层次对西向开放视角下兵团区域竞争力水平进行探究与把握。

第三，静态分析与动态分析相结合的方法。在对兵团区域竞争力分项测评时，从时间的角度对不同时期的兵团分项竞争力进行了动态比较，在对兵团区域竞争力进行分析时，既从静态的角度对兵团各师多维竞争力进行横向比较，又从动态的角度对兵团区域多维竞争力进行纵向分析，同时进行了聚类分析，从而使问题的研究更加全面深入。

第四，实证分析和规范分析相结合的方法。本书对兵团经济竞争力、科技竞争力、产业竞争力、绿色竞争力、资源竞争力、公共服务竞争力、贸易竞争力、人才竞争力、文化竞争力、核心竞争力、基础竞争力、潜在竞争力、直接竞争力、间接竞争力的测评和西向开放下区域竞争力影响因素的分析属于实证分析，而对兵团区域竞争力的现状、西向开放与兵团区域竞争力互动关系的作用机理、西向开放视角下增强兵团区域竞争力的对策建议属于规范分析。

1.4 研究思路与研究框架

本书依据区域经济理论、竞争优势理论，在西向开放视角下围绕兵团区域竞争力多维评价与对策研究这一主线展开论述。第一，阐述国内外研究现状以及区域、兵团、区域竞争力等基础概念的界定，分析了国内外区域竞争力研究的 IMD 模型、波特模型、国内直接—间接竞争力模型、三力体系模型、三要素模型、"核心—外围"因素城市竞争力模型等竞争力模型。第二，探究了西向开放与兵团区域竞争力互动关系的作用机理，作为理论分析框架。第三，首先分析了兵团区域竞争力的资源基础、支撑环境和发展条件，为分项测评区域竞争力提供现实依据；其次采用熵权法对兵团经济竞争力、产业竞争力、贸易竞争力、科技竞争力、人才竞争力、资源竞争力、绿色竞争力、公共服务竞争力、文化竞争力进行分项测评；再次采用变异系数法综合评价兵团总体的区域竞争力状况与发展态势，分别从区域差异视角、师域差异视角、兵地对比的视角对比分析各区域的综合竞争力、核心竞争力、基础竞争力、潜在竞争力的空间时空特征与空间差异，旨在探寻兵团区域竞争的优势与劣势，明确兵团各师在兵团的地位及变化；最后在西向开放视角下探究兵团区域竞争力的影响因素，构建了兵团区域竞争力影响要素模型——"直接—间接—动力—阻力"和兵团区域竞争力模型，并在采用因子分析法测算出兵团经济竞争力、产业竞争力、企业竞争力的情况下，通过相关分析和格兰杰因果关系检验了对外开放度与兵团区域竞争力影响要素之间的因果关系。第四，在实证分析的基础上，结合兵团区域竞争力的影响因素，提出了提升兵团整体区域竞争力的综合对策、按竞争力层次的分区域竞争力提升对策、提升兵团综合竞争力的其他具体对策。

本书的研究思路与框架如图 1-1 所示，主要体现了"问题的提出—理论与技术支持—实践基础—实证分析—成因分析—对策研究"的逻辑。

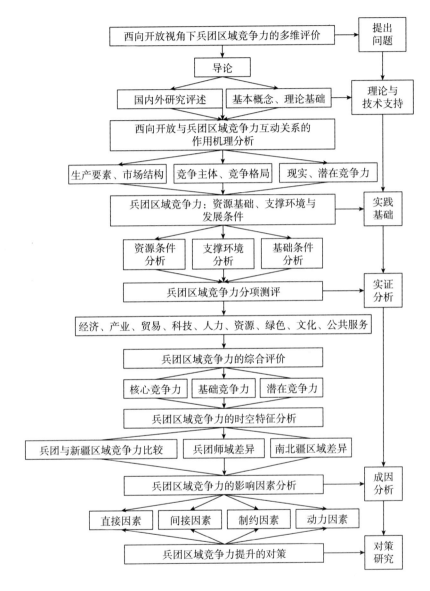

图 1-1 本书的研究思路与框架

1.5 基本概念界定与理论基础

1.5.1 基本概念界定

1.5.1.1 西向开放

西向开放是改革开放政策的延伸,是全面对接亚欧的大格局开放,推动企业西进、产业西移、产品西出的重要战略,是对外开放总战略的"车之两轮"。改革开放以来,我国以东南沿海率先开放并带动全方位开放的政策,既促进了中国经济的高速发展,又带动了世界经济社会的发展。当下,立足于丝绸之路经济带的战略,我国与中亚五国、俄罗斯、伊朗、土耳其、沙特阿拉伯、高加索等国的合作未来不断深化,中国可能会融入一个更大的整体框架结构中,需要从新的世界格局和中国的发展重点入手,通过西向开放,加强西部地区的对外开放,全面对接亚欧的大格局开放。注重发展与中亚的政治、经济、文化和社会的交往,特别是在互联互通方面,共同发力,携手推进。面向丝绸之路经济带目标的西向开放,必将给全世界带来新的发展动力和文明气象。

新疆位于西向开放的桥头堡,而兵团散落在新疆的各个区域,兵团的第一师、第三师、第四师、第五师、第九师、第十师均有团场与边境相邻。因而,兵团的西向开放是继向东开放的再延伸、再平衡的发力点,是对内承接产业转移、进行产业结构优化,增强产业竞争力与企业竞争力,对外开展与中亚国家、俄罗斯和巴基斯坦等国的国际贸易、经济合作,增强对外竞争力和经济竞争力,进而推动综合竞争力提升的重要举措。

1.5.1.2 兵团区域的界定

区域是一个客观存在,是一个多层次的复合系统,它没有严格的范畴,一个地区、一个国家乃至几个国家均可成为一个区域。根据新古典经济学,区域是一种经济组织,这种组织是市场选择的结果,是随着城市的形成而出现的。

兵团是新疆解放初期由中国人民解放军第一兵团二、六两军四个师,第二十二兵团和五军一部,根据中央军委毛泽东主席的命令,集体转业组建而成。经过60多年的建设,兵团现有人口近280万人。目前兵团下设14个师(其中包含1个建筑工程师)及185个农牧团场(其中包含11个建筑工程团),插花式地分布于新疆全境。各师沿着塔里木河、孔雀河、乌鲁木齐河、玛纳斯河、乌伦古河、中苏界河等数十条河流分布,已建成水库137座,总库容33.58亿立方米,现有

2000 亩以上灌区 108 处, 干、支、斗渠道长度 37670 千米; 保护耕地面积已达
795.75 万亩, 实有造林面积 12 万余公顷。兵团作为新疆建设的重要力量, 发挥
着中流砥柱的作用。为了更加准确地对兵团区域进行把握, 本书研究的区域范围
以兵团作为基本单位, 阐述了兵团的发展脉络, 对兵团区域的界定有一个清醒的
认识。

1.5.1.3 区域竞争力的内涵及构成

区域竞争力是指能支撑一个区域持久生存和发展的力量, 即一个区域在竞争
和发展的过程中与其他区域相比较, 所具有的吸引、争夺、拥有、控制和转化资
源, 争夺、占领和控制市场的能力, 为其自身发展所具备的资源优化配置能力,
也可以说是一个区域为其自身发展对资源的吸引力和市场的争夺力。主要体现在
一个地区集散资源、创造财富、提供服务以带动辐射周边地区的能力, 是地区经
济、社会、科技、文化环境、人民素质的几个综合水平和能力的体现。分析来
看, 对区域竞争力的定义一般围绕以下四个方面展开:

一是财富创造能力。学者们将区域竞争力定义为区域创造财富多少的能力,
这一类定义突出了区域经济的产出层面, 其最大特点是用经济的产出能力来直接
衡量区域竞争力的强弱。

二是资源配置能力。研究者将区域竞争力定义为区域的资源配置能力, 这一
类定义突出表现于投入与过程层面, 力求将概念立足于经济学的基本原理: 经济
的本质是资源的优化配置。

三是经济实力。研究者用区域经济实力来定义区域竞争力, 严于龙 (1998)
提出地区经济竞争力是一个地区国民经济在国内竞争中表现出来的综合实力的强
度, 国内外贸易、金融、投资的地位, 主要强调地区综合经济实力。

四是综合能力。研究者将以上讨论中的两种或多种提法结合起来, 认为区域
竞争力是多种形式的综合能力。郭秀云认为区域竞争力为 "一个区域在与其他区
域竞争中所具有的相对优势, 包括经济增长潜力、资源优化配置能力和市场占有
能力等, 是社会、经济、文化、制度、政策等多种因素综合作用的结果"。

基于以上分析, 本书定义区域竞争力是以区域的经济、社会发展的客观现状
为基础, 以支撑区域经济发展为导向, 以资源配置能力为核心的一种相对性综合
能力, 具体表现在经济、产业、贸易、科技、人才、资源、绿色、公共服务、文
化方面, 抽象表现在核心竞争力、基础竞争力、潜在竞争力, 系统表现在直接竞
争力、间接竞争力、动力因素和阻力因素上。因为, 只有站在更广泛和多维的角
度, 才能全面认识某一地区的竞争能力问题。

1.5.1.4 竞争及竞争力的本质

竞争力是参与者双方或多方的一种角逐或比较而体现出来的综合能力。竞争

就是两个或两个以上的主体为了某一目标或利益而进行的争夺或较量，该定义明确地指出竞争的目的就是某一目标或是利益。竞争的产生并不是偶然的，本质是由于资源的稀缺性和竞争主体之间需求的矛盾，如果资源是充足的，则竞争就不会发生。竞争力是一个相对的概念，只有在特定的环境中，经过比较才能辨析出竞争力的强弱或大小；对竞争力的研究必须是多层次的。在区域层次上，由于参与竞争的利益主体可以划分为国家、地区、产业、企业等多个层次，因而对竞争力的研究必须有针对性地围绕国家竞争力、区域竞争力、产业竞争力、企业竞争力等层次来进行。在研究范畴上，竞争力不仅包含现实竞争力，更包含潜在竞争力。在研究对象上，不仅要研究特定利益主体现有生产要素参与国际国内市场竞争所表现出来的生存能力，而更重要的是必须研究特定利益主体相对于其他利益主体的未来发展潜力；竞争力的实质是比较生产力。竞争力实际上是一个涉及国家（地区）之间经济关系的经济学概念，包括"比较优势"的概念。

1.5.1.5　绝对优势、比较优势与竞争优势辨析

（1）绝对优势。绝对优势是指在某种商品的生产上，一个国家所耗费的劳动成本绝对低于自己的贸易伙伴国，在劳动生产率上占有绝对优势。各国如果都生产自己具有绝对优势的产品，继而进行自由交换，那彼此都可以获得绝对利益的好处。

（2）比较优势。如果一个国家在本国生产一种产品的机会成本（用其他产品来衡量）低于在其他国家生产该产品的机会成本的话，则这个国家在生产该种产品上就拥有比较优势。区域竞争力正好借鉴了这一方法，它通过对各区域若干经济指标的研究，探讨各区域在其所属的大区域环境中的优势和劣势、机遇和威胁，从而为区域的发展战略与政策提供依据。

（3）竞争优势。竞争优势是指相较于竞争对手拥有的可持续性优势：先进的运作模式；更适合市场需求的产品和服务；通过上述某个领域或者是多个领域相互作用形成优于对手的核心竞争力。国家或地区通过制定竞争战略来发展国家（地区）的竞争优势，在全球范围内（一个大区域）通过竞争获取更多的资源来发展经济。因此，竞争成为区域经济发展的一个重要课题。区域竞争力研究是考察一个区域通过竞争获取优势，高效、合理地配置资源来发展经济。

绝对优势和比较优势都属于竞争优势的范畴，但又各不一样。有绝对优势一定有比较优势，有比较优势不一定有绝对优势。绝对优势是同一产品一国对另一国的优势，是内生的；而比较优势理论是同一国一种产品对另一种产品的优势，是外生性的。

1.5.1.6　区域综合实力、区域核心竞争力辨析

（1）区域综合实力。区域综合实力指在一定区域范围内集散资源、提供产

品和服务的能力，是区域经济、社会、科技、环境等综合发展能力的集中体现。区域综合实力的概念从系统论的角度分析区域是一个具有包括经济、政治、文化、社会、环境等若干子系统的大系统。区域综合实力是若干子系统实际表现的融合。因此研究区域综合实力，首先就要分析子系统的实力。根据中国国家统计局的界定，区域综合实力可以表现为人口与劳动力、经济、社会、基础设施、环境等方面的竞争能力。

（2）区域核心竞争力。区域核心竞争力是指一个区域在长期发展过程中通过实现可支配核心资源的有效优化配置，形成自我发展机制和自组织能力，创建并保持长期、持久、独特、稳定的竞争优势，带来超额利润和创造区域财富、支撑和保持区域可持续性竞争优势的一种独特能力。区域核心竞争力是区域经济综合竞争力中最基本、最重要的竞争力，区域核心竞争力具有不同于一般区域经济竞争力的本质特征。

区域竞争力概念范围大于区域核心竞争力，有别于区域综合实力。区域竞争力包括核心竞争力、基础竞争力和潜在竞争力，核心竞争力是主要问题的主要方面。区域综合实力是指在一定区域范围内集散资源、提供产品和服务的能力，而区域竞争力则是自身发展所具备的资源优化配置能力，是指能支撑一个区域持久生存和发展的力量。

1.5.2 研究理论基础

1.5.2.1 资源禀赋理论

H - O 理论即赫克歇尔—俄林理论，以要素分布为客观基础，强调各个国家和地区不同要素禀赋和不同商品的不同生产函数对贸易产生的决定性作用。要素合作型 FDI 是该理论的扩展，其基本原则是转移可流动要素与不可流动要素的结合，提高各类生产要素的利用效率。赫克歇尔—俄林定理（Heckscher - Ohlin Theory）没有试图去解释国际间生产率的重要差异，这种差异致使各国间比较成本的不同，并由此引起国际贸易。在现代赫克歇尔—俄林理论中，这些生产率差异本身被归因于各国初级要素拥有量的差异，这种初级要素拥有量的差异实际上肩负了解释国际贸易的全部重任：比较明显的对外贸易商品构成的原因，如要素质量的国际差异以及同一产品生产函数的差异等，都通过假设前提而精心排除了。赫克歇尔—俄林的理论最终形成了现在众所周知的国际贸易模型的赫克歇尔—俄林定理，其认为，同类产品存在的价格绝对差是各国进行交易的直接基础，而引起各国同类物品价格不同的原因是多方面的，最关键的是各国生产各种物品的成本比率不同，而成本比率是由使用要素的价格差别决定的，而要素价格是由要素相对存量决定的，要素存量则是由要素供给决定的，要素供给又是由要素禀赋决定的。这样得出的一般结论是：任何一个国家都应该生产并出口自己资源丰富的要素的产品，并进口自己资源缺乏的要素的产品。这个定理用供给条件解释整个外贸商品的构成，如果（比如说）一国的进口需求倾向于用其富足的要素比较密集地生产的那些物品，那赫克歇尔—俄林定理就没法解释了。在一系列特定条件下，自由贸易将使要素价格基本上完全，而不是局部均等。这些特定条件包括：完全竞争、无交换成本、不完全专业化、相同的线性齐次生产函数、无外生经济、在所有相对要素价格上相对要素密集程度不变、要素质量相同、要素数量不大于商品数量。这种绝妙的阐述（李嘉图的比较优势理论）最后推广到了 n 个国家、n 种要素和 n 种物品；H－O 理论则没能做到这一点，它至今仍只是一个讨论两个国家、两种要素和两种商品的定理。

基于要素禀赋观点，本书在区域政策设计、区域规划制定、区域竞争力指标选择等方面，考虑到了区域开发绝对成本和区域要素禀赋差异性。

1.5.2.2 区域分工理论

区域分工是相互关联的社会生产体系在地理空间上的分异，又称劳动地域分工，表现为一国、一地区按某一优势的社会物质生产部门实行专业化生产。区域分工理论经历了古典区域分工贸易理论、新古典区域分工贸易理论和新区域分工贸易理论几个阶段，主要受国际贸易理论的影响，最初是针对国际分工与贸易提出来的，后来被区域经济学家用于研究区域分工与贸易。区域分工的思想早在古典经济学派出现之前就已产生，18 世纪后期亚当·斯密（A. Smith）绝对优势理论认为，任何区域都有一定的绝对有利的生产条件，如果区域按绝对有利的条件进行分工生产，然后进行交换，能使各区域的资源得到最有效的利用，从而提高区域生产率，增进区域利益。19 世纪早期大卫·李嘉图的比较优势理论发展了区域分工理论，突破了绝对优势学说，从生产成本的相对差异出发，提出任何区域即使在任何方面都处于劣势，而仍可以选择不利程度最小的产业进行发展，并在产业分工体系中找准定位。20 世纪 20~30 年代赫克歇尔—俄林的生产要素禀赋论解释了导致产品比较成本区域差异的关键原因在于要素比例的不同和区域间相对要素禀赋或丰裕度的不同，这也是国际或区域分工产生的基本原因。20 世纪上半叶苏联著名的经济地理学者巴朗斯基运用马克思主义观点，对劳动地域分工进行了阐述，提出了比较系统的区域分工理论，认为区域分工就是社会分工的空间形式，可分为绝对地理分工与相对地理分工。20 世纪 50 年代以后，区域分工理论得到了进一步的完善和发展，还相继出现了新要素禀赋理论、技术差距理论及产品生命周期理论等，迈克·波斯纳的技术差距理论强调了区域间的创新产品和技术差异会产生区域比较优势，而以保罗·克鲁格曼为代表的"新贸易理论"则强调了规模经济和产品差异化也可以形成比较优势。

因此，本书按照区域分工理论的思想，在分析区域自然资源禀赋、气候条件、技术水平、劳动力、资本、土地等生产要素禀赋的差异基础上，准确定位区域在区域分工中的位置。

1.5.2.3 地域分异理论

地域分异理论也称"地域分异规律"，揭示了地理系统的整体性和差异性，以及其形成的原因与本质。19世纪初德国地理学家洪堡发现了纬度的垂直差异和大陆东西岸的差异，发现了植物的水平分异和垂直分异。19世纪末，俄国地理学家道库恰耶夫发现并提出地带性分异规律，奠定了地域分异理论的基础；他在《关于自然地带的学说》和《土壤的自然地带》两部著作中完整地提出并论述了自然地带学说，科学阐释了自然地理分异的地带性规律。经济地理学认为是地域生产综合体及其各生产部门，在特定空间范围内的分布与组合格局所表现出来的内在联系规律性；而人文地理学认为是一定地域范围内的人文景观的组成成分相互联系、相互制约，在政治、社会、文化等因素的长期历史作用下所表现出来的规律性。综合各种观点，地域分异是自然、经济、人文等各种要素相互作用所表现出来的具有不同空间尺度、等级层次性、综合性、整体性、规律性的"集体效应"。影响地域分异的因素也包括三个方面：自然因素、经济因素和社会因素。在中小尺度上，自然因素的影响主要表现在光热气候、海陆位置、地形地貌的空间差异；经济因素的影响主要表现在经济地理位置、自然资源、交通条件、信息条件、历史基础等方面的空间差异；社会因素主要表现在政治因素、人口集聚状况、文化因素的空间差异。

本书用地域分异理论作为指导，在自然条件和生产基础等不同的前提下，兵团地区形成差异较为明显的各类地域，在进行区域竞争力多维评价时，应科学识别现阶段区域经济地域分异规律，理性看待地域差异和区域发展不平衡的客观现实，以自然地域分异格局为基础重新审视区域生态环境容量和资源承载能力、现有开发密度、发展潜力以及可持续发展能力等方面的区域差异性。

1.5.2.4 竞争优势理论

竞争优势理论，由哈佛大学商学研究院迈克尔·波特提出，波特的国际竞争优势模型（又称钻石模型）包括四种本国的决定因素（Country Specific Determinants）和两种外部力量。四种本国的决定因素包括要素条件，需求条件，相关及支持产业，公司的战略、组织以及竞争；两种外部力量是随机事件和政府。波特对于竞争战略理论做出了非常重要的贡献。波特认为，在与五种竞争力量的抗争中，蕴含着三类成功型战略思想，这三种思路是总成本领先战略、差异化战略、专一化战略。波特认为，这些战略类型的目标是使企业的经营在产业竞争中高人一筹：在一些产业中，这意味着企业可取得较高的收益；而在另外一些产业中,一种战略的成功可能只是企业在绝对意义上能获取些微收益的必要条件。有时企业追逐的基本目标可能不止一个,但波特认为这种情况实现的可能性是很小的。因为要贯彻任何一种战略,通常都需要全力以赴,并且要有一个支持这一战略的组织安排。如果企业的基本目标不止一个,则这些方面的资源将被分散。

本书借鉴波特的国际竞争优势模型,并在直接—间接模型基础上,构建了适合兵团的直接—间接—动力—阻力模型,以系统地评价兵团区域竞争力情况。

1.5.2.5 新贸易理论

要素禀赋理论解释了生产要素禀赋不同国家之间进行贸易的原因,但却不能解释为什么大部分国际贸易却发生在要素禀赋相同或相近的国家之间(如发达国家之间),以及同一产品在一个国家既出口又进口(称为产业内贸易)的情况,而这两种贸易在20世纪60年代以来发展很快,于是便出现了解释这种现象的新贸易理论。

M. V. 波斯纳(M. V. Posner)认为,剔除了劳动和资本投入的差别之外,还存在着技术投入上的差别。技术领先国家进行技术创新后,研究出新产品,然后凭着技术领先优势,向国外出口这种新产品。然而当国外渐渐熟悉并通过技术合作、跨国公司的对外直接投资等途径掌握了这些高新技术之后,就能模仿生产这些产品,从而减少进口,并且最终凭借着低廉的劳动力成本优势反而向技术领先国家出口该产品。

R. 弗农(R. Vernon)提出的产品生命周期理论进一步扩展了技术差距理论,他认为,在产品被引入的初期,需要大量研究与开发工作和高技术人才,并在产品实现标准化生产的过程中需要大量投资,发达国家在技术、人才和资本上是存在比较优势的,因此这一阶段常常在发达国家进行。产品生产标准化之后并不需要高技术人才,而是需要操作工人,这样一个产品初期在技术人才和资本密集的发达国家生产,标准化之后产品的生产向劳动力成本低廉的不发达国家转移,发展中国家在生产技术已经标准化的那些产品领域是具有国际竞争力的。

从以上分析并结合兵团实际状况可以看出,新贸易理论解释了国际贸易发生在要素禀赋相同或相近的国家之间的原因,兵团与周边中亚地区国家具有相似的气候和环境条件,自然资源兼具共性和互补性;处于相似的经济发展阶段,农业产业结构也极为相近。基于新贸易理论可以认为兵团具有与周边国家合作的契机。

1.5.2.6 开放经济理论

开放经济理论最早出现的形式是以亚当·斯密和大卫·李嘉图为代表的自由贸易学说。亚当·斯密最早提出绝对优势理论,认为两国间的贸易是基于以生产效率来衡量的绝对优势而进行的。李嘉图在斯密的基础上通过两部门模型的分析提出了比较优势理论，认为国际贸易的基础是生产效率的相对优势（而非绝对优势），以及由此产生的相对成本的优势。绝对优势和相对优势理论通过说明一国可以通过国际自由贸易而获得利益论证了对外开放对于经济发展的必要性，是开放经济理论发展的基石。后来赫克歇尔和俄林又提出了著名的理论（要素禀赋理论），要素禀赋理论从单纯的技术论上摆脱出来，认为一国应出口密集使用该国相对充裕或者相对便宜要素的商品。新古典主义贸易理论的进一步发展不仅促进了国际贸易在世界范围内的发展，也促使了国际分工在世界范围内的逐步形成，开放经济的理论与实践得到了进一步发展。诺贝尔奖获得者伊普里高津基于耗散结构理论和非平衡学研究提出："封闭和平衡是不会有发展的，只有开放和非平衡是系统发展的必要前提，开放系统是与外界不断交换物质、能量和信息的系统，具有与封闭系统相对立的良性结构。"从系统动力学的角度解释了开放的必要性。

基于此，本书认为兵团劳动力充裕，在发展劳动密集型产品上具有比较优势，从而参与国际分工是合理的，开放是有益的。正如我国开放经济理论发展的开端具有一定的时代特色和中国特色，而实践证明中国的开放经济是正确的。因此，兵团基于西向开放的视角，积极响应"一带一路"的政策，促进本地开放竞争力和经济竞争力的提升。

1.5.2.7 内生增长理论

1983年美国加州大学教授保罗·罗默提出了生产四要素的理论，其核心思想就是将知识作为经济增长更为重要的一个要素。他认为：第一，知识能够提高投资效益；第二，知识需要投资；第三，知识与投资存在良性循环的关系。他所说的经济增长四要素则是：资本、非技术劳动力、人力资本（可按接受教育时间长短衡量）、新思想（可按专利数量衡量），这四个要素构成了新的经济增长源。其中特殊的知识和专业化的人力资本是推动经济增长的主要动力，它们不仅能形成自身递增的收益，而且能使资本和劳动等要素投入也产生递增收益，从而使整个经济的规模收益递增，保证长期的经济增长。罗默认为，生产要素的收益问题是影响经济增长的一个重要因素，新古典增长理论关于边际收益递减的假设是导致其失败的根本原因。因此，在他提出的增长模型中放弃了这一假设。在传统的物质经济形态中，人类利用的资源是自然资源，但是，这种资源的特点是越用越少，而在知识经济形态中，人类创造财富的主要资源则是知识，其特点是越用越多。前者处于递减的状态，而后者处于递增的状态。物质世界的特点是效益递减，递减的效益是客观物质短缺的结果，而好的想法和技术发明是经济发展的推动力量，知识的传播以及它的变化和提炼是经济增长的关键，好的想法和知识非常丰富且能以很低的成本复制，因而收益递减的法则不再成立。这一理论给人以

"收益递增"的希望，激起人们对经济长期增长的兴趣，从而形成经济增长可持续发展的重要理论。

基于内生经济增长理论，本书在研究区域竞争力时，将科技竞争力与人才竞争力纳入竞争力考察范畴，从兵团整体测评了科技竞争力与人才竞争力，并将知识、技术和人力资本等要素纳入"直接—间接—动力—阻力"的兵团区域竞争力模型之中。

第 2 章　西向开放与兵团区域竞争力
互动关系的作用机理分析

本章对西向开放与兵团区域竞争力互动关系的作用机理进行分析，梳理了兵团西向开放的政策与演进历程，分析了包括西向开放对兵团的区域竞争力发展的影响机理和兵团区域竞争力提升对西向开放的支撑功能在内的西向开放与兵团竞争力之间的互联互动关系，并在此基础上，具体探讨了西向开放对兵团区域竞争力的影响效应。

2.1　西向开放政策与演进

2.1.1　西向开放的政策变革

中华人民共和国成立以来与新疆及兵团有关的西向开放政策依照时间次序先后经历了支援边疆建设、对口援疆政策及西部大开发战略、建设"丝绸之路经济带"与"一带一路"倡议，这些政策的实施，为新疆及兵团区域经济发展指引了道路。

2.1.1.1　西向开放前期（新中国成立初期到 1966 年）——实施边疆开发战略

这一时期主要为戈壁拓荒创业期与边疆建设奠基期。我国政府先后动员上海、北京、天津、河北、湖北、湖南等地的人才和知青扎根宁夏、青海、新疆等地区，为新疆及其他边疆地区的建设奠定了基础。1954 年 10 月，新疆军区生产建设兵团成立，近 20 万解放军官兵响应号召，在新疆的茫茫沙漠、千里戈壁，铸剑为犁，垦荒屯田。为了改变自汉以来历代屯垦一代而终的局面，党和国家领导集体决定官兵就地转业安家，有了"八千湘女上天山"的佳话，自此开始在荒凉的戈壁滩上拓荒创业、生儿育女、代代相传，为新疆农业、水利、文化、教育等各项事业发展做出了重大贡献，将维护民族团结、保卫边疆稳定的历史使命延续至今。

2.1.1.2　西向开放中期（1996~2012 年）——对口援疆政策及西部大开发战略

西向开放中期主要实施对口援疆政策及西部大开发战略，属于社会发展拓路期和经济加速起步期。20 世纪后期至今党和国家几代领导集体为缩小我国东西部区域经济发展差异，先后出台对口支援边疆地区政策和西部大开发战略，都为新疆和兵团的区域经济发展起到巨大的推动作用。

（1）对口援疆政策。对口援疆"序幕期"起始于 1979 年，终止于 20 世纪末期，期间对口支援工作尚未成形，发展较为缓慢。

21 世纪以来，伴随着西部大开发的进行，对口援疆工作进入了办实事、求实效的"务实期"，期间形成了固定的对口援助关系。2002 年，党的十六大以后，胡锦涛在关于新疆的讲话中，曾多次谈到新疆的发展需要全国的帮助和支持，并明确提出了"稳疆兴疆，富民固边"战略。此后，中央多次在与新疆有关的会议及文件上，均涉及援疆工作的重要性论述及相关措施。截至 2010 年 2 月底，内地各省市和新疆及兵团各师团基本上形成了固定的对口援助关系。

新一轮援疆工作期限为 2011~2020 年，新发展期间新疆对口支援工作成效明显，新疆正在全面建成小康社会阶段大跨步前行。2010 年 5 月，新一轮援疆拉开帷幕。2010 年为深入调查研究，编制专项规划，开展试点，加强人员培训，抓紧做好对口援疆的前期准备。2012 年新一轮对口援疆工作整体启动、全面实施；2013~2015 年新疆发挥优势，积极跟进全国扩大内需、科技创新和城镇化发展，取得了显著成效；2016 年开始对口援疆工作注重促进经济增长平衡、协调、可持续发展，使新疆逐步进入与全国建成全面小康社会同步发展阶段。

（2）西部大开发战略。西向开放是西部大开发战略的延伸，西部大开发是西向开放战略的奠基，两者相辅相成，相互促进。

2000 年 1 月，国务院组成了以朱镕基总理任组长、温家宝副总理任副组长、国务院和中直 19 个相关部委主要负责人参加的西部地区开发领导小组。1 月 19~22 日，国务院西部地区开发领导小组在京召开西部地区开发会议，研究加快西部地区发展的基本思路和战略任务。会议指出，新中国成立 50 年，特别是改革开放 20 年来，我国综合国力显著增强，人民生活接近小康水平，国家有能力加大对中西部地区的支持力度。西部大开发的范围包括 12 个省、自治区、直辖市（包括湖北省恩施、湖南省湘西、吉林省延边）：四川省、陕西省、甘肃省、青海省、云南省、贵州省、重庆市、广西壮族自治区、内蒙古自治区、宁夏回族自治区、新疆维吾尔自治区、西藏自治区、恩施土家族苗族自治州、湘西土家苗族自治州、延边朝鲜族自治州。

西部大开发战略实施的十几年来，新疆及兵团经济迅速发展，对外贸易扩大，经济实力明显增强。但随着世界格局的深刻变化以及国内经济结构深刻调整，全球化趋势日益增强，积极加快国内经济结构和制度体系调整与转型，积极或更加负责任地承担起国际分工与合作，打开国门西向开放成为我国的必然选择。

2.1.1.3　西向开放新时期（2013 年至今）——"一带一路"倡议

西部是富饶的，也是贫困的，如何走出"富饶的贫困"对全国经济的协调发展有着战略性意义，在未来的西部大开发中，将西向开放作为重要方向，对推进西部经济实现跨越式发展有着至关重要的作用。同时，西向开放也是进一步扩大内陆开放、沿边开放、拓展开放的新领域和新空间，形成开放新优势，构建我国全面对外开放新格局的关键战略。

2013 年 5 月，中国国务院总理在访问巴基斯坦和印度时提出了"西向开放"这一标志性的策略。9 月 7 日，中国国家主席在哈萨克斯坦纳扎尔巴耶夫大学做重要演讲，提出共同建设"丝绸之路经济带"。习近平主席指出"一带一路"建设不仅不会与上海合作组织、欧亚经济联盟、中国—东盟（10 + 1）等既有合作机制产生重叠或竞争，还会为这些机制注入新的内涵和活力。

2014 年第二次中央新疆工作座谈会明确提出要把新疆打造成丝绸之路经济带核心区，新疆成为中国"一带一路"倡议中国际协同的桥头堡，这为新疆经济社会发展带来了全新的机遇。"一带一路"建设已然成为中国"西向开放"的重要组成部分，是中国"西向开放"由国内协同迈向国际协同的里程碑，兵团作为新疆不可替代的重要组成部分担负着屯垦戍边的历史重任。

2.1.2　兵团西向开放的历史演进

西向开放是国家改革开放的重要组成部分。中华人民共和国成立至今，兵团在西向开放过程中经历了起步、缓慢发展、快速发展、新经济发展四个阶段。

2.1.2.1　西向开放的起步开拓阶段（中华人民共和国成立至 20 世纪 80 年代后期）

兵团成立初至 20 世纪 80 年代后期是兵团突破封闭型经济，逐步形成"向西倾斜"开放战略的起步开拓期。新疆和平解放后的 30 多年间，新疆及兵团作为国家西向开放的最西北末端，各项事业处于从无到有的起步阶段。中华人民共和国成立至 70 年代末期，新疆刚刚解放，百废待兴。大批支边部队及各地知识青年经过数十年艰苦奋斗，使得新疆及兵团各项事业初具雏形。党的十一届三中全会后，兵团进入了沿边开放的新时期。但兵团刚刚从封闭型经济形态走出来，自身经济基础相当薄弱，基础设施也很不健全。由于新疆作为西向开放的战略重地，应开放沿边口岸，所以兵团主动地调整自身政策，利用口岸优势与优惠的吸引外资政策，突破封闭型经济，逐步形成"向西倾斜"的开放战略。1986 年新疆做出"全方位开放，向西倾斜"的决策，1989 年又确定了"全方位开放，向西倾斜，内引外联，东联西出"的方针。兵团以口岸为依托，利用新欧亚大陆桥地缘优势，实施"内引外联，东联西出"。最终形成"全方位开放，向西倾斜"与"内引外联，东联西出"的开放体系。

2.1.2.2　西向开放的缓慢发展阶段（1991～2002 年）

1991 年至中国加入世贸组织的 11 年间，兵团逐步开始进行一些对外开放活动，兵团在对外投资、对外工程承包以及对外劳务合作等方面有了新的发展，但总体发展缓慢。第一，在对外投资规模上：从 1991 年至 1997 年，兵团境外实际投资除了 1991 年达到 167 万美元外，其他年份均不足 60 万美元；1998～2000 年有了较大增长，境外实际投资分别为 313 万美元、1201 万美元及 533 万美元，年均增长率达到 30.5%；2001 年，由于世界经济衰退，境外投资环境恶化，境外投资额锐减 13 万美元；2002 年、2003 年恢复增长，境外投资额分别为 157 万美元、281 万美元。第二，在对外工程承包上：兵团对外工程承包以及外派劳务人员基本上是空白，仅在 2002 年完成对外承包工程 65 万美元。第三，在对外劳务合作上：兵团自 1991 年起开始进行对外劳务合作，1991 年向哈萨克斯坦输出 384 人，1991～1998 年逐渐下降，1999～2002 年处于空白，2003 年恢复对外劳务合作。

1992 年后，中国改革开放的步伐进一步加快，新疆的发展也迎来了机遇期。2000 年 1 月，国务院西部地区开发领导小组召开西部地区开发会议，研究加快西部地区发展的基本思路和战略任务，部署实施西部大开发、促进地区协调发展作为一项战略任务，强调："实施西部大开发，就是要依托亚欧大陆桥、长江水道、西南出海通道等交通干线，发挥中心城市作用，以线串点，以点带面，有步骤、有重点地推进西部大开发。"

2.1.2.3　西向开放的快速发展阶段（2003～2010 年）

2003～2010 年，随着西部大开发及第一轮对口援疆政策的落实，推动新疆各项事业步入快速发展车道，也推动新疆西向开放步伐的加快，是新疆全方位、多层次、宽领域的西向开放格局的奠基期。自 2003 年开始，兵团以"西部大开发"和加入"世贸"为契机，提升开放战略，优化开放政策，发挥地缘优势，加强与周边国家和地区区域经济合作，依托国内外两个市场、两种资源，发挥边境口岸的作用，外引内联，东联西出，扩大对外贸易，积极利用外资，进一步推动全方位、多层次、宽领域的对外开放。截至 2010 年，各地已累计向新疆无偿援助资金、物资折合人民币 43 亿元，与新疆实施合作项目 1200 多个，到位资金 250 多亿元。此后，全国范围的对口支援规模还在不断扩大，推动新疆及兵团经济向新的阶段飞跃。

2.1.2.4　西向开放的新经济发展阶段（2010 年至今）

2010 年至今，新疆面临全国新一轮对口援疆、承接东部地区产业转移及"一带一路"倡议新机遇，迈入了新经济发展阶段。

新阶段是兵团西向开放重点由国内协作转向国际协作的转折点，兵团参与"丝绸之路经济带"的建设工作扎实推进。新阶段兵团"走出去""引进来"步伐明显加快。2016 年全年货物进出口总额 70.76 亿美元，其中货物出口 65.85 亿美元；货物进口 4.91 亿美元。货物出口中，自产品出口 6.51 亿美元，增长 21.5%。货物进出口差额（出口减进口）60.94 亿美元。全年实际利用外资 3.32 亿美元，比上年增长 23.9%。新设外商投资企业 7 家，投资总额 2.45 亿美元，合同外资 0.67 亿美元。全年对外投资 7952 万美元，比上年增长 3.6%。对外承包工程和劳务合作营业额 6.69 亿美元，增长 11.0%。全年实施招商引资项目 2106 个，到位资金 1237.3 亿元，比上年增长 0.1%。其中，第一产业项目 393 个，到位资金 60.9 亿元；第二产业项目 1026 个，到位资金 697.1 亿元；第三产业项目 687 个，到位资金 479.3 亿元。实施项目中，产业援疆项目 491 个，到位资金 554.5 亿元，占招商引资项目到位资金的 44.8%。全年实施对口援疆项目 294 个，计划总投资 36.17 亿元。其中，援疆资金 20.58 亿元。截至 2016 年底，294 个援疆项目全部开工，累计完成投资 38.51 亿元，累计到位援疆资金 20.58 亿元。

2.2　提升兵团区域竞争力对西向开放的支撑功能分析

2.2.1　提升区域竞争力能优化西向开放的支撑环境

兵团区域竞争力的支撑环境包括政策支撑、贸易支撑、区位环境支撑三个层面。历史上，"屯垦兴，丝路通；屯垦废，丝路阻"。新的历史时期，兵团区域竞争力的提升离不开"顶层设计"的引导，离不开比较优势的发挥，离不开资源禀赋的高效利用。当前，兵团优惠政策如"雨后春笋"般态势迸发、对外贸易突破"百亿大关"、区位条件"得天独厚"，构成了兵团西向开放的支撑环境。

从兵团西向开放的政策支撑来看，各类优惠政策种类多样、适时推陈出新。中央对兵团出台了一系列涉及内地省市对口援助、差别化产业、税收、土地、金融等方面的政策优惠，尤其是喀什、霍尔果斯经济开发区兵团分区建设的政策，兵团师建市、团建镇的政策，为兵团发展特色优势产业、积极选择承接东部产业转移、推动传统产业转型升级和发展战略性新型产业提供了巨大的政策支持。

从兵团西向开放的贸易支撑来看，兵团对外贸易稳步发展，贸易规模与贸易结构均有可喜进展。兵团外贸进出口持续增长，2014 年首次突破百亿美元，完成进出口总额 119.8 亿美元。国际经济合作取得新进展，实际利用外资 6232 万美元。中亚国家、俄罗斯和巴基斯坦等国为兵团国际贸易、经济合作的主要市场。

从兵团西向开放的区位环境支撑来看，兵团具有较有利的区位开放条件。新疆边境线长达 5600 多公里，拥有 17 个国家一类口岸和 12 个二类口岸。其中兵团戍守 2000 多公里边境线，多数边境口岸位于或毗邻兵团师、团场，为兵团西向开放、边境贸易、对外经济合作创造了便利条件。

2.2.2　提升区域竞争力能拓展西向开放的广度与深度

兵团处在西向开放的前沿阵地，基于提升兵团区域竞争力找到区域经济发展水平提升的方向和重点，能率先与周边国家和地区进行全方位、多层次、宽领域的开放与合作，拓展西向开放的广度与深度。反过来兵团区域竞争力的提升，有利于提高兵团开放型经济水平，实施"走出去"战略，利用"两种资源，两个市场"，加快优势资源的开发、利用、转换；有利于加深与周边各国的经济联系，强化经贸和文化交流，为兵团营造良好的周边环境，有利于维护区域和平稳定、提高合作水平，从而拓展西向开放的广度与深度。

兵团作为"一带一路"建设的核心枢纽区和西向开放的前沿阵地，开放的范围由精准服务新疆地区到积极辐射中亚各国，实现了由点及面的开放格局。产业模式也由劳动密集型和加工制造型为主，加速转变为加大劳务输出和边贸交易的产业格局；在转化自身能源及矿产资源的前提下，吸收中亚这一极具发展潜力和开发前景的地区。2016 年兵团全年货物进出口总额 70.76 亿美元，出口品类涉及番茄酱、鲜干水果、蔬菜、纺织品、服装、鞋类、机电、化工原料、塑料制品、汽车零配件等，进口商品包括棉花、羊毛、干鲜果、原木、锯材、钢材、机电产品、矿石等。进出口国家涉及哈萨克斯坦、吉尔吉斯斯坦、俄罗斯、美国、塔吉克斯坦、乌兹别克斯坦、印度、巴基斯坦、德国、荷兰、英国、印度尼西亚、意大利等。全年实际利用外资 3.32 亿美元，新增外商投资企业 7 家，全年对外投资 7952 万美元，对外承包工程和劳务合作营业额 6.69 亿美元，全年实施招商引资项目 2106 个。以上这些对外开放的范围、产业、区域、贸易规模的变化都是西向开放广度在不断拓展的体现。

在兵团的历史中，对外开放一直是优良传统，其开放程度也是西向开放深度的体现。西向开放的深度主要体现在开放合作的质量、开放层次质量、贸易结构、服务贸易发展、产业价值链的技术内涵丰富化上。1979 年 9 月 28 日，石河子农垦局与澳大利亚那莫西棉花生产合作公司签署了新疆第一个引进外资的农业合作项目；1992 年 1 月 4 日，兵团对外经济贸易委员会成立，9 月即在首届乌洽会（中国—亚欧博览会前身）上签订贸易合同 154 份、经济技术合作项目 28 个；2000 年 4 月 20 日，石河子经济技术开发区升格为国家级经济技术开发区，数百家中外企业进驻。

深化改革、扩大开放使得西向开放的广度不断拓展，兵团进一步"走出去"步伐明显加快。近年来，在国家政策进一步向西部倾斜的大背景下，在中央和自治区党委的支持下，兵团经济社会发展取得显著成效。兵团推行精准招商，突出抓好先进制造业、现代服务业重大项目招商引资，实际利用外资实现较大幅度增长；壮大新兴出口主导产业，提高传统优势产品竞争力，加强服务外包示范区建设，推动产业优势转化为出口优势；引导企业抢抓"一带一路"建设机遇，加快"走出去"步伐，在境外投资建设贸易中心和生产加工基地；推动国家级经济开发园区提档升级，突出园区招商主阵地作用，强化招商考核，打造专业队伍，增强招商能力，促进企业集聚、产业集群。

综上所述，经过对口援疆、西部大开发等国内西向开放政策的引导，兵团的区域竞争力得到极大提升，2014 年后兵团主动融入国家"丝绸之路经济带"和"一带一路"建设，深入挖掘自身资源禀赋，着力塑造对外开放新优势，提高开放型经济发展水平，将西向开放重点引入国际化，拓展西向开放的广度与深度。

2.2.3　提升区域竞争力能增强西向开放主体的实力与动力

区域竞争力的提升有助于提升兵团经济发展的实力，为兵团带来改革开放的新动力，是兵团做大做强的基础。兵团区域竞争力是培育自身经济增长点，加快经济发展的重要体现。兵团区域竞争力的提升有利于提高制造业和加工业的发展水平；有利于解决新疆铁路出疆运输问题，开展与中亚国家、俄罗斯和巴基斯坦等国的国际贸易、经济合作，更好地发挥第二条亚欧大陆桥的作用，将推进解决铁路出疆货物运力不足的问题，提高运输能力。党和国家的政策支持是兵团屯垦戍边事业不断发展的动力和保障，有利于提高兵团的经济发展水平，有利于增强兵团西向开放的实力与动力。

兵团西向开放的实力在各项国际业务的承揽中崭露头角，在实现兵团经济发展的同时为其他国家的建设注入新的活力。2014 年，兵团成功参与主办第十二届哈萨克斯坦中国商品展览会、第四届中国—亚欧博览会，举办"开放兵团，共建丝绸之路经济带"兵团主题日活动、中外企业对接会、综合形象及商品展、引资推介会等，签约总额达 910 亿元，贸易合作层次与水平进一步提高。建工师作为兵团各师中较早"走出去"的"建设大军"，已跨入国际工程大承包商行列，在 2014 年度"250 家国际承包商"和"250 家全球承包商"中，建工师所属企业建工集团分别排名 130 位和 97 位。建工师在巴基斯坦、吉尔吉斯斯坦、安哥拉、阿尔及利亚、委内瑞拉等 14 个国家承建了路桥、机场、农场开发等项目，累计完成海外工程任务超过 200 亿元，并在 6 个国家设立了办事处。

在兵团经济发展和国际资本的联动下，兵团西向开放的活力方兴未艾，兵团积极推进天山北坡兵团城镇密集地区的聚合发展和南疆兵团新兴城镇的建设。2015 年 5 月 12 日，毗邻中哈边境口岸霍尔果斯的可克达拉市正式挂牌。这是兵团继成立石河子、五家渠、阿拉尔、图木舒克、北屯、铁门关、双河之后，成立的第八座城市。在建设"一带一路"的新时期，兵团准备将可克达拉市打造成为兵团、新疆乃至国家东联西出、西向开放的重要门户城市。可克达拉市的设立不仅为兵团日渐完善的城镇体系再添新丁，更凸显了兵团参与"丝绸之路经济带"建设的潜力和活力，兵团的城镇化将融入国家和新疆"丝绸之路经济带"发展战略，与新疆城镇形成协同聚合发展。同时，还要加快推进"丝绸之路经济带"上喀什、霍尔果斯经济开发区兵团分区建设，充分利用喀什和霍尔果斯经济开发区的发展机遇，发挥兵团和地方各自优势，主动参与新疆对外对内开放，积极发展边境型城镇，与地方边境城镇、边境口岸共同建设具有经济发展活力的沿边开放带。除了城镇化发展，兵团的新型工业化、农业现代化都将借助"丝绸之路经济带"谋划新的发展蓝图。

作为我国西向开放的主体之一，兵团区域竞争力的提升有利于其自身吸引国内外资本、技术、人才和管理经验的流入，有利于优化资源配置能力，有利于优化发展环境，从而使兵团可以获取其长期竞争优势，增强兵团西向开放的实力与动力。

2.3 西向开放对兵团区域经济发展的影响机理

西向开放带来人力资源、资金、技术等生产要素在兵团与"一带一路"沿线其他省域和国家之间的流动，必将对兵团相关产业的市场结构与竞争格局产生积极影响，进而使兵团区域现实竞争力提升，产生区域集聚效应，提升兵团区域潜在竞争力，最终带动兵团区域经济快速发展，而兵团作为我国西向开放的排头兵、桥头堡，其区域经济实力的提升又会反过来为西向开放提供有力的保障。各因素之间的相互影响机理如图 2-1 所示。

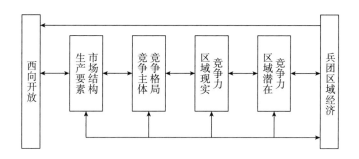

图 2-1　西向开放对兵团区域经济影响机理

2.3.1　西向开放对兵团生产要素与市场结构的影响

西向开放促使各种生产要素"东来西去"，加快流动速度，使兵团市场结构更趋多样化、合理化。现代西方经济学认为生产要素包括劳动力、土地、资本、企业家四种，随着科技的发展和知识产权制度的建立，技术、信息也作为相对独立的要素投入生产。西向开放不仅为兵团从东南沿海发达地区带来资本、企业家、技术、信息等生产要素，也让兵团的劳动力、技术等流入"一带一路"沿线各发展中国家，加速生产要素市场的流动，对其市场交换、价格产生积极影响；而且对市场供给者之间、需求者之间、供给和需求者之间以及市场上现有的供给者、需求者与正在进入兵团市场的供给者、需求者之间的关系，即市场结构有正向影响。

西向开放以来兵团依托本地区的优势资源，走优势资源转化战略之路，大力发展特色产品出口，带动兵团的外向型农业、畜牧业以及农副产品加工业的发展。其中，边境师的各类园区在推进优势资源转换和经济发展方面发挥了不可替代的作用，已成为经济快速发展的重要推动力量。截至 2016 年，兵团共有各类园区 29 个。在我国推进"一带一路"建设的背景下，各师都应该增强成本效益意识，提高投入产出比和投资回报率，进一步补短板、提品质，提升自身的"软硬实力"。依托东部的技术优势，积极引导和促进东部及兵团的高新技术企业和机电产品生产企业参与国际市场竞争；利用资源特色进一步提高产业的市场竞争力，充分发挥产业的规模经济效益。对兵团潜在优势产业提供了保护政策，拓宽了发展空间，提高了资源的利用效率；作为西向开放的前沿，兵团具有对内、对外两大市场，对外可以开拓兵团周边市场，进军中亚、南亚、东欧市场，对内可以开拓内地及沿海市场，使得市场前景更加广阔。

兵团充分利用中央给予的西向开放优惠政策，积极推进中亚与兵团资本市场的统一，从而为企业融资提供更广阔的平台与更便利的条件；构建的劳动力市场公共就业服务体系，提升了劳动力市场中介服务机构的层次，让进入兵团的劳动力能够在公开、透明、有尊严的基础上进入产业链条，同时进一步发展了产权、土地、技术等要素市场。

2.3.2 西向开放对兵团竞争主体与竞争格局的影响

西向开放有利于增强兵团的竞争主体地位，使其在竞争格局中更占优势。经济全球化形势下，新疆作为中国的西大门，"一带一路"经济带的核心区域，将逐渐占据竞争主体地位，而兵团又是新疆区域经济建设的主力军，西向开放也必将带来兵团在开放经济中竞争主体地位的提升。随着丝绸之路经济带建设的兴起，兵团将充分发挥其区位优势、重要窗口作用和特殊作用，打造丝绸之路经济带核心区，助推国家新的对外开放格局的形成。同时，要在加强兵团自身基础设施建设，提升实力的前提下，通过外引内联、东联西出、西来东去和贸易先行、产业联动，将全国的产业优势、产品优势和中亚国家、俄罗斯和巴基斯坦等国的资源优势、市场需求有机结合起来，实施"引进来"及"走出去"、互利共赢、科技兴贸、以质取胜、出口品牌策略，提升兵团现有国际贸易、经济合作规模和水平；同时，西向开放兵团与周边国家之间在能源矿产类产品、纺织服装、民用品和机械类产品等方面所存在的互补性，为双方开展区域经济合作奠定了坚实的基础条件。

西向开放有利于兵团区域地位的提升，形成内外联动的竞争格局。改革开放以来，兵团在新疆西向开放格局中发挥了重要的作用，与160多个国家和地区建立了经贸合作关系，利用外资水平进一步提升，经济技术合作不断发展，已经形成了面向周边、辐射中西南亚及东欧的西向开放格局。2012年兵团进出口总额96.5亿美元，占新疆进出口总额的比重为38.3%，比兵团生产总值占新疆生产总值的比重高22.4个百分点，成为新疆对外开放的主力军。"西向开放"战略的实施，从全球层面看，亚欧大陆的广大内陆地区将更多地参与到全球贸易中来，中国和全球的经济发展都将更为平衡。从国内层面来看，新疆将成为对外开放的前沿，"西向开放"有利于为兵团的发展提供新的方式和途径，增强兵团整体的综合竞争力，提升兵团在欧亚经济格局中的地位。

2.3.3 西向开放对兵团区域现实竞争力的影响

西向开放给新疆带来的政策、资本、人力资源等红利使兵团基础设施、产业结构、对外贸易等迅速发展，极大地提升了兵团区域现实竞争力。西向开放以来兵团基础设施明显改善，为边贸快速发展创造了良好的硬件环境；第五师、第七师、第八师、第九师和第十师等各师的经济交融在一起，使得中亚各国及师域间经济的相互依存度大幅度提高。"东联西出、西来东去"式的西向开放，有效利用两个市场、两种资源，发挥比较优势、启动后发优势，有利于兵团的对外经贸合作更上一个新台阶。

兵团与欧亚各国经济互补性强，"西向开放"有利于兵团与周边各国加大区域合作、拓展发展空间，有利于实现兵团经济转型升级。近年来，兵团工业经济呈现总量快速增长，但同时也存在一些突出问题，部分行业产能过剩，工业增速和效益出现下滑。在国家"三去一降一补"结构性调整关键期，兵团产业结构坚持绿色发展，坚持以高新技术产业为支撑，以产业链为基础，发展循环经济，重点发展商贸物流业、旅游文化产业、金融服务业，打造现代服务业产业化基地；围绕装备制造业、农副产品加工业、轻纺加工业，打造出口加工基地；充分利用"一带一路"战略大力推进的契机下，加强与援疆省市的合作，充分挖掘当地的优势资源，打造特色鲜明、高度关联的产业布局，促进上下游产业一体化发展。

西向开放有助于加强兵团对中亚各国对外贸易、交通运输、市场需求、商品销售渠道等有关商品的经济技术和市场信息的搜集、分析和评估能力，为顺利开展与中亚国家的经贸合作提供有力保障。一方面，能够及时了解掌握相关国家的市场需求及行情变化特点，适时掌握市场运行规律并对其发展前景做出预测，真正做到科学地认识中亚市场，加强了"内外联动"。另一方面，营造了良好的投资环境，加强了兵团与内地的经济技术合作，吸引资金、技术、人才到兵团，特别是吸引内地加工企业落户兵团，增加从事针对中亚市场加工生产企业的数量，真正实现联合"西进"。

"西向开放"战略对兵团区域现实竞争力具有深远的现实影响。兵团具有得天独厚的地缘优势、口岸优势和资源优势。兵团有数十个边境团场分布在 11 个国家一类开放口岸地区，具有发展口岸经济的地缘和资源优势。农业是兵团的基础产业，同时也是兵团经济的支柱产业。自兵团成立以来，兵团一直致力于现代农业建设的探索和实践，目前兵团已初步形成了节水灌溉示范基地、农业机械化推广基地和现代农业示范基地"三个基地"，农业发展具有明显的资源优势、规模优势、装备优势、科技优势、组织优势。加强兵团西向开放力度，拓展开放领域和空间，充分发挥兵团在新疆西向开放中前沿阵地和经济纽带的作用，对新疆、全国西向开放具有不可估量的战略意义和巨大经济潜力。

2.3.4 西向开放对兵团区域潜在竞争力的影响

西向开放对兵团发展的社会效益广泛，能极大提升兵团区域潜在竞争力。兵团潜在竞争力是指兵团的社会环境、市场环境、边贸环境、流通环境等间接影响兵团区域效率的微观条件。在国家西向开放政策的引领下，一大批边贸企业如雨后春笋般建立，首先，带动了兵团周边市场的扩大和边境贸易快速增长，改善了边贸环境与市场环境；其次，带来了大量的人流、物流、资金流与信息流，促进了流通环境优化；最后，带动了兵团交通、通信、餐饮服务、旅游、房地产、信息咨询等产业的发展，特别是吸引和承接了一些内地加工组装企业转移落户兵团的各类经济开发区或工业园区，推动了工业化发展，增加了兵团职工收入和就业，改善了社会环境。

西向开放有利于促进兵团与东部优势互补、共同发展。我国东部地区经过30多年的快速发展，产业结构调整步伐加快，早期形成支撑其发展的劳动密集型产业，随着东部地区土地奇缺、能源短缺、资源稀缺问题的日益突出，需要加快产业结构优化升级和传统产业的外迁，尤其是当前，我国应对新一轮的世界产业转移正在加快进行。兵团如果利用西向开放的机会从西部打开一片新兴市场，可以形成比较优势，吸引内地资本、技术、人才和管理经验的流入，将提升兵团经济在国家经济格局中的地位和作用。兵团基础设施建设及配套设施得到升级与完善，目前兵团不能仅仅满足于一般的"七通一平""九通一平"，要结合自身实际定位，提升基础设施建设水平；应该按照"国际化、数字化、人性化"的标准，突出"绿色、环保、节能"理念，在市场服务体系、交通组织、能源利用等方面实现功能创新。在人才引进、扶持激励、培养开发等方面进行大胆试验和探索，加强高层次和紧缺急需人才引进培养，打造高端人才聚集地。在高层次人才引进和培养上创新采用"柔性"用人机制，"不求所在、但求有用，不求常驻、但求常来"，突破人才"瓶颈"，把招商引资与招商引智有机结合起来，围绕建设落地项目工作先行网罗核心技术人才，提前培训技能型人才，确保项目实施有充足的人才支撑。

西向开放有利于国际交通基础设施的建设，尤其是新国际大通道的建设。中亚五国和兵团以及周边地区有着丰富的能源矿产资源、相似的文化背景，经济合作具有天然的优势。西向开放为生产要素的流通提供物质基础，使得兵团与中亚的产业分工得到加强，产品流通及生产要素的流动更加自由，区域一体化将日臻完善。

2.4 西向开放对兵团区域竞争力的
具体影响效应分析

西向开放对兵团区域竞争力的具体影响效应表现在西向开放的外资利用效应、贸易效应、产业结构调整效应、国内外市场联动效应与经济增长效应五个方面。其中，西向开放的外资利用效应与贸易效应属于前导直接效应，产业结构调整效应和国内外市场联动效应属于中间传导效应，经济增长效应为各种效应协同倍加的最终归因效应。

西向开放的理想状态是能够进入"外资增加—贸易规模与结构提升优化—产业结构不断升级—经济不断增长带动市场联动与外向经济发展—提升兵团区域竞争力—吸引下一轮外资和产业升级、经济稳健发展"的良性循环。西向开放促使兵团吸引外来的资金、技术、管理、信息等生产要素，在西向开放中增强对外贸易与外资利用能力，承接东部产业转移和先进的企业管理经验，增强企业发展实力，带动产业结构优化升级与国内外市场联动效应，实现经济增长，从而提升兵团区域竞争力。

2.4.1 兵团西向开放的外资利用效应

兵团利用西向开放的优惠政策，不断吸引外商的直接投资，加速兵团资金的多元化发展，为兵团经济发展注入新的活力，同时也有助于兵团对外承包工程及劳务合作，加大对外资的利用效率。

（1）西向开放政策的实施有助于兵团吸收国外直接投资。兵团在完善基础设施的前提下，实现筑巢引凤的目的，中亚国家、俄罗斯和巴基斯坦等国都成为兵团国际贸易、经济合作的主要市场。因此，西向开放使得兵团引进外资数量与质量同步提升。从引进外资数量来看，兵团 2014 年外商直接投资项目 5 个，合同金额达到 11951 万美元，实际利用外资 6232 万美元；从兵团引进外资质量来看，外商直接投资开始从劳动密集型、资源密集型的传统产业向精细化工、生物医药、电子信息等技术密集型的新兴产业及金融、旅游、信息服务等现代服务业转变。

（2）西向开放政策的实施有助于兵团对外承包工程和劳务合作。2014 年兵团对外工程承包项目数 21 个，完成营业额 58232 万美元，对外经济劳务合作中外派劳务人员 2663 个，现已与 160 多个国家建立了贸易关系，与中亚国家商会、商协会建立了合作关系。兵团参与了中亚大型公路、铁路、桥梁的工程建设，参与了周边国家农业开发，为西向开放发展奠定了坚实的基础。

2.4.2　兵团西向开放的贸易效应

西向开放的贸易效应主要体现在能够提升兵团的贸易及投资便利化水平、改善兵团的贸易结构两方面。

2.4.2.1　西向开放进一步提升了兵团贸易和投资便利化水平

在深化西向开放过程中发挥兵团优势，积极深化与中亚、俄罗斯和巴基斯坦的海关、检验检疫等方面的合作和政策交流，帮助这些国家提升通关能力，加快推广我国关检合作"一次申报、一次查验、一次放行"试点工作。支持中亚非世贸国家申请加入世贸组织，推动中亚非世贸成员国降低关税壁垒。落实和完善已经签署的双边投资保护协定，扩大投资准入领域，消除投资壁垒。对未签署双边投资保护协定和避免双重征税协定国家，加快协商进程，尽快签署协定等，为国家间经济合作创造更加有利的政策环境。

2.4.2.2　西向开放有利于改善兵团商品的贸易结构

长期以来，兵团与周边国家的进出口商品的贸易结构一直处于不平衡的状态。兵团向周边国家出口的商品主要有食品、家电等轻工业产品，而兵团从周边国家进口的商品主要有原油、矿石等工业原料和初级产品。随着各国的经济迅速复苏，周边国家的人民对高附加值、高质量产品的需求会增加。兵团在食品、轻纺产品、机电产品等方面有较强的技术优势，可结合兵团及其周边国家的农业资源优势，借助西向开放机会生产出具有高附加值、高质量的产品，既可以提高产品的档次和品质，又可以提升产品的深加工能力。在延深工业、农业、畜牧业等传统产业和石油化工、信息技术、生物制剂等高新技术产业产品产业链的同时，还应提升这些产业产品的后加工能力，运用国际市场营销理论，丰富产品的品牌内涵，从质量、技术、包装、广告等多个方面提升产品的附加值，从而改善兵团进出口商品的贸易结构，促进兵团与周边国家区域经济合作的健康发展。

2.4.3　兵团西向开放的产业结构调整效应

西向开放在承接产业转移的同时，不断优化兵团产业结构的调整，实现资源的合理配置；加速促进产业集聚，形成企业规模效应；深化发展优势产业链，提高产品附加值，从而更好地产生产业结构调整带来的积极效应。

（1）西向开放促使兵团优化产业结构，从经济增长的角度来看，优化的产业结构能够有效地促进地区经济增长；从基础竞争力的提升角度来看，合理化、高度化的产业结构能够有效地提高要素在产业间的配置，降低生产和交易成本，从而提高地区的基础竞争力；就兵团自身的发展来看，以我国东部产业结构升级和转移为契机，积极推动产业结构的调整和优化，三次产业得到了迅速发展。特别是进入 2000 年以来，兵团按照"优化一产，调强二产，做大三产"的发展思路，加快产业结构的优化和调整，已基本形成了以农业为基础，以工业为主导，第三产业占重要地位的初具现代工业化水平的产业结构。目前，兵团在纺织、食品、日用品、服装等轻工业领域已经形成规模生产能力，与周边国家相比有较强的竞争优势。

（2）西向开放使得兵团产业聚集效应凸显。各师产业园区投入加大，基础设施功能日趋完善，尽量与兵团城镇化、新型工业化和农业现代化建设相适应；园区产业创新能力有所提升，产品附加值增加，市场竞争力渐渐增强。

（3）西向开放促使兵团发展优势产业链。在西向开放的背景下兵团日渐担当起增长极的责任和使命，大力发展商贸物流、生态文化旅游、绿色食品等有资源、有基础、有优势的产业；靠创新、创意引进，学会了"无中生有"，大力发展战略性新兴产业；处理好"链"和"群"的问题，推动产业链条上中下游关联企业联动发展；处理好"多"与"优"的问题，以供给侧结构性改革为抓手，以高品质的产品供给来满足和引导消费需求。

2.4.4　兵团西向开放的国内外市场联动效应

西向开放通过新疆及兵团这一桥头堡将我国东南沿海及内陆省市与亚欧各国连接起来，在立足新疆及兵团经济发展的同时，不断打造国外市场，进一步扩大国内外市场开放的程度，实现国内外资源的有效互补，进而使国内外市场联系更加紧密，从而产生国内外市场联动效应，主要表现在以下几方面：

（1）兵团与中亚经济互补性较强。中亚是兵团西向开放的主要区域，是兵团企业重点投资和开发的国际市场之一。在中亚国家中，哈萨克斯坦是市场开放水平最高的国家，已经成为引进外资额最多的 20 个国家之一，同时被美国和欧盟承认为市场经济国家。兵团与周边中亚国家的经济发展水平不尽相同，并且二者的资源和产业结构存在差异，从而决定了兵团对中亚国家市场开发具有广阔的发展前景。

（2）兵团面向国内外市场开放的力度在不断加大。兵团作为我国西向开放的前沿，具有对内对外发展的市场优势，对内可以依托广阔的内地省份的市场和生产能力，对外可以开拓兵团周边市场，进军中亚、南亚、西亚及欧洲市场，市场拓展的空间较为广阔。

（3）西向开放市场潜力巨大。随着中亚国家经济的稳步发展，中亚国家居民的生活水平显著提高，购买力大大增强，市场空间、容量都持续增大。尽管中亚国家居民收入较低，但社会福利较好，而且中亚国家属于消费型的市场化国家，居民更为注重生活的质量、快乐和安逸，收入主要用于消费，消费品的市场较为广阔。

2.4.5 兵团西向开放的经济增长效应

西向开放对经济增长是直接显著的，在促进兵团加工制造、货物运输设施建设和进出口商贸物流中心建设的同时也培育西向经济发展增长极，使得西向开放的经济增长效应得到最大效用的发挥。

（1）西向开放有利于提升加工制造业的技术水平。兵团西向开放过程中，国内制造业、加工工业企业（包括兵团企业）取得了一定的市场份额，产业结构得到了优化，产品创新、技术含量、管理效能均取得一定的进步，兵团的竞争力也有了初步的提升。

（2）西向开放有助于完善兵团（新疆）货物运输设施建设。多年来，出疆货物的运输是困扰许多新疆企业的问题。开展与中亚国家、俄罗斯和巴基斯坦等国的国际贸易、经济合作，更好发挥第二条亚欧大陆桥的作用，将推进解决出疆货物运力不足的问题，提高运输能力，提高兵团产品在内地的竞争力。凭借国家西向开放政策红利及各种资源，新疆已建成空中航运、地上公路铁路运输、地下管道运输的上、中、下立体运输网络。

（3）西向开放有助于加速兵团现代商贸物流中心的建立。依托新疆—中亚商贸圈的建设，重点培育以第八师石河子市、第六师五家渠市、第十二师等为核心的天山北坡经济带农产品冷链物流、食品出口和特色矿产资源加工基地建设；以第七师胡杨河市、第一师阿拉尔市等为核心的能源、矿产资源、建材进出口加工基地和农副产品出口加工基地；以第三师、第四师等边境师市为中心，打造进口能源资源加工基地，加快推进喀什、霍尔果斯经济开发区兵团分区、186团吉木乃、阿拉山口综合保税物流区项目建设，加快建设石河子综合保税区。发展适应国际采购、国际中转、国际配送等要求的现代物流业；加快大宗农产品批发市场和信息化交易平台建设，搭建平台，打造品牌，推动兵团农产品交易大通道建设。

（4）西向开放能够助力挖掘兵团西向经济发展的增长极。城镇化建设成为兵团西向开放及参与丝绸之路经济带建设的重要发展方向。兵团已经建成阿拉尔市、铁门关市、图木舒克市、双河市、五家渠市、石河子市、北屯市、可克达拉市、胡杨河市9个县级市和5个建制镇。城镇主要分布在丝绸之路经济带沿带区域，基础设施较为完善。经济开发区已成为兵团产业发展的增长极，兵团拥有5个国家级经济技术开发区和24个自治区、兵团级园区。

2.5　本章小结

本章以西向开放为背景,探究兵团区域竞争力互动关系的作用机理。简要梳理了西向开放的政策变革和历史演进;主要分析了兵团区域竞争力提升对西向开放的支撑功能,详细探究了西向开放对兵团区域经济发展的影响机理,重点发掘了西向开放对兵团区域竞争力的具体影响效应,为探究西向开放与兵团区域竞争力互动关系提供了理论支撑。关于理论分析框架的研究主要结论如下:

(1)西向开放的政策与演进印证了西向开放是国家改革开放的重要组成部分,中华人民共和国成立以来兵团西向开放进程共分为起步、缓慢发展、快速发展、新经济发展四个阶段,先后经历了支援边疆建设、对口援疆政策及西部大开发战略、建设丝绸之路经济带与"一带一路"倡议,这些政策的实施为新疆及兵团区域经济发展奠定了良好的基础。

(2)提升兵团区域竞争力对西向开放的支撑功能主要体现在三方面:提升区域竞争力能优化西向开放的支撑环境、能够拓展西向开放的广度与深度、能增强西向开放主体的实力与动力。

(3)兵团区域经济发展的影响机理表明:西向开放带来人力资源、资金、技术等生产要素在兵团与"一带一路"沿线其他省域和国家之间的流动,必将对兵团相关产业的市场结构与竞争格局产生积极影响,进而使兵团区域现实竞争力提升,产生区域集聚效应,提升兵团区域潜在竞争力,最终带动兵团区域经济快速发展,而兵团作为我国西向开放的排头兵、桥头堡,其区域经济实力的提升又会反过来为西向开放提供有力的保障。

(4)西向开放对兵团区域竞争力的具体影响效应表现在西向开放的外资利用效应、贸易效应、产业结构调整效应、国内外市场联动效应与经济增长效应五个方面。其中,西向开放的外资利用效应与贸易效应属于前导直接效应,产业结构调整效应和国内外市场联动效应属于中间传导效应,经济增长效应为各种效应协同倍加的最终归因效应。西向开放的理想状态是能够进入"外资增加—贸易规模与结构提升优化—产业结构不断升级—经济不断增长带动市场联动与外向经济发展—提升兵团区域竞争力—吸引下一轮外资和产业升级、经济稳健发展"的良性循环。

第3章 兵团区域竞争力：资源基础、支撑环境与发展条件

本书第 2 章从历史演进、支撑功能、影响机理等方面探究兵团区域竞争力互动关系的作用机理，为探究西向开放与兵团区域竞争力互动关系提供了理论支撑。考虑到理论要与实际相结合的情况，本章对兵团区域竞争力的资源条件、支撑环境与发展现状进行了考察：首先，对兵团所具有的水文资源、土地资源、森林资源、农业资源和旅游资源进行分析；其次，从优势、劣势、机遇、挑战四个方面对兵团支撑环境进行分析；最后，在西向开放背景下从经济、产业、贸易、科技、人力资源、资源、绿色、公共服务、文化九个方面对兵团区域发展现状进行阐述，为下文分项测评区域竞争力提供现实依据。

3.1 兵团区域竞争力提升的资源基础

3.1.1 水文资源基础

兵团水资源总量充足，但可利用的水资源不足且分布不均匀。具体来看：①新疆是干旱地区，水资源在时空分布极不均匀，新疆地表水资源总量 893.4 亿立方米，位列全国各省份第 13 名，但单位面积产水量仅为 5.5 万立方米/平方公里，为全国倒数第 3 名，是全国平均水平的 18%。水资源时空分布不均，按地域划分，南疆及塔里木盆地水资源总量为 412.51 亿立方米，占全疆水资源总量的 49.58%，北疆及准噶尔盆地水资源总量为 398.49 亿立方米，占全疆水资源的 47.9%，东疆及吐哈盆地水资源总量为 20.61 亿立方米，占全疆水资源总量的 2.42%。②与全疆的水资源空间分布不均情况类似，兵团各师的水资源状况也具有明显的地域特征，兵团的可利用水资源在空间上分布极不均衡，北疆明显高于

南疆，西部优于东部。兵团水资源主要有地下水、天山雪融水和水库存水，其中地下水 690 亿立方米，水库存水 30 亿立方米。各师水库库容差异明显，如表3 - 1 所示，一师、三师和八师在水库库容上比较充裕，其中又以三师库容最大，十三师、十四师、五师库容最小，其中十三师库容不超过 1000 万立方米。另外，新疆河流多属于季节性河流，河川径流量的 20% 由冰川融雪补给，以积雪融水作为补给水源，河川径流量年际变化幅度小，但季节性变化大，年内分配不均匀，其中，夏季占到 50% ~ 70%，秋冬春季合计占到 30% ~ 50%。由于兵团师市大部分分布于塔克拉玛干沙漠、古尔班通古特沙漠周边，属于风头水尾之地。兵团农业用水占到95% 以上，随着近几年的经济发展，水资源的供需矛盾也愈发突出，这将制约兵团竞争力的提升。

表 3 - 1 兵团各师水库概况

单 位	2014 年		2015 年	
	水库座数（座）	库容量（万立方米）	水库座数（座）	库容量（万立方米）
总 计	135	335849	137	314642
一 师	6	52020	6	52700
二 师	6	37108	4	17319
三 师	5	84140	5	83800
四 师	23	5224	27	6669
五 师	5	2213	5	2621
六 师	24	24588	22	22434
七 师	15	36427	15	34350
八 师	15	53790	15	53790
九 师	6	6685	7	7185
十 师	16	24247	16	24247
十二师	7	6830	7	6830
十三师	4	983	4	983
十四师	3	1594	4	1714

资料来源：历年《兵团统计年鉴》。

3.1.2 土地资源基础

根据 2002 年土地变更数据，按照《全国土地分类》的要求，将全疆土地分为农用地、建设用地和未利用地 3 个一级地类和耕地、园地、林地、牧草地、其他农用地、居民点及工矿用地、交通运输用地和水利设施用地8个二级地类。

兵团土地资源大部分为农用地，其中以耕地和牧草地为主，牧草地面积大于耕地面积，耕地土地资源有限。难利用、未能利用的土地占总土地面积比重大。由表3-2可知，2015年兵团土地总面积约为7055.29千公顷，其中农用地4312.21千公顷，建设用地280.51千公顷，而流动和半流动沙漠、砾质戈壁、高山寒漠、岩壳、盐泥等不可利用和难以利用的土地面积约为2462.56千公顷，占兵团土地面积的34.90%。在农用地中牧草地所占比重最大，达到24.39%，其次为耕地和林地，分别占17.74%、12.96%。建设用地中居民点及工矿用地比重较大，占土地总面积的2.2%，交通运输用地、水利设施用地占比较小，分别为0.32%和2.41%。

表3-2　2015年兵团土地资源利用现状　　　　单位：千公顷，%

分类	面积	占总面积的比重	占已利用土地面积的比重
农用地	4312.21	61.12	93.89
耕地面积	1251.92	17.74	27.26
园地面积	150.05	2.13	3.27
林地面积	914.25	12.96	19.91
牧草地面积	1720.97	24.39	37.47
其他农用地	275.02	3.90	5.99
建设用地	280.51	3.98	6.11
居民点及工矿用地面积	155.24	2.20	3.38
交通运输用地	14.79	0.21	0.32
水利设施用地	110.48	1.57	2.41
未利用地	2462.56	34.90	53.62

资料来源：《兵团统计年鉴》（2012～2016）。

3.1.3　森林资源基础

兵团森林面积总量不显缺乏，但森林覆盖率较低，森林资源分布区域不均，种类上也比较单一，加之干旱、多风沙的气候，森林资源显得尤为可贵。第一，在森林资源的数量上，新疆林地总面积1096.71万公顷，活立木总蓄积3291.79万立方米，森林资源面积共698.25万公顷，在西北五省份中排名第2，全国排名第18，森林覆盖率4.2%，在西北五省份中排名倒数第1，在全国排名倒数第1。兵团森林资源138.88万公顷，占全疆的19.89%，森林覆盖率远高于新疆总体覆盖率与西北五省份平均水平，但相较于全国平均水平仍有较大差距（见表 3 - 3）。第二，在森林资源的地域分布上，在新疆"三山夹两盆"地形地貌的大框架下，加上地处欧、亚大陆腹地，决定了新疆干旱荒漠的大陆性气候。干旱、少雨、风沙大，生态环境脆弱，降水量山区大于平原，北疆大于南疆，这种地形及气候特点，决定了新疆森林的自然分布特点是：水平分布山区多于平原，北疆多于南疆；垂直分布随纬度减少，分布越来越高。第三，在森林资源的种类上，新疆森林资源主要有山地天然针叶林、平原荒漠胡杨林与河谷次生林、平原人工林。

表 3 - 3　2015 年兵团与中国和部分区域森林资源对比

	兵团	新疆	西北五省份平均	全国
森林覆盖率（%）	18.62	4.20	14.88	21.60
森林资源面积（万公顷）	138.88	698.25	2527.13	20769

资料来源：《兵团统计年鉴》（2016）。

3.1.4　农业资源基础

兵团农业资源优势转化为经济发展优势效果明显，为提升兵团区域竞争力奠定了物质基础。2015 年，兵团地区农林牧渔业总产值 971.2236 亿元，其中农业占比为 76.3%，由此可知兵团的农业占据了第一产业的大半壁江山。兵团一些土生土长的产品，如棉花、番茄、小麦、葡萄、香梨、哈密瓜、枸杞、啤酒花、肉类、奶制品等农副产品都是一些初级产品，产业链条短，附加值低，走不进高端市场。近年来，兵团放眼于市场、科技、资源优势，大力扶持、升级一批农副产品加工企业，旨在提升产业的地位，扩大产品规模，打造本土特色品牌，将农业资源进行了全方位的整合，调整了产品的价值链构成，全力将农业资源优势转化为经济增长优势，提升兵团区域经济竞争力。

兵团的棉花、番茄加工、葡萄种植和葡萄酒酿造等一批具有明显竞争优势的产业带动了兵团经济的发展，是区域竞争力的重要体现。首先，就兵团的棉花来看，兵团棉花单产连续多年位居世界第一，年出口量占到全国一半，机械化、规模化、节水灌溉、科技支撑水平方面走在了全国前列，尤其是宽膜播种、节水灌溉这样的现代化农业技术和精准农业技术的应用，让兵团的棉花具有很强的竞争优势。

其次，从兵团的番茄加工来看，兵团新中基、天业等番茄加工企业已成为新疆番茄产业的主力军。兵团番茄产业也以每年 40% 左右的速度递增。其中以中基股份有限公司为主的一批番茄酱加工出口企业群，年工业用番茄总产量250万吨，加工能力60万吨，出口量居全国首位，生产规模居亚洲第一位、世界第二位。

最后，兵团具有种植葡萄的资源优势和酿造优质葡萄酒的能力。相比较其他果树而言，葡萄种植时间短、见效快，占用土地与土地面积产出比值高，能够使农民迅速致富，是一项短、平、快，长周期、长效益的作物。兵团谨遵《兵团"十五"期间果蔬园艺业发展规划》，以市场效益为主导，引进优良葡萄品种，推广新技术积极构建产业化经营管理模式，基本实现了连片规模化的生产基地。最典型的是与世界著名葡萄产区法国波尔多地理纬度相同的共青团农场，立足这一区位条件，农场充分发挥已建成的国家级现代农业示范区、国家农业科技园区和国家3A级现代农业观光景区的优势，打造种植规模化、酿造专业化和销售品牌化的葡萄酒产业集群。先后引进中粮长城集团、山东烟台梅卡庄园葡萄酒有限公司、新疆巴斯德酒业有限公司、新疆唐庭霞露酒庄有限公司等知名企业投资落户，同时建成了万亩优质葡萄种植基地，年加工葡萄酒能力达1.5万吨。此外，农场与国内知名企业联手建立葡萄酒庄会所、特色农庄等，推动集葡萄酒文化体验、农产品商贸、休闲娱乐、生态观光旅游为一体的服务业发展，逐步形成了集葡萄种植、葡萄酒酿造、葡萄酒观光农业、旅游休闲为主的产业体系。

3.1.5 旅游资源基础

兵团构建了一批以文化旅游为特色的现代旅游业体系，旅游资源不断丰富。当今的军垦文化不再是一种简单的戍边文化，而是以"热爱祖国、屯垦戍边、艰苦创业、无私奉献"的兵团红色精神和与时俱进的生态文明文化相辅相成的红色经典。不少师（市）、团场已陆续建立起了屯垦戍边博物馆、纪念馆、陈列馆、展览馆等屯垦戍边教育基地暨红色旅游地，使其成为爱国主义教育、民族团结教育和向全国、向全世界宣传兵团，展示兵团人屯垦戍边艰苦创业的历程和创建的不朽大业，教育国人及兵团的广大党员干部、职工群众和青少年，传承军垦文化、弘扬兵团精神的重要载体。

兵团旅游业从"接待事业型"升级到"产业融合型"，实现了质的飞跃，丰富的旅游种类和较强的游客接纳能力是兵团区域竞争力增强的又一重要体现。目前兵团初步完成了以饭店旅馆业、旅行社业、旅游交通业、旅游餐饮业、旅游娱乐业、旅游风景区和旅游商品购物在内的综合产业体系构成的一系列旅游业品种。兵团拥有旅行社134家，其中国际旅行社11家，就业人数1194人；2015年旅游业收入528000万元，较上年增长了18.97%，景区年接待人数402.80万人，较上年增长了9.43%。目前兵团全力落实《国务院关于促进旅游业改革发展的若干意见》，深化旅游管理体制改革，推动资源整合、产业融合，构建大旅游格局，推进军垦文化旅游示范区建设。

3.2　兵团区域竞争力的支撑环境

3.2.1　兵团区域竞争力西向开放面临的优势分析

3.2.1.1　兵团地缘优势明显

兵团随着亚欧第二大陆桥全线贯通，成为了西部向西对外开放的前沿，是"东联西出"的桥头堡，具有西向开放的地缘优势。新疆位于"陆上丝绸之路经济带"建设的核心区，着力打造新疆面向中亚、南亚的"丝绸之路经济带"中枢区的地位，进一步推进了中国西向开放与西部大开发战略的实施。新疆与 8 个国家接壤，共有 17 个一类开放口岸，兵团虽然是相对独立的组织系统，但其所属师团等单位却"插花式"分布于新疆各地，深度融入新疆社会，为兵团经济发展提供了广阔的空间。俄罗斯、中亚、南亚地域辽阔、人口众多、资源丰富、市场潜力大，在产业结构上与新疆和兵团具有很强的互补性，在资源开发利用和日用消费品方面存在着巨大的商机和合作空间。

3.2.1.2　兵团农业基础较为扎实

兵团农业基础扎实主要体现在兵团农业生产规模大，机械化程度和科技含量较高，水利等基础设施完善，已初步形成了规范化、现代化的大农业体系。一方面，农业不仅是兵团的基础产业和支柱产业，而且是兵团的优势产业。兵团拥有丰富的可开发资源和优质工农业产品，不仅是全国重要的优质商品棉出口基地，也是全国最大的节水灌溉基地、最大的工业用番茄生产基地。兵团生产的农牧产品品种多、单产高、商品率高，主要经济作物单产水平居全国前列，许多大宗农产品在新疆占有举足轻重的份额。2015 年兵团棉花产量为 146.53 万吨，是我国最大的商品棉生产基地，对世界棉花市场有重大影响；甜菜、葡萄、哈密瓜、番茄酱、啤酒花产量居全国之首，兵团薰衣草种植面积居全国第一、世界第二；畜牧业羊毛产量约占全国产量的 35%，山羊绒产量居全国第三位，奶类生产居全国第五位。另一方面，兵团特色农产品的品牌化建设初见成效。兵团特色农产品发展方兴未艾，棉花、啤酒花、番茄、红花、枸杞、哈密瓜、吐鲁番葡萄、库尔勒香梨、和田石榴等特色农产品享誉国内外，已成为全国最大商品棉、啤酒花和番茄酱生产基地，全国重要的畜牧业和甜菜糖生产基地。全国十大知名棉花品牌中兵团占据 3 席，其中"锦"牌棉花连续 3 年被评为"全国十大知名品牌棉花"第一名，享有"中华第一棉"的美誉，"准噶尔""前海""北疆"牌棉花也获新疆著名商标。

3.2.1.3 兵团服务业发展潜力巨大

兵团服务业经过 60 多年发展，已经形成了服务业产业的基本框架体系，成为经济发展的重要支撑及提高职工生产生活水平的重要保障。商贸流通、交通运输、房地产成为重点产业，对服务业增长拉动作用突出；金融、现代物流、科技咨询、信息服务等现代服务业发展迅速，有效提升了服务水平。兵团基本形成了八师、十二师、十三师和六师等服务业聚集区，其中八师服务业增加值占到全兵团的 25.85%；兵团服务业发展较快，规模不断扩大，2015 年服务业在兵团生产总值构成中占比 32.2%，比上一年增长近 0.9 个百分点，对经济贡献率为26.9%，拉动经济增长 3.3 个百分点。兵团的服务业增加值、固定资产投资、就业人员占比实现了三分天下有其一，成为经济社会发展的基本支撑、吸纳就业的主渠道。

3.2.1.4 兵团投资环境逐渐优化

兵团以招商引资促兵团发展方式围绕"抢抓机遇、改革创新、转型升级"来开展，努力创造优越的投资环境。在"新常态"背景下和兵团改革转型的档口，兵团把招商引资作为兵团转型升级和转变经济发展方式的重要抓手，为兵团经济持续发展增添新动力。在机遇与挑战并存的时期，面对国内经济放缓的压力和兵团改革转型的挑战，兵团在招商引资方式上敢于创新，勇于突破。具体体现在以下三个方面：

"抢抓机遇"，兵团充分利用兵团优势招商引资，做好资源优势与政策的结合，引导资金、技术、人才、项目落地兵团。伴随着对口援疆政策的持续发力和"丝绸之路"战略落地，为兵团招商引资打开一个全新的层次和领域。因此，兵团在国家战略和对口援建省市支持的机遇下，拿到了更多更好的项目，抢占了西向开放发展制高点。

"改革创新"，指兵团通过改革招商引资方式、创新招商引资模式，由全民招商变为专业招商，加强招商队伍建设，提高专业化水平；转变盲目招商为定向招商，由注重数量向提升质量转变。通过招商引资方式和模式的转变，极大促进兵团软硬环境的改善，促使兵团加快完善和改进行政效能、服务理念、社会环境、基础设施以及政策透明度等问题，不断"优商、惠商、亲商、安商、扶商"，使兵团发展方式得以转变，从而使经济的发展再上新台阶。

"转型升级"，就是兵团产业调整的方向由资源驱动型向创新驱动型转变，把招商引资的着力点放到加快兵团传统产业转型上，注重引进创新能力强、辐射带动力强、对兵团产业转型起带动作用的大项目上，如加大引进新能源、新材料、新电子、新装备等新兴产业，加速兵团产业转型和接续发展。紧紧围绕兵团优势资源，招商理念从企业招商向产业链招商转变，加强引进配套相关的农业科技、农产品深加工、仓储、物流等产业，形成供需"上下游"的产业链条关系，形成倍增效应，增强产业综合竞争力，最终实现兵团的产业升级目标。

3.2.2　兵团区域竞争力西向开放面临的劣势分析

3.2.2.1　兵团第三产业发展相对滞后

在西向开放的背景下，兵团的第三产业由于发展滞后、三次产业结构占比不合理，相对于其他国家或地区在生产效率、满足市场需求、持续获利等方面体现不出竞争优势。对照我国经济运行新常态的主要特征，可以初步判断兵团已经进入经济增速放缓、结构调整以及发展方式转变的新常态阶段。2015 年兵团生产总值 1934.91 亿元，比上年增长 12.3%。其中，第一产业增加值 428.04 亿元，增长 6.9%；第二产业增加值 883.88 亿元，增长 15.5%；第三产业增加值 622.99 亿元，增长 11.8%。三次产业增加值占生产总值比重分别为 22.1%、45.7%、32.2%。三次产业对经济的贡献率分别为 13.8%、59.3% 和 26.9%，分别拉动经济增长 1.7 个、7.3 个和 3.3 个百分点。就产业结构方面而言，2012 年三次产业占生产总值的比重为 34：38：28，2013 年为 29：41.8：29.2，2014 年前三季度三产比重为 24：44.7：31.3，2015 年三次产业增加值占生产总值比重分别为 22.1%、45.7%、32.2%，由此可见，兵团第三产业比重偏小，发展较为滞后。

3.2.2.2　兵团人力资本开发不足

兵团人力资本开发不足体现在人才引进政策体系不完善、人才结构性矛盾突出和人才流失现象严重三个方面。人力资本是一个地区或者国家发展的重要组成部分，是其竞争力的核心因素。在开放型经济体系和全球化浪潮中，人力资本尤为关键，能够显著影响一个地区的竞争能力。

第一，人才引进政策体系不完善。围绕推进人才强国、强省、强市、强县、强校、强企战略，中央制定并出台了 10 个方面 168 项人才具体政策，内地省份区县、高校、企业也制定出台了上万项人才政策。目前兵团除本级和部分师市外，大部分师人才工作仍处于无专门机构、无专职人员、无专项经费的状态，致使许多人才政策无法及时落地。

第二，人才结构性矛盾突出。一是人才专业结构不合理，创新型人才、工业人才、城市管理人才和文化经营人才匮乏，人才队伍专业结构还不能满足经济结构调整的需要，在兵团"三化"快速发展的时期，兵团"三化"人才，特别是新型工业化人才数量不足，人才引进困难。二是人才分布不合理，市区及周边团场分布多，偏远团场、企业分布少，机关、事业单位多，团场基层、企业生产一线分布少。三是部分用人单位急需人才难以引进。农牧团场等基层单位需要的特殊人才，二三产业领域急需的人才招聘困难；高等院校和科研机构部分学科领域缺乏领军人物和学术带头人，而自身培养周期长，难以满足学科发展的需要。

第三，人才流失现象严重。兵团人才的流失出现下降趋势，人才流失数量较大，而人才流失率居高不下的原因主要是：一是一些高校毕业生是在就业压力下无奈、暂时地选择到团场或企业基层工作，一旦有机会就会通过各种途径，尽快脱离团场或企业基层；二是内地的高校毕业生对新疆和兵团不太了解，对工作的期望值过高，而工作实际跟他们的想象差距较大；三是由于有些团场地处偏远、自然条件差、经济发展滞后，一些高校毕业生不适应团场的工作和生活环境；四是部分地区存在"同地不同酬、同工不同酬"，造成一些团场医院和学校工作的高校毕业生流向内地省市和自治区有关单位。

3.2.3 兵团区域竞争力西向开放的机遇分析

3.2.3.1 "一带一路"倡议下丝绸之路经济带核心区建设的现实机遇

一方面，丝绸之路经济带战略重点加强交通基础设施建设为兵团通道、口岸建设与贸易发展带来了机遇。新疆的丝绸之路大通道布局中，北通道以将军庙（准东）至哈密（三塘湖、淖毛湖）至额济纳资源开发性铁路为主，途经兵团第十三师和第十师的大部分团场；中通道向西可带动 2 个口岸开放，即经阿拉山口口岸到达哈萨克斯坦首都阿斯塔纳；经精伊霍铁路霍尔果斯口岸到达哈萨克斯坦乌拉尔河的里海入口阿特劳，对于处于阿拉山口附近的团场以及毗邻霍尔果斯口岸的第四师的交通运输业而言，具有得天独厚的优势；南通道以库尔勒至格尔木铁路为主，向东南经库尔勒、格尔木，在成都形成 3 个方向的出海通道，为南疆师团打开了东联西出的通道。另一方面，丝绸之路经济带战略加强了"经济带"内各个国家和地区的交流合作、融合发展，这就为兵团丰富农产品资源、先进农业技术"走出去"带来了新的机遇。

3.2.3.2 中央新疆工作座谈会为兵团发展提供了难得的政策机遇

中央新疆工作座谈会从战略高度对实现新疆跨越式发展和长治久安做出全面部署，做出的带有根本性、长远性的支持政策，为兵团农业"走出去"提供了难得的政策机遇和强有力的政治保证。中央新疆工作座谈会进一步明确兵团在新疆发展稳定中的战略地位，指明了兵团城镇化、新型工业化和农业现代化的发展方向，出台了加大综合财力补助力度、加快产业结构优化升级、加强基础设施建设、推进城镇化进程、提高公共服务水平、加强维稳戍边能力建设等一系列具体政策；并将兵团十二个师（市）及团场纳入全国对口支援范围，实施经济援疆、干部援疆、人才援疆、教育援疆、科技援疆，把"输血"与"造血"、硬件建设与软件建设、物质支持与文化交流结合起来，着力增强兵团自我发展能力。

3.2.3.3 国家深入实施西部大开发战略，对西部地区支持力度进一步加大投资机遇

中央在总结过去十多年实施西部大开发战略成功经验的基础上，制定了《深入实施西部大开发战略的若干意见》。作为国家深入实施西部大开发战略的重点地区，兵团与新疆地方同样享受国家对基础设施建设、能源资源开发、生态建设和环境保护等方面的支持政策，必将为进一步推进兵团农业"走出去"带来机遇。兵团重视农业"走出去"，通过加强顶层设计，统筹规划"走出去"总体方案，为兵团农业"走出去"创造良好条件。出台《兵团农业"走出去"项目暂行管理办法》和《兵团"走出去"发展规划》，加快推动"中新建集团国际农业合作公司"的组建，推动设立海外投资基金；同时在推进国际经济合作过程中，还将以农业"走出去"为重点稳步开展对外投资合作，推进兵团企业对哈萨克斯坦、吉尔吉斯斯坦、塔吉克斯坦三国农业投资项目实施，争取国家资金和配套政策支持，并引导鼓励支持民营企业在周边国家开展投资合作。

3.2.4 兵团区域竞争力西向开放的挑战分析

3.2.4.1 兵团市场化体制改革面临艰难挑战

新常态阶段也是深入改革的攻坚期，对于兵团而言，要正确处理行政与市场的关系、实现行政职能转型、深化国资国企改革、培育合格的市场主体、充分发挥市场配置资源的决定性作用，还面临着转变思想观念、理顺体制机制、厘清利益边界、兼顾公平和效率等困难。一方面，兵团政府性债务剥离、融资平台调整后，尚未设市建镇的师团将面临巨大的债务压力；另一方面，兵团部分国有企业、产能过剩行业的企业以及小微企业将面临盈利能力下滑幅度超过其承受能力的冲击，"融资难、融资贵"问题无法全面解决的情况下，传统意义上的"国有企业困境""银行呆坏账上升""失业问题显化"以及"第三产业景气状况的下滑"将在新常态的新阶段出现。

3.2.4.2 经济新常态下兵团经济发展速度趋缓趋慢的严峻挑战

新常态首要特征是高速转入中高速，意味着经济可能会减速，或者经济增长的速度必然会放缓。而纵观中国经济的发展历程可以看到，中国经济从1978年起，长时间里保持了高速增长，取得了举世瞩目的经济奇迹。经济由高速增长向中高速增长转换的新常态是客观事实。与此同时，传统产业收缩，而新兴产业尚待发展，传统动力减弱，而新的动力正在形成；资源能源瓶颈凸显，生态压力释

放缓慢；经济下行，有可能使过去的隐性矛盾显现，都使得低速经济下的经济转型挑战越发严峻。从理论上讲，兵团与国家经济是保持同步放缓的，但是作为后发区域，兵团增速仍需高于全国平均水平，如何保持一个合理而又符合兵团当前经济发展状态的经济速度是至关重要的。

3.2.4.3 兵团经济增长动力不足的巨大挑战

人才流失、产业低级、创新滞后，兵团发展举步维艰。2015 年兵团实现工业增加值 583.4 亿元，占兵团生产总值的 30.2%，五年年均增长 24.9%。重工业比重由 2010 年的 49% 提高到 2015 年的 64%，成为兵团工业经济发展的加速器。工业的高速发展，使得兵团面临着一种尴尬的局面——劳动密集型产业的动力尚未充分利用，人口红利已经伴随着人口老龄化、劳动力成本上升等问题的到来而逐渐退去，而全国范围内资源密集型产业几乎都是过剩的，意味着资源密集型产业动力给兵团留下的空间不大，技术创新方面兵团基础仍然很薄弱。但是改革红利的释放，体制红利的释放，需要借助于劳动力，资本或者技术这样的载体才能充分地发挥出来，这将是新常态阶段兵团面临的一大难题。

3.2.4.4 兵团产业结构优化升级困难的深度挑战

兵团目前仍处于以农业占主导地位的经济发展阶段，第二产业所占比重仍偏低的状态，说明兵团仍然需要大幅度调整与优化。2000 ~ 2016 年，兵团第一产业的比重由 40.6% 下降至 34.2%，下降了 6.4 个百分点；第二产业比重由 27.5% 上升至 34.6%，上升了 7.1 个百分点；第三业比重由 31.9% 下降至 28.8%，下降了 1.1 个百分点。从三次产业结构的角度来看，从 2000 年以来，兵团三大产业结构逐步调整与优化，基本符合世界范围的产业结构演变规律，第一产业比重正逐步下降，第二产业比重正逐步上升，第三产业比重稳中有升，兵团三次产业结构由 2000 年的 40.6 : 27.5 : 31.9 逐步调整到 2010 年的 34.2 : 34.6 : 28.8。

3.2.4.5 兵团资源环境压力加大的重要挑战

协调经济发展与生态环境和民生之间关系是兵团发展面临的重要挑战。在国土资源空间规划中，兵团有相当一部分师团在主体功能区定位中处于限制性开发区域或禁止开发区域，必须在资源生态环境承载力范围内发展经济，并兼顾持续稳定地改善民生。兵团级重点开发区域是阿克苏—阿拉尔片区、库尔勒—铁门关片区以及点状分布的第三师、第十四师师部城区，总面积 205.1 平方公里，占兵团 0.3%；兵团的限制开发区域包括农产品主产区和重点生态功能区；农产品主产区全部为国家级，分为天山北坡农产品主产区和天山南坡农产品主产区，总面积 4.9 万平方公里，占兵团的 65.1%；兵团级重点生态功能区是按照 5 个自治区级重点生态功能区所覆盖的团场来划定的，总面积 0.7 万平方公里，占兵团的 9.7%；兵团省级的禁止开发区域是按照 1 个自治区级禁止开发区域所覆盖到的团场部分区域来划定的，总面积 147.4 平方公里，占兵团的 0.2%。

3.3 西向开放视角下兵团区域竞争力发展条件

兵团肩负着屯垦戍边的历史使命，在维稳边疆和经济社会建设中起着重要的作用。从行政体系构成上看，兵团下辖 13 个师和一个建筑工程师；从地理位置和战略地位上看，兵团是中国西向开放的节点、"丝绸之路经济带"与"中巴经济走廊"的重要端口，不仅与中亚五国有着密切的竞合关系，而且同国内及新疆地区省市也保持着竞争与协同关系。在"一带一路"的伟大倡议实施的背景下，竞争和合作已成为主旋律，能否高效地提升兵团竞争力将会是兵团经济能否长足发展的核心。如何提升兵团竞争力，保障经济稳步发展，需要对兵团的发展现状有一个全方位的认识。本节从经济发展、产业发展、贸易发展、科技发展、人力资源、绿色发展、公共服务发展、文化发展八个方面探讨兵团竞争力的发展条件。

3.3.1 兵团区域经济发展条件

兵团经济发展状况层面而言，兵团整体经济发展稳中向好，但与全国及新疆相比总体发展水平不高，各师部间经济发展差异较大。

3.3.1.1 兵团 GDP 总量变动状况分析

兵团经济整体上稳步上升，增速出现由慢到快、再到慢的变化态势。2015年兵团生产总值为 1934.91 亿元，占全疆生产总值的 20.75% 左右；2016 年上半年，兵团生产总值 672.86 亿元，按可比价格计算，同比增长 11.4%。分产业看，第一产业增加值 43.67 亿元，同比增长 6.2%；第二产业增加值 356.31 亿元，同比增长 14.2%。兵团生产总值整体呈"S"形攀升趋势，其数值由 331.2 亿元上升至 1934.91 亿元，上升绝对值为 1673.71 亿元，年均增长率达 17.41%。2005～2009 年上升较为平缓，在这个阶段兵团 GDP 总体变化不大，上升绝对值为 279.49 亿元，年均增长率为 13.02%。2009～2014 年兵团 GDP 上升较为迅速，上升绝对值为 1127.99 亿元，年均增长率为 19.05%。2014～2015 年上升速度减慢为 12.3%，与我国整体经济增速放缓趋势相匹配（见图 3 - 1）。在政府追求 GDP 的发展方式下，兵团经济有了明显的快速提升，随着资源浪费、环境污染、要素生产率下降等制约因素的凸显，兵团经济逐渐开始向追求高质量的目标迈进，增速放缓但质量更优，稳中有进。

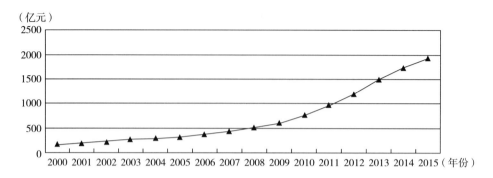

图 3 - 1 兵团 GDP 变化趋势

3.3.1.2 兵团经济发展的师域分析

受区位等因素影响，兵团各师之间经济发展差异较大。2015 年兵团各师平均 GDP 为 128.99 亿元，第八师、第一师和第六师在十四个师中 GDP 排名位列前三，分别为 415 亿元、250.28 亿元及 230.09 亿元，第十四师（17.43 亿元）与第九师（31.45 亿元）排名倒数，最后一名的第十四师与排名第一的第八师 GDP 相差 23 倍、397.58 亿元，差距巨大。在十四个师部中，GDP 居于前三位的第八师、第一师和第六师占整个兵团 GDP 的 46.3% 左右，其余 11 个师部和兵团直属的 GDP 之和占兵团 GDP 的 53.7%，经济发展水平差距较大。各师部间经济发展差异较大则导致各师部间对外贸易发展不协调，差异程度较大，不利于兵团对外开放的健康发展。

3.3.1.3 兵团 GDP 增长率变动状况分析

兵团整体经济发展稳中向好，但与全国及新疆相比总体发展水平不高。从总量而言，新疆属于西部地区，GDP 总量明显是较为落后的，全国、新疆以及兵团三者的体量不一样，故而总量指标没有可比性。因而即使用人均数进行全国比较也存在量级不一致的问题，导致比较存在偏误，因此从人均方面进行比较，存在一定的不合理性。综上所述，本节选择 GDP 增长率这一指标作为三者区域经济发展现状的对比标尺，并根据数据制作对比图，如图 3 - 2 所示。

从图 3 - 2 中可以看出，兵团、新疆以及全国的经济增速的变化趋势存在一致性，兵团 GDP 增长率始终维持在 10% 左右，多数年份高于全国以及新疆的 GDP 增长率。兵团自 2009 年开始其 GDP 增长率明显高于全国水平，在 2011 年开始明显高于全疆水平，表明兵团经济增长有着强劲动力，同时也是充满竞争力的体现。当全国和新疆的经济增速下降时，兵团经济增速同时下降，虽波动幅度较大，但增速依然可观。由于兵团 GDP 的总量较小，而当经济不景气时，GDP 波动比较明显，整体而言，其增速依然可观，表明了兵团经济增长即使在受到整体经济环境的影响下，仍能够保证一定的经济增速，发挥兵团独特组织优势，特殊经济体优势，为经济发展提供不竭动力。

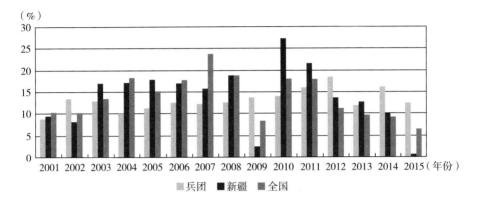

图 3 – 2 兵团、新疆与全国的 GDP 增长率变化对比

资料来源：历年《兵团统计年鉴》《新疆统计年鉴》和《中国统计年鉴》。

3.3.1.4 兵团城镇化发展条件

兵团的城镇化水平远高于新疆和全国，在城镇化的增速上基本与新疆和全国水平持平，城市化建设日新月异，但仍需注意协调发展与配套措施的完善（见表3－4）。具体来看：①截止到2015年，兵团按照自治区和兵团党委统筹安排，设市建镇工作迅速推进，现已拥有9个城市（石河子市、阿拉尔市、图木舒克市、五家渠市、铁门关市、北屯市、双河市、可克达拉市和昆玉市）、10个建制镇（北泉镇、梧桐镇、蔡家湖镇、金银川镇、石河子镇、草湖镇、沙河镇、双城镇、博古其镇和双丰镇）以及十多个垦区中心城镇和100多个团场城镇和中心连队居住区，兵团城镇化水平已达65%。在自治区城镇体系框架下，初步形成以兵团城市—垦区中心镇——一般团场城镇—中心连队居住区为发展节点，与自治区城镇职能互补、具有兵团特色的城镇体系，实现从"屯垦戍边"向"建城兴边"的转变。②城镇布局也日趋合理，基础设施日益改善，公共服务体系不断健全，城镇面貌显著改观，城镇化已成为兵团发展中亮点最多、影响带动面最广、职工群众得实惠最多的工作。③但是，兵团城镇化发展中还存在城镇经营管理体制机制不健全、区域发展不协调、城镇发展持续力不足等问题。

3.3.2 兵团区域产业发展条件

兵团是促进新疆发展与稳定的一支重要力量，其经济在新疆经济中占有举足轻重的地位，而产业结构的状况对经济发展有着重要影响作用，不同的产业结构必然带来不同的经济增长效益和资源配置效率。因此，要探究兵团的产业竞争力必然要对兵团现阶段的产业结构动态演变进程进行相应的分析，对兵团目前产业结构所处的阶段进行比较分析。

表3-4　兵团、新疆和全国城镇化水平对比　　　　　　　单位:%

年份	兵团		新疆		全国	
	城镇化率	增速	城镇化率	增速	城镇化率	增速
2013	62.30	0.03	44.50	0.01	53.73	0.02
2014	64.00	0.03	46.07	0.04	54.77	0.02
2015	65.00	0.02	47.23	0.03	56.10	0.02

资料来源：历年《兵团统计年鉴》《新疆统计年鉴》《中国统计年鉴》。

3.3.2.1　兵团产业结构的总体概况

兵团的产业结构按照占比来看仍为"二三一"的工业化中期水平，比例失衡是兵团西向开放的一大制约因素。根据发达国家工业化规律：在工业化进程中，三大产业在GDP和就业结构中的变化趋势总体上是第一产业比重不断下降，第二产业比重和第三产业比重稳步上升，逐步过渡到一产比重下降、二产比重下降、三产比重上升这一过程。简言之，产业结构按照"一二三、二一三、二三一、三二一"的顺序转化。对照兵团来看，产业结构处于优化的第三阶段、尚未实现"三二一"的最优状态。2000～2015年兵团第三产业变化不大，第一产业比重减小，第二产业比重增大。"十二五"末（2015年末），兵团第一产业的主要产业依然是农业和畜牧业两大产业，占总产值的91.2%，第二产业制造业和建筑业仍是整个二产的核心产业，占总产值的92%左右，"十二五"期间，兵团第三产业增加值的增速较快，均值可达20.8%。

3.3.2.2　兵团产业结构的动态演变分析

从图3-3中可以看出：兵团产业结构演化符合"配第—克拉克"三次产业变动规律，产业结构变化经历了"一三二—二一三—二三一"的变化过程，但仍未达到"三二一"的最高级产业分布。选取主要年份的兵团产业结构占比可知：2000年一二三产业比例为40.6∶27.5∶31.9，2011年为33.8∶37.9∶28.3，2016年为21.9∶45.2∶32.9。此三年也是产业比重排名变化的关键三年，同时也是"配第—克拉克"三次产业变动的标志年份。此外，还可以看出，兵团第二产业比重上升较为快速，上升幅度较大，第一产业的比重下降幅度较大，第三产业比重在波动中略微下降，三次产业差异越来越大、分化明显。

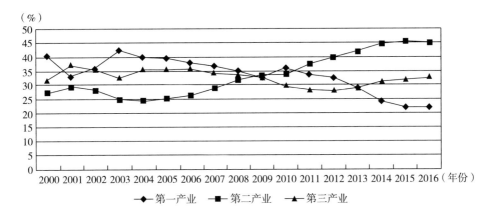

图 3-3　兵团三次产业结构占比变化

　　三次产业中的主要组成行业仍表现出低附加值、高能耗、高污染等特点，产业结构优化难度较大。第一产业，农产品生产结构中，传统的种植业所占比重较大，而农产品现代化加工业发展缓慢，农产品出口贸易结构中，原料和初级产品所占比重过高，而高技术含量和附加值的加工品出口增长缓慢，比重较小；第二产业，产值比重较高的主要是劳动密集型产业，占主导地位的仍然是低技术含量的加工业和能源型产业，这些行业的能源和原材料的消耗水平较高，产品的层次低，对生态环境的承载力和资源可持续利用带来严重的压力，对外贸易发展的粗放方式就不会有所转变；第三产业中，兵团欠缺发达的现代服务业，其直接影响兵团服务贸易的健康长远发展的基础，而且难以实现货物贸易和服务贸易的协调发展。同时对其他产业的专业化分工和技术创新产生消极的作用，影响产业结构的优化。

3.3.2.3　兵团产业结构的比较分析

　　兵团的产业结构仍为二三一的结构，不论是与新疆还是全国平均水平相比都是较为落后的，这说明了兵团的产业结构迫切需要进行调整和优化。2015 年，兵团三次产业结构比重为 22.1∶45.7∶32.2，属于二三一结构；新疆的三次产业结构比重为 16.7∶38.6∶44.7，属于三二一结构；全国的三次产业结构比重为 8.8∶41∶50.2，属于三二一结构；可见，全国及新疆的产业结构优化状态好于兵团。

　　具体来看，第一，兵团三次产业结构与全国、新疆水平相比，第二、第三产业的比重较小，尤其是第三产业（见表 3-5）。根据产业发展理论可知第三产业发展较为落后是不利于经济快速发展的。第二，兵团第一产业的比重明显高于全国、新疆水平。这与兵团组织的性质有关，由于其设立之初的屯垦戍边战略规划，兵团仍需要自给自足维持当地的发展和稳定，因而使得兵团地区的农业比重较高。第三，早期第二产业比重明显低于全国、新疆水平；近几年同新疆整体平均水平基本相同。这与近年来国家重视工业发展、承接内陆地区产业转移有密不可分的关系。第四，兵团第三产业基本和新疆平均水平一致，略微低于全国平均水平，相比仍有差距。说明兵团的第三产业发展较为落后，产业结构层次较低，还未达到三二一的合理占比目标。

表3-5　兵团三次产业占比状况　　　　　　　　　单位:%

年份	全国			新疆			兵团		
	第一产业	第二产业	第三产业	第一产业	第二产业	第三产业	第一产业	第二产业	第三产业
2000	15.1	45.9	39.0	21.1	39.4	39.5	40.6	27.5	31.9
2001	14.4	45.2	40.5	19.3	38.5	42.2	33.1	29.4	37.5
2002	13.7	44.8	41.5	18.9	37.4	43.7	35.7	28.3	36.0
2003	12.8	46.0	41.2	21.9	38.1	40.0	42.3	24.8	32.9
2004	13.4	46.2	40.4	20.2	41.4	38.4	39.9	24.5	35.6
2005	12.1	47.4	40.5	19.6	44.7	35.7	39.4	25.2	35.4
2006	11.1	47.9	40.9	17.3	47.9	34.8	37.8	26.4	35.8
2007	10.8	47.3	41.9	17.8	46.8	35.4	36.8	28.9	34.3
2008	10.7	47.4	41.8	16.5	49.5	34.0	34.9	31.7	33.4
2009	10.3	46.3	43.4	17.8	45.1	37.1	33.5	33.8	32.7
2010	10.1	45.5	44.4	19.8	47.7	32.5	36.2	34.0	29.8
2011	9.4	46.4	44.2	17.2	48.8	34.0	33.8	37.9	28.3
2012	9.4	45.3	45.3	17.6	46.4	36.0	32.4	39.7	27.9
2013	9.3	44.0	46.7	17.0	42.3	40.7	29.0	41.8	29.2
2014	9.1	43.1	47.8	16.6	42.6	40.8	24.0	44.7	31.3
2015	8.8	41.0	50.2	16.6	38.6	44.7	22.1	45.7	32.2
2016	8.6	39.8	51.6	17.1	37.3	45.6	21.9	45.2	32.9

3.3.3　兵团区域贸易发展条件

在建设新丝绸之路经济带背景下，兵团贸易发展迎来了难得的历史机遇。本节将从兵团贸易规模和贸易种类进行分析兵团贸易发展的条件。

3.3.3.1　兵团区域贸易规模状况

近年来，兵团贸易规模不断扩张，贸易范围越来越广，但受到金融危机的波动较小，整体抗风险能力较强。一方面，在新疆的经济发展过程中，兵团一直起着举足轻重的作用，其贸易规模不断增大，贸易的范围和影响力不断扩大，遍布全球各大洲。由表 3-6 可以看出，2005～2015 年，从进出口额度而言，兵团出口额度极速上升，上涨了 5 倍有余；进口额度变化程度相对较小且稳步下降；新疆和兵团的进出口额度整体变化趋势基本相同。从兵团进出口占新疆比重而言，出口额度占比整体呈现稳步上升趋势，从 2005 年的 37.56% 上升到 2015 年的 54.99%；进口额度占比整体呈现下降趋势，由 2005 年的 41.82% 降至 2015 年的 28.86%。

表 3-6　兵团、新疆进出口相关指标比较　　单位：万美元,%

年份	兵团		新疆		兵团出/进口额度占新疆比重	
	出口额度	进口额度	出口额度	进口额度	出口额度占比	进口额度占比
2005	189249	121337	503891	290156	37.56	41.82
2006	295697	54832	713922	196404	41.42	27.92
2007	519256	36785	1150217	221365	45.14	16.62
2008	842376	39574	1929910	291826	43.65	13.56
2009	426005	40025	1093456	301327	38.96	13.28
2010	498007	60866	1296865	416145	38.40	14.63
2011	649556	114141	1682572	599394	38.60	19.04
2012	834324	130657	1934564	582441	43.13	22.43
2013	1036969	122141	2226773	529365	46.57	23.07
2014	1095455	103318	2348076	419155	46.65	24.65
2015	962074	62731	1749608	217331	54.99	28.86

另一方面，兵团的对外贸易在面对经济危机的冲击时仍保持着相对的平稳发展态势，表明兵团经济体系的整体抗风险能力较强。从突变数值而言，2009 年兵团的出口额度由 2008 年的 842376 万美元骤降至 2009 年的 426005 万美元，出口额度变化了 416370.8 万美元，下降了近 50%，而同年的进口额度却只变化了 450.1 万美元。说明与兵团进行贸易的外商受全球经济危机影响导致贸易需求急剧降低，兵团受益于中国经济体系抗危机的优越性而贸易发展势头相对良好，在出口额度骤降的情形下进口额度依旧稳定，贸易需求保持稳中向好。

3.3.3.2　兵团区域贸易种类分析

在西向开放的背景下，兵团由于其优越的区位条件，为一些沿边口岸和自贸区奠定了良好的贸易基础，贸易规模不断上升、贸易种类不断丰富。兵团贸易呈

现四个特征:

第一,一般贸易大幅增长,边境小额贸易占据半壁江山。2015 年上半年,兵团外贸以边境小额贸易进出口 141.44 亿元,增长 12.43%,占兵团外贸比重(以下简称占比)62.36%;以一般贸易进出口 81.54 亿元,增长 88.24%,占比 35.95%;旅游购物商品进出口 1.92 亿元,下降 30.09%;保税仓库货物进出口 1.33 亿元,下降 64.63%。

第二,哈萨克斯坦等独联体国家依然为主要贸易伙伴,对美国贸易大幅增长。2015 年上半年,兵团对哈萨克斯坦贸易总值 86.43 亿元,增长 11.43%,继续保持兵团第一大贸易伙伴地位,占新疆外贸总值的 38.11%。其次为美国,贸易总值 30.92 亿元,增长 5.83 倍。其他依次分别为俄罗斯、吉尔吉斯斯坦和塔吉克斯坦,贸易总值分别为 29.93 亿元、21.92 亿元、11.94 亿元,分别增长 120%、下降 8.42% 和 17.19%。

第三,私营企业成为推动兵团外贸发展的主力军,国有企业小幅增长。2015 年上半年,民营企业进出口贸易 188.72 亿元,增长 33.51%,占兵团外贸总值的 83.21%。国有企业进出口 37.85 亿元,增长 6.89%,占 16.69%。

第四,出口以鞋类、纺织品为主,进口主要为农产品、机电产品。2015 年上半年,兵团出口鞋类 32.42 亿元,下降 6.73%;出口针织或钩编类纺织品 22.97 亿元,增长 12.33%;出口家具类杂项制品 18.45 亿元,增长 3.06 倍;出口塑料及其制品 16.55 亿元,增长 92.49%;出口非针织或非钩编类纺织品 16.37 亿元,增长 33.70%,上述 5 者合计占兵团出口总值的 50.54%。进口棉花 2.17 亿元,减少 66.12%。其他农产品及木制品、木炭 0.98 亿元,下降 25.13%;含油子仁及果实及秸秆、饲料 0.76 亿元,增长 2.51 倍;水果及坚果类 0.69 亿元,增长 1.32 倍,羊毛及类似品 0.66 亿元,增长 2.09 倍,生皮(毛皮除外)及皮革 0.61 亿元,增长 12.82%;进口光学、医疗等仪器及设备 2.04 亿元,下降 6.68%,进口机械器具及零件 1.96 亿元,下降 34.92%。另外,兵团饮料及酒类、编织用植物材料、肥料进口大幅增长,贸易值分别为 0.15 亿元、0.13 亿元和 0.12 亿元,分别增长 12.48 倍、26.53 倍和 46.53 倍。

3.3.4 兵团区域科技发展条件

兵团在落实国家政策的同时也紧跟科技发展的步伐,围绕实施创新驱动发展战略、加快推进以科技创新为核心的全面创新,但因后发劣势的原因,兵团在科技人员的投入方面表现出以下特征:兵团科技人员投入总量少,且增长趋势缓慢,与全疆相比仍然处于落后状态。针对兵团科技发展条件,本节主要从科技人员投入、科技经费投入和科技产出三个方面来进行分析。

3.3.4.1　兵团科技发展概况

整体来看，兵团科技人员投入总量少且增长趋势缓慢，与全疆相比仍然处于落后状态。从科技人员数量来看，研究与试验发展（R&D）人员是科技活动人员的最重要组成部分，兵团的 R&D 人员呈递增趋势，相比新疆 R&D 人员仍处于下游水平，且主要分布在大中型企业，所占比重远低于新疆平均水平。在科技投入方面，兵团科技活动经费筹集额逐年稳步上升，主要资金来源于政府投入，但整体投入强度上仍然低于新疆平均水平。且从科技产出而言，水平不高，层次偏低，竞争力较弱。

3.3.4.2　兵团科技人员投入状况

随着科技软实力的重要性增强，兵团对科技人员投入的力度也逐渐增大。科技人员投入方面，从总体上来看，2008~2015 年，科技人员数量轻微波动，大体呈现上升的趋势，其中，2012 年和 2015 年的科技人员数量最高，分别为 919 人和 960 人（见图 3-4）。说明兵团近年来加大了对科技人员的投入，希望通过科技人员的创收效应，来提高兵团区域科技发展的竞争力，同时也从侧面反映了整个社会对人才的重视。

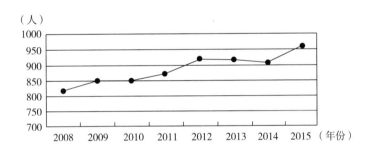

图 3-4　新疆科技活动人数变动趋势

资料来源：《新疆统计年鉴》（2009~2016）。

3.3.4.3　兵团科技经费投入状况

科技活动经费是决定科技实力的战略性投入，也是开展科技活动的基本保证和重要支撑条件。科技活动经费投入总量及其结构特征，已成为衡量一个国家或地区科技活动特别是科技创新规模和科技投入强度的重要标准，成为分析宏观科技活动状况和发展趋势的主要指标，并在一定程度上反映出经济增长潜力和可持续发展能力。

通过对 2012~2015 年兵团科技经费筹资额和构成种类的分析，可以得出如下两个结论：

第一，兵团科技活动经费筹集额逐年稳步上升，但筹集额增长并不明显。兵团科技经费筹集自 2012~2015 年,每年逐步增加,2013~2014 年的增幅最大,且科技经费支出额也随着筹集额的增加而相应提高。虽然兵团科技经费筹集额逐年增加,但与新疆的投入水平相比,仍然落后很多,同时在 2015 年首次出现了科技经费内部支出超出科技活动经费筹集额的现象,这都说明兵团科技经费的来源非常有限,制约了地区的科技发展水平。

第二,兵团科技活动经费筹集来源主要以政府资金为主、非政府资金为辅,但筹集额增长并不明显。兵团科技经费的筹集来源形式主要有政府资金和非政府资金。从纵向来看,2012~2015 年,这两种来源形式的资金都在逐年增长。其中,政府资金增长了 1.19 倍,非政府资金增长了 1.09 倍。由于兵团科技发展水平有限,科技经费的筹集方式仍然以政府资金投入为主,非政府资金投入为辅。针对兵团区域科技发展的情况,采用这种筹资方式可以使科学技术带动生产力和创新的观念不断深入人心,科技资金的筹集和投入力度不断加大。

3.3.4.4 兵团科技产出状况

科技产出是指科学研究与技术创新活动所产生的各种形式的成果,是科技投入效率的直接反映,也是衡量城市科技发展水平与绩效的重要标准之一。兵团的科技产出是衡量兵团区域科技发展的重要因素,其最重要、最核心的考量因素是专利。因此专利申请数量的多少能够在很大程度上体现一个地区的科技创新能力的高低。

将 2008~2015 年新疆与兵团的专利受理数相比较可以看出:第一,2008~2015 年兵团专利申请受理数和专利申请授权数总体呈上升趋势,特别是 2015 年专利申请授权数达到 833 件;第二,兵团专利数相比较新疆专利总数而言,数量过少(见表 3-7)。虽然兵团"十三五"规划纲要中明确指出,要加大科技创新力度,推动兵团"十三五"时期经济社会发展的目标相契合这一发展方向,但理论结合实践仍存在较大的差距,兵团的科技产出有一定的增长,而相比之下差距就非常明显了。因此,兵团应该出台相关创新激励政策,鼓励国有单位和科研机构,大中型工业企业要加大科技成果的转化,提高科技产出能力,不断加快兵团区域科技发展的步伐。

表 3-7　兵团专利申请与受理状况　　　　　　　　　　单位:件

年份	新疆		兵团	
	专利申请受理数	专利申请授权数	专利申请受理数	专利申请授权数
2008	2412	1493	17	6
2009	2872	1867	45	21
2010	3560	2562	41	38

续表

年份	新疆		兵团	
	专利申请受理数	专利申请授权数	专利申请受理数	专利申请授权数
2011	4736	2642	37	26
2012	7044	3440	97	53
2013	8224	4998	130	62
2014	10210	5238	120	61
2015	12250	8761	133	833

资料来源：《兵团统计年鉴》（2009～2016）。

3.3.4.5 兵团科技创新能力状况

科技创新能力的提高是实现兵团产业结构调整和产业升级的重要条件之一，科技进步对兵团经济社会发展的支撑引领作用日益增强，为加速"三化"协同发展，实现兵团经济、社会、生态可持续发展提供了有力支撑。在兵团党委的正确领导下，在科技部等国家部委的大力支持下，兵团认真落实《兵团科学技术发展第十二个五年规划》，积极推动实施创新驱动发展战略，大力推进创新型兵团建设，不断深化科技体制改革，各方面科技工作取得新进展、新成效、新突破。

（1）科技创新环境进一步优化。兵团党委、兵团出台了《关于深化科技体制改革加快兵团创新体系建设的意见》《关于支持企业技术创新的意见》，新设立了企业技术创新引导资金，用于支持企业技术创新和创新能力建设。石河子创新型城市获批建设，兵团大型仪器设备、技术开发等共享平台建设的不断推进，有效促进了科技资源的高效利用。科技管理体制改革进一步深化，科技计划管理、区域创新能力、知识产权和科普等方面科技政策建立健全，优化了创新环境，有效促进了科技进步与发展。

（2）科技经费投入持续增长。兵团本级科技投入年均递增25.07%，增速高于15%的目标；兵团科技研发经费占生产总值的比重达1.3%。兵团争取国家科技类经费达9.24亿元，较"十一五"增加5.54亿元，增长149.75%。

（3）科技进步与经济社会发展结合更加紧密。"十二五"期间，兵团全社会科技进步贡献率达到56.4%。围绕兵团现代农业"三大基地"建设的重大需求，集成优势科技资源，促进了农业科技创新能力提高，农业科技进步贡献率达到59.5%。新型工业化快速发展，高新技术产业年均增速21%，其中生物医药、新材料、新能源三大产业产值占兵团高新技术产业产值80%以上，企业的技术创新能力显著提升，对产业结构调整和发展方式转变发挥了重要作用。

（4）科技基础条件平台建设成效显著。"十二五"期间，兵团石河子高新区升格为国家级高新区，石河子大学兵团科技园升格为国家大学科技园。创建国家级农业科技园区 4 个，国家遥感中心兵团分部成立，科技部批准成立了石河子大学新农村发展研究院，新疆农垦科学院南疆分院、兵团林业科技研究院挂牌成立。省部共建绵羊遗传改良与健康养殖国家重点实验室通过论证，纳入国家重点实验室序列，新建兵团重点实验室 5 个、农业（工业）科技园区 11 个、兵团可持续发展实验区 13 个、工程技术研究中心 23 个。加快企业技术创新能力建设，建设产学研技术创新战略联盟 5 个、兵团创新型试点企业 9 家、科技部科技中介服务机构 2 家。

（5）科研奖项、成果产出较为丰硕。获得国家科技进步奖 3 项，兵团科技进步奖 322 项，其中：一等奖 25 项，二等奖 106 项。研究水平达到国际领先水平 4 项，达到国际先进水平 4 项，达到国内领先水平 43 项。专利申请和授权数量得到快速发展，年均递增率分别达到 31.2%、53.2%，2015 年，发表科技论文 403 篇，出版科技著作 4 种，科技成果登记数 28 项，专利申请受理数 133 件，其中，发明专利受理数 64 件，专利申请授权数 833 件，其中发明专利授权数 29 件。科技成果转化力度加大，立项国家农业科技成果转化资金项目 42 项，一大批科研成果被转化推广，服务新疆经济社会发展。

（6）知识产权工作取得长足进展。2012 年，兵团编委批复兵团科技局兼挂兵团知识产权局牌子，明确兵团科技局（兵团知识产权局）是兵团知识产权工作主管部门；成立了兵团知识产权信息中心，建立了兵团中外专利信息服务平台，提高兵团用户检索和利用专利信息的能力。2015 年全年获兵团科技进步奖 57 项，其中一等奖 6 项，二等奖 19 项，三等奖 32 项。专利申请量 1537 件，同比增长 42.5%，专利授权量 930 件，同比增长 56.8%，其中发明专利 174 件，发明专利授权量同比增长 85.1%，每万人口发明专利拥有量 1.57 件。"十二五"期间，累计申请专利 4756 件，获得授权 2728 件，获得"中国专利优秀奖"专利 6 项；3 个产品被评为中国名牌产品，10 件商标被认定为中国驰名商标，91 件商标获得新疆著名商标，72 个产品被评为新疆名牌产品。累计申请国家级植物新品种 24 个，获批国家地理标志特色农产品 11 个。

（7）科普与基层科技工作不断加强。全兵团公民具备基本科学素质的比例由 2010 年的 1.9% 提高到 2015 年的 4.42%。石河子市被中国科协批准为"全国科普示范区"，建成全国科普示范社区 12 个、兵团科普示范社区 39 个；12 家单位被命名为"全国科普教育基地"，29 家单位被命名为"兵团科普教育基地"；建成科技馆 1 个，城镇社区科普活动室 35 个，青少年科学工作室 7 个。实施科技人员服务南疆、科技兴边富民、科技扶贫、科技特派员等专项 135 项，基层科技工作取得了显著成效。

3.3.5 兵团区域人力资源条件

兵团人力资源开发的潜力不足，青年人力资源所占比例不到兵团人力资源的 1/5，表明人力资源已经慢慢步入老龄化的趋势。兵团成立之初，兵团总人口 17.55 万人，到 1978 年总人口首次突破 200 万，达到 219.98 万人，2015 年总人口达到 277 万人，总人口绝对量增加 259.45 万人，是成立初的 15.8 倍。兵团人口迅速增长，兵团人力资源能否满足兵团"三化"建设和屯垦戍边使命，需要进一步研究。

3.3.5.1 兵团人口状况与自然增长率变动

人口密度是单位面积土地上居住的人口数，它反映着一个区域的人口密集程度。兵团人口密度高于全疆水平但尚未出现人口拥挤，人口自然增长率较低（见表 3－8、表 3－9）。具体来看：①兵团尚未出现人口拥挤的现象。兵团土地面积 7.06 万平方千米，占新疆总面积的 4.24%。2015 年兵团年末人口 276.56 万人，占新疆总人口的 11.71%，人口密度却是全疆人口密度的 3 倍左右，但比起全国人口密度仍相差很远。②在人口的自然增长率上，兵团的人口自然增长率远低于新疆和全国，2014 年人口自然增长率有显著上升，2015 年轻微下降，与全国的人口自然增长率的水平差距在 2011～2015 年逐步缩小。

表 3－8 兵团人口密度与新疆、全国对比 单位:%

年份	2011	2012	2013	2014	2015
兵团	38	38	38	39	39
新疆	13	13	14	14	14
全国	140	140	141	142	142

表 3－9 兵团人口自然增长率与新疆、全国对比 单位:‰

年份	2011	2012	2013	2014	2015
兵团	0.63	0.05	0.79	1.64	1.2
新疆	10.57	10.84	10.92	11.47	11.08
全国	4.79	4.95	4.92	5.21	4.96

资料来源:《兵团统计年鉴》(2012～2016)。

3.3.5.2 兵团人力资源结构

人力资源结构是指一个国家或地区的人力资源总体在不同方面的分布或构成，总体上分为自然结构、社会结构和经济结构三大方面。故本节拟从年龄、就业两个方面分析兵团人力资源结构。

　　兵团人力资源主要以成年人为主，青年和老年人占少数。青年人力资源心理生理逐步成熟，工作适应能力较强，学习和创新精神较强，易流动，稳定性差，整体开发潜力大，所占比重大，则会导致短时期内人力资源供过于求；成年人力资源体力智力达到人生高峰，职业技术水平相对较高，工作能力和效率都较强，属于人力资源的黄金时期，所占比重大，则会推动经济社会的快速发展；老年人力资源生理衰退、智力下降，学习和创新意识不强，感性和理性知识丰富，整体稳定性较高，所占比重大，则会导致人力资源结构老化。从图 3 - 5 中可以看出，兵团人力资源以成年为主，其比重达到 63.72%，是兵团人力资源的黄金时期。青年人力资源所占比例较小，不到兵团人力资源的 1/5，表明兵团人力资源开发的潜力不够，需要兵团大力引进青年人到兵团就业。老年人力资源所占比重最小，占兵团人力资源的 17.62%，表明兵团未来 10 年所承担的养老压力不大。但成年人力资源和老年人力资源共占兵团人力资源的 81.34%，表明兵团人力资源已经慢慢步入老龄化的阶段。

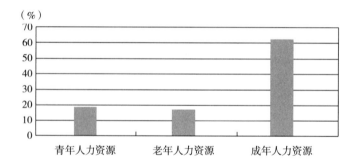

图 3 - 5　2015 年兵团人力资源年龄构成

资料来源：根据全国第六次人口普查数据整理计算。

　　从产业角度来看，近 15 年来兵团新增从业人员大部分在第二产业和第三产业，其中第三产业增加最为明显，劳动力明显聚集在第三产业。2000 ～ 2015 年，兵团从业人员从 92.58 万人增加到 136.18 万人，其中第一产业从业人员增加 8.10 万人、第二产业增加 18.96 万人、第三产业增加 32.74 万人。从行业角度来看，兵团从业人员主要集中在种植业、制造业、建筑业、批发零售及餐饮业四个行业，其中种植业比重最高，为 43.18%。在 19 个行业（其中不包括其他行业）中有 13 个行业的就业人员比重不到 5%，其中金融、保险行业与科学研究和综合技术服务行业比重分别为 0.07% 和 0.30%。说明兵团从业人员的就业结构不太合理，对于从事劳动密集型产业的人数很多，而从事高端信息技术和金融类产业的就业人数过少。因此兵团应加大信息化产业和金融服务类产业人力资源的引进。

3.3.5.3　兵团人才资源结构分析

就人才队伍而言，兵团的人才队伍不断壮大，素质不断提高，但仍面临着高水平人才缺乏及流失严重的问题。高校学生方面，2015 年全年研究生教育招生 0.13 万人，在学研究生 0.34 万人，毕业生 0.12 万人；普通本专科招生 1.35 万人，在校生 4.79 万人，毕业生 1.13 万人；中等职业教育招生 1.13 万人，在校生 2.95 万人，毕业生 1.16 万人。师资力量方面，截止到 2015 年，兵团普通高等学校共拥有教授 273 人，拥有副教授 1045 人。成人高等学校共拥有教授 26 人，拥有副教授 171 人，新增中国工程院院士一位，获批科技部中青年领军人才 2 人，科技创新创业人才 4 人，长江学者特聘教授 2 人，千人计划专家项目 5 人，教育部创新团队 2 个。兵团现有中国工程院院士 2 人，新世纪百千万人才工程国家级人选 3 人。兵团管理的专家 357 人，其中享受国务院特殊津贴人员 283 人，培养和稳定了一大批高层次人才。具体如表 3 - 10 所示。

表 3 - 10　2015 年兵团高等学校教师专业职称情况　　　　　　单位：人

	合计	教授	副教授	讲师	助教	教员
普通高等学校	3205	273	1045	1470	197	220
石河子大学	1687	202	588	779	60	58
塔里木大学	823	63	295	410	13	42
石河子大学科技学院	25	3	14	5	3	
兵团警官高等专科学校	92	1	26	39	5	21
石河子职业技术学院	362	4	80	174	81	23
兵团兴新职业技术学院	216		42	63	35	76
成人高等学校	651	26	171	205	204	45
兵团教育学院	248	13	108	69	58	45
兵团电视大学	403	13	63	136	146	45

资料来源：《兵团统计年鉴》（2016）。

3.3.6　兵团区域绿色发展条件

生态问题总体上依然是兵团绿色发展最突出的问题，当前兵团生态资源总量严重不足、生态退化，生态系统整体功能很脆弱，生态灾难频发，生态安全形势严峻。2005 ~ 2015 年兵团绿色竞争力呈"J"形变化趋势，其中 2012 年为关键增速转折点。2005～2015年，水利、环境保护投资总额的变化是整个经济体中较为稳定的，空气污染物排放呈现出"先上升，后下降"的趋势，水污染排放呈现出"先下降，后上升"的趋势。人工造林面积逐步提升，并且自2012年以来有了大的突破；水利建设与灌溉情况一定程度上缓解了水资源的时空不平衡，但随着水资源需求增大，供需矛盾依然尖锐。本节兵团绿色发展条件主要从生态环境污染、植树造林、水利建设与灌溉条件几个方面展开分析。

3.3.6.1 兵团生态环境发展条件

兵团沿边境线分布于山头水尾，其生态极其脆弱，在大规模开垦自然资源提高经济生产与发展社会的同时，不可避免地对大气环境、土地资源、地下水和地表水资源及周边生态环境产生影响。当前兵团生态环境建设取得了一定的成效，但是仍要对兵团传统产业进行生态化改造，大力发展节能环保等战略性新兴产业，使绿色经济、循环经济和低碳技术在整个经济结构中占有较大比重，为推动经济绿色转型、提升兵团区域绿色竞争力创造良好的基础条件。

3.3.6.2 兵团环境污染状况

"一带一路"倡议下兵团的经济发展迎来了前所未有的机遇，也带来污染的排放和能源的大量消耗等生态负面影响。在空气污染方面，兵团污染物排放呈现出"先上升，后下降"的趋势。2011～2014年主要空气污染物排放一直处于上升状态，2014年，中国经济步入新常态后，随全国经济转型趋势，主要污染物排放有了大的下降，2015年兵团二氧化硫排放量11.03万吨，比上年下降34.78%；氮氧化物排放量9.92万吨，下降33.50%；兵团二氧化硫排放量占全疆比下降为14.17%，氮氧化物排放量占全疆比下降为13.47%（见表3－11、图3－6）。

表3－11　兵团和新疆与全国空气污染对比

年份	兵团		新疆		全国	
	SO$_2$（万吨）	氮氧化物（万吨）	SO$_2$（万吨）	氮氧化物（万吨）	SO$_2$（万吨）	氮氧化物（万吨）
2011	10.49	9.92	76.31	75.51	2217.91	2404.27
2012	13.31	11.47	79.61	81.95	2118.00	2337.76
2013	15.40	13.27	82.94	88.69	2043.90	2227.36
2014	16.91	14.92	85.30	86.28	1974.40	2078.00
2015	11.03	9.92	77.83	73.65	1859.10	1851.02

资料来源：《兵团统计年鉴》（2012～2016）。

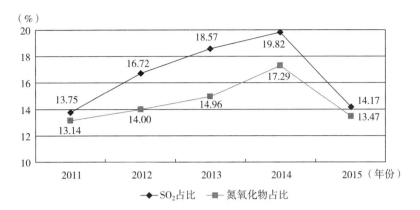

图 3 - 6 兵团空气污染排放占全疆比重

在水污染方面，兵团污染物排放呈现出"先下降，后上升"的趋势。2011 ~ 2014 年主要水污染物排放一直处于下降状态，2015 年化学需氧量排放量 10.00 万吨，比上年增长 1.99%；氨氮排放量 0.54 万吨，增长 1.97%；兵团化学需氧量排放量占新疆比在 2011 ~ 2014 年呈现出下降的态势，但在 2015 年上升到了 12.85%，兵团化学氨氮排放量占新疆比在 2011 ~ 2015 年变化不大，2015 年略有上升（见表 3 - 12、图 3 - 7）。

表 3 - 12 兵团和新疆与全国水污染对比

年份	兵团		新疆		全国	
	COD（万吨）	氨氮（万吨）	COD（万吨）	氨氮（万吨）	COD（万吨）	氨氮（万吨）
2011	9.88	0.52	76.31	4.68	2217.91	260.44
2012	9.97	0.53	79.61	4.72	2118.00	253.59
2013	9.86	0.53	82.94	4.65	2043.90	245.66
2014	9.81	0.52	85.30	4.59	1974.40	238.53
2015	10.00	0.54	77.83	4.56	1859.10	229.91

资料来源：《兵团统计年鉴》（2012 ~ 2016）。

3.3.6.3 兵团植树造林状况

兵团着力加强生态文明建设，发挥生态卫士作用。兵团担负着屯垦戍边责任，且多数团场建在沙漠边缘和边境沿线，是抵御风沙袭击、保护新疆绿洲的第一道屏障，因此植树造林是生态建设的主要任务之一。

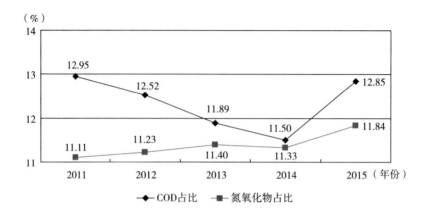

图3-7　兵团水污染排放占全疆比重

兵团植树造林增速超过全国、西北以及新疆水平，并且在植树造林面积上呈逐步增长态势。具体来看，2011～2015年，兵团人工造林面积逐步提升，并且自2012年以来有了较大的突破（见表3-13）。在造林人工面积上，兵团土地面积占新疆总面积的4.24%，人工造林面积占新疆比例近五年却一直保持在8%以上，如图3-8所示，5年平均占比16.89%；在人工造林的增速上，2012年在全国造林面积减小的趋势下，增速达到19.88%，五年平均增速18.5%，高于中国平均水平和西北地区和新疆平均水平，但在2015年增长速度相较于西北和新疆呈现出较大差距，人工植树造林占新疆比例也有所下滑。

表3-13　我国部分地区与兵团人工造林面积对比

年份	兵团		新疆		西北		中国	
	人工造林面积（千公顷）	增长速度（%）	人工造林面积（千公顷）	增长速度（%）	人工造林面积（千公顷）	增长速度（%）	人工造林面积（千公顷）	增长速度（%）
2011	13.3	-7.5	160.6	-21.1	576.3	-12.2	4065.7	5.0
2012	26.6	99.8	133.9	-16.6	547.2	-5.1	3820.7	-6.0
2013	22.2	-16.7	115.8	-13.5	545.0	-0.4	4209.7	10.2
2014	22.3	0.5	112.8	-2.6	594.6	9.1	4052.9	-3.7
2015	26.0	16.6	149.6	32.6	717.4	20.7	4362.6	7.6
平均	22.1	18.5	134.5	-4.3	596.1	2.4	4102.3	2.6

资料来源：根据《兵团统计年鉴》（2012～2016）与笔者测算所得。

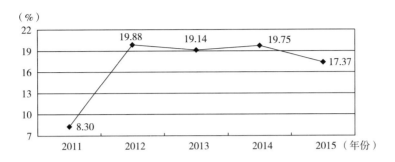

图 3 - 8　兵团人工植树造林占新疆百分比

3.3.6.4　兵团水利建设与灌溉状况

兵团干旱缺水、供需矛盾尖锐，水利建设与灌溉情况在一定程度上能缓解水资源的时空不平衡。第一，在实际灌溉情况上，兵团年灌溉面积呈现出递增态势，其增长速度在 2015 年有所下降，2015 年总灌溉面积 1522.24 千公顷（2283.36 万亩）（见表 3 - 14）。其中，耕地灌溉面积 1156.48 千公顷（1734.72 万亩），林地灌溉面积 150.38 千公顷（225.57 万亩），园地灌溉面积 182.97 千公顷（274.46 万亩），牧草地灌溉面积 14.62 千公顷（21.93 万亩），5 年平均增速 2.74%。第二，随着兵团近年用水量的不断增加，在水库个数增多的情况下水库库容增速近三年却直线下滑。水利工程供水量随当年缺水情况变动，五年平均增速 0.08%，水资源的供需矛盾依然突出，水利工程建设增长幅度较低。第三，在水利环境治理的投资方面，5 年来的水利环境、公共设施管理投资数额不断上升。2013 年水利环境治理的投资增速最高，达 175.9%，水利环境，公共设施管理投资数占固定投资额的比重也不断上升，2015 年达到了 12.5%（见表 3 - 15）。

表 3 - 14　兵团水利建设与灌溉情况

年份	年灌溉面积（千公顷）	年水利工程供水量（亿立方米）	水库	
			个数	库容（亿立方米）
2011	1341.23	126.78	125	32.72
2012	1361.43	131.36	125	32.72
2013	1411.11	123.22	135	33.58
2014	1522.88	121.76	135	33.58
2015	1522.24	126.02	137	31.46

资料来源：《兵团统计年鉴》（2012～2016）。

表3-15 兵团水利、环境、公共设施管理投资概况

年份	水利、环境、公共设施管理投资（万元）	水利、环境、公共设施管理投资增速（%）	全社会固定资产投资（万元）	水利、环境、公共设施管理投资占总投资比重（%）
2011	349191	67.7	6835110	5.0
2012	468454	34.2	10393354	5.0
2013	1292243	175.9	15098995	9.0
2014	1875689	45.1	17613292	11.0
2015	2241507	19.5	17858038	12.5

资料来源：《兵团统计年鉴》（2012~2016）。

兵团水利建设与灌溉增长率如图3-9所示。

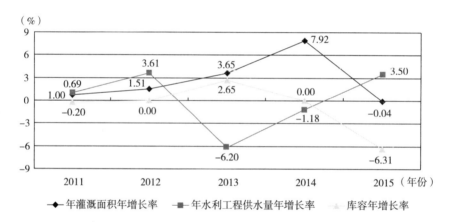

图3-9 兵团水利建设与灌溉增长率

3.3.7 兵团公共服务发展条件

兵团居民公共基础教育程度不断提高，各类教育事业均取得了一定的进步；兵团居民公共医疗卫生服务竞争力不断稳步提高；兵团居民社会保障近年来稳步发展，以养老保险、医疗保险、工伤保险、生育保险和失业保险为主的五险体系不断完善，参保率不断提升；兵团住房保障面临着住房困难的问题，这成为兵团各地居民关注的民生问题。本节将从公共基础教育、公共医疗卫生服务、社会保障服务、住房保障服务四个方面对兵团公共服务发展现状进行分析。

3.3.7.1 兵团公共服务发展概况

兵团基本公共服务体系投入不断增多，公共服务能力实现明显提升，广大职

工群众得实惠、收入增长效果显著。具体表现在：一是教育事业发展取得长足进展。公共教育发展达到全国中上水平，学前三年毛入园率达到 83.95%，九年义务教育巩固率达到 98%，高中阶段毛入学率达到 91.1%。二是城镇团场居民生活水平得到提高。社会保障服务居全国前列，兵师团连（社区）网络体系基本建立，城镇居民养老、医疗保险和社会救助基本实现全覆盖。以保障性住房为主的住房保障制度初步形成，百万职工群众喜迁新居，人均住房面积达到 29 平方米。三是公共服务能力实现明显提升。五年基本公共服务投入超过兵团恢复以来历年总和，建设了石河子大学医学院第一附属医院内科楼等一批重大项目。四是基本公共服务均等化实现新进展。坚持群众第一、民生优先、基层重要，着眼于缩小区域间、不同群体间基本公共服务差距，各项惠民工程深得人心。借力对口援疆力量，五年累计投入民生援疆资金占援疆资金总额的 90% 以上，实施了一大批住房、就业、教育、医疗等基层迫切需要的民生项目，基本公共服务提质扩面。

兵团基本公共服务整体布局存在明显"北强南弱"情况。突出表现在：一是投入不足。兵团师团分布点多、线长、面广，基本公共服务覆盖成本较高，长期主要依赖国家和兵团投入，供给渠道单一，为实现均等化增加了难度。二是发展不均衡。兵团整体布局存在明显"北强南弱"情况，兵团少数民族聚居团场、边境团场、边远团场、贫困团场和社会弱势群体基本公共服务还不能得到充分保障，兵团城市医疗、人口、就业、文化、养老等公共服务建设发展相对滞后。三是软件不配套。突出表现在硬件建设完善，而软件配套不足，如社会管理组织不完善、教育医疗留人用人的软环境尚需改善等。

3.3.7.2 兵团公共基础教育条件

兵团居民公共基础教育程度不断提高，各类教育事业均取得了一定的进步。主要表现如下：①2005 年就已完成"两基"任务，十二年义务教育有一定进展，基本扫除了青壮年文盲。从 2013 年 9 月入学时间起，新疆已经对包括兵团在内的南疆三地州普通高中在校生实行了国家资助政策；结合第二次中央新疆工作座谈会内容促进南疆地区教育事业的快速稳步发展，2014 年 9 月入学时间起又将阿克苏地区纳入国家资助政策，至此南疆四地州实现了普通高中全部免费（包括教科书费、学费等费用），并按照每生每学期 600 元标准予以补助；2015 年，各师所有团场和师直学校实现义务教育初步均衡发展目标，根据兵团推进师（市）域义务教育均衡发展规划，全兵团 14 个师（市）定于到 2020 年，所有师义务教育实现基本均衡发展目标，并通过兵团认定。截至 2015 年底，兵团适龄儿童入学率达到 99.9%，小学毕业升学率高达 103.1%。②对口支援兵团教育事业有长足进步。2014~2015 年，中央安排兵团全面改薄资金 4.5 亿元，兵团统筹有关义务教育建设资金和援疆资金 3.09 亿元，累计投入资金 7.59 亿元用于兵团全面改薄项目的实施，共安排土建项目 221 个，新建校舍 17.79 万平方米，运动场 82 个，购置设备 1.18 亿元。12 个对口支援师域一共受援助 71 个项目，投资资金总计 6.73 亿元，占援助兵团总资金的 14%。③教师队伍素质不断提高，为进一步加强兵团中小学（含幼儿园）教师队伍建设，提高教师队伍整体素质，兵团先后出台了《新疆生产建设兵团第四个五年管理周期中小学和幼儿园教师继续教育规划（2014－2018 年)》（兵教发〔2014〕12 号)、《乡村教师支持计划（2015－2020 年)》，开辟了"国培计划"专栏，实施了"中小学教师信息技术应用能力提升工程""中小学教师继续教育""兵团中小学优秀校长培养工程""中小学名师工作室工作"。④教育信息化水平不断增强，2015 年，推进实施《兵团教育信息化五年规划（2015－2020)》《兵团教育信息化建设方案（2015－2020)》《兵团中小学信息化建设标准》《兵团丝绸之路经济带和 21 世纪海上丝绸之路建设战略规划教育建设规划方案》等专项规划。

从办学条件来讲，公共基础教育体系在不断变化，中小学学校数量缓慢减少，学校设施条件有所改善。"十二五"期间，小学数量从 68 所减少到了 50 所，中学从 246 所减少到 200 所；小学校舍建筑面积不断下降；中学校舍建筑面积在进入"十二五"时期后迅速升高，尤其是步入"十二五"第一年（2011 年）同比增长 46.28%；小学教室面积和图书馆面积变化一致，均在进入"十二五"期间后骤然下降，然后缓慢降低；中学实验室面积在"十二五"后逐步提升，从 2011 年的 22.92 万平方米提升到 2015 年的 29.58 万平方米；小学图书馆的面积不断下降，而中学图书馆的面积不断提升，到 2015 年，小学图书馆与中学图书馆面积比例由 2011 年的 1∶8.85 增加到 2015 年的 1∶13.70，教育资源的分配更趋合理（见表 3－16）。

表 3－16　兵团中小学校数量与校舍规模

年份	校数（所）		校舍建筑面积（万平方米）		教室（万平方米）		试验室（万平方米）		图书馆（万平方米）	
	小学	中学	小学	中学	小学	中学	小学	中学	小学	中学
2011	68.00	246.00	41.10	299.00	19.22	109.80	0.90	22.92	0.89	7.88
2012	60.00	241.00	40.50	318.30	17.55	113.72	1.43	23.95	0.82	7.88
2013	55.00	243.00	37.80	334.40	17.55	118.39	0.80	24.97	0.71	9.22
2014	52.00	199.00	38.71	348.52	17.21	117.91	1.13	27.28	0.74	9.89
2015	50.00	200.00	39.61	362.64	16.87	117.43	1.46	29.58	0.77	10.55

资料来源：《兵团统计年鉴》（2012～2016）。

3.3.7.3 兵团公共医疗卫生服务条件

兵团居民公共医疗卫生服务竞争力不断稳步提高，主要体现在：①公共卫生机构在不断完善，2015 年末有各类卫生机构 1305 个（含营利性卫生机构），其中医院 211 个，门诊部 15 个，社区卫生服务中心 32 个，社区卫生服务站 87 个，诊所、卫生所、医务室 784 个，疾病预防控制中心（防疫站）99 个，卫生监督所 52 个。②公共医疗人员不断壮大，2015 年各类卫生技术人员达 25941 人。其中，执业医师和执业助理医师 9174 人，注册护士 11113 人，每千人执业（助理）医师 3.34 人，每千人注册护士 4.04 人。③公共卫生设施有所改善，医疗卫生机构床位数 21165 张，其中医院 20682 张，社区卫生服务中心 393 张。每千人有医院床位数 7.52 张。④服务水平不断提高，传染病报告发病率（甲乙类传染病）259.43/10 万，婴儿死亡率 5.88‰，孕产妇死亡率 7/10 万。兵团公共医疗服务指标发展数量的情况如图 3 - 10 所示，兵团医院床位数、卫生技术人员数、医生数都不断提高，其中医生数增长最为缓慢；在兵团公共医疗服务指标的新疆占比上，2010 ~ 2015 年呈现比重不断下降的趋势（见图 3 - 11）。

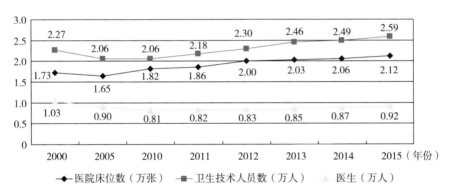

图 3 - 10 兵团公共医疗服务指标情况

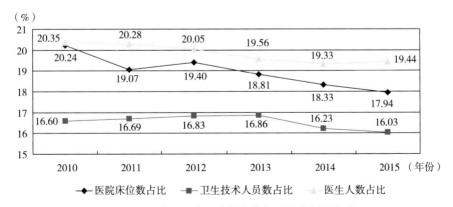

图 3 - 11 兵团公共医疗服务指标兵团占新疆比重

3.3.7.4 兵团社会保障服务条件

兵团居民社会保障近年来稳步发展,以养老保险、医疗保险、工伤保险、生育保险和失业保险为主的五险体系不断完善,参保率不断提升。具体来看:①2015年末参加基本养老保险人数169.47万人,比上年末增加2.23万人。其中,参加城镇职工基本养老保险人数154.09万人,增加1.83万人;参加城乡居民基本养老保险人数15.38万人,增加0.78万人。②参加基本医疗保险人数234.13万人,增加2.91万人。其中,参加职工基本医疗保险人数129.37万人,增加0.18万人;参加城镇居民基本医疗保险人数104.76万人,增加2.73万人。③参加失业保险人数65.53万人,增加0.34万人。年末兵团领取失业保险金人数1.56万人。参加工伤保险人数70.80万人,增加0.17万人。参加生育保险人数66.85万人,增加0.11万人。

兵团在社会救济方面工作也在不断完善。2015年,全年兵团发放低保资金5.50亿元,8.90万人享受最低生活保障;发放医疗救助资金1.10亿元,20.50万人次得到医疗救助。按照每人每年3500元(以2010年不变价格计算)的兵团扶贫标准,2015年贫困团场贫困人口8.11万人。

3.3.7.5 兵团住房保障服务条件

兵团住房保障实施范围不断扩大,从城市住房困难的低收入人群到牧、垦、矿区的棚户区人群,以及收入不及兵团平均水平的人群,结合"低端有保障,中端有支持"的住房政策,给此类人群提供廉租房、经济适用房、公共租赁房,以缓解居民住房困难。近年来随着房价高涨,兵团住房保障面临着住房困难的问题,这成为兵团各地居民关注的民生问题。为了有效解决兵团居民住房困难问题,近年来兵团大规模建设保障性住房,实施"安居富民、定居兴牧"工程。2011~2013年,兵团已经陆续完成各类保障性住房共计50.48万户,各方投资建设资金540.8亿元。2015年底,兵团各类棚户区改造住户将达到10.5万户,每户住房面积80平方米,城镇和团场进行改造棚户区面积达到836.4万平方米,其中城市区域内改造的棚户区面积721.6万平方米、惠民9.0万户,国有工矿棚户区和国有垦区危房改造面积分别为34.7万平方米、24万平方米,总共约7341户受益;中央下放地方煤矿棚户区改造面积56.1万平方米、受益群众约7010户。"十二五"期间,兵团共建设各类保障房57.4万套,实施棚户区改造31.4万户,累计完成投资809亿元,争取中央支持补助资金328亿元。在中央投资的带动下,累计投资102亿元用于城市、师部城区、团场城镇供排水、供热、道路、垃圾处理及保障性住房配套基础设施建设,基础设施条件得到改善,城镇综合承载力进一步提升。

兵团大量财政投入、有效的政策在保障性住房和棚户区改造等方面均取得了显著成绩, 但也存在一些问题: 一是兵团很难把握保障性住房的真实需求群体, 对于将来的规模也欠缺合理的规划和预测。二是兵团保障性住房覆盖人群不够合理。据兵团统计局数据, 保障性住房尚未普及中等偏下群体, 外来人口收入偏低的人群很难受惠, 在社会中也处于尴尬境地; 兵团房地产市场信息管理系统不完善, 不能做到信息对称, 难免存在受惠对象以外的群体寻租现象。三是过高的物业成为部分受惠群体的负担, 偏低收入群体面对较高的物业费, 缺乏支付能力, 需要政府给予相应的物业补贴。

3.3.7.6 兵团城市基础设施条件

在城市基础设施条件方面, 2015 年末兵团集中供热普及率达到 90.4%, 污水处理率达到 78.9%, 生活垃圾集中处理率达到 80.1% (其中无害化处理率 45.0%), 城镇安全饮水普及率达到 99.0% (见表 3 - 17)。城市集中供热面积 3683 万平方米, 比上年增长 52.0%。城市污水处理厂日处理能力达到 36 万立方米。2011 ~ 2015 年城镇基础设施建设指标均呈现持续改善状态, 其中, 安全饮水普及率相比 2010 年增长 6.45%、集中供热普及率增长 50.67%、燃气普及率增长 90.65%、污水处理率增长 83.49%、生活垃圾集中处理率增长 23.23%。在居民生活条件改善的投资方面, 卫生和社会工作投资与公共管理、社会保障和协会组织投资占固定资产总投资的比重较小, 2013 年和 2015 年两者投资情况较好, 2015 年, 卫生和社会工作占总投资比重达到 0.56%, 公共管理、社会保障和协会组织占总投资比重达到 0.8% (见表 3 - 18)。

表 3 - 17　兵团城镇基础设施建设指标　　　　　　单位:%

年份	安全饮水普及率	集中供热普及率	燃气普及率	污水处理率	生活垃圾集中处理率
2011	94.2	64.5	49.2	50.4	68.7
2012	95.5	68.8	55.6	56.3	72.1
2013	96.9	74.2	60.2	60.0	75.5
2014	97.2	82.8	66.7	65.3	78.1
2015	99.0	90.4	87.7	78.9	80.1

资料来源:《兵团统计年鉴》(2012 ~ 2016)。

表 3 - 18　兵团卫生和社会工作投资、公共管理、社会保障和协会组织投资现状

年份	卫生和社会工作 (万元)	公共管理、社会保障和协会组织 (万元)	卫生和社会工作占总投资比重 (%)	公共管理、社会保障和协会组织占总投资比重 (%)
2011	30491	25967	0.45	0.38

续表

年份	卫生和 社会工作 （万元）	公共管理、 社会保障和协会 组织（万元）	卫生和社会工作 占总投资比重 （%）	公共管理、社会 保障和协会组织占总投 资比重（%）
2012	37063	76630	0.36	0.74
2013	52645	173138	0.35	1.15
2014	50779	67984	0.29	0.39
2015	100666	143177	0.56	0.80

资料来源：《兵团统计年鉴》（2012~2016）。

3.3.8 兵团区域文化发展现状

兵团文化服务的发展呈现出多元化和不平衡化的特点，文化在兵团区域竞争力软实力提升中的作用更加明显。近年来兵团越发重视文化事业的发展，文化体育与传媒投资力度不断加大，文化传播方式、载体更加丰富，广播电视覆盖率较广，公共文化设施不断完善，文化、旅游、体育健身等服务惠及各族职工群众。

第一，兵团文化体育与传媒投资越来越受到国家重视，投资力度不断加大。2007年国家财政对兵团文化体育与传媒投资4827.5万元，2012年投资达到368716.8万元，五年时间增加了36.39亿元，为兵团公共文化的发展奠定了物质基础。

第二，文化艺术事业发展不平衡。兵团成立了豫剧团、话剧团、秦剧团、文工团、歌舞剧团、杂技团等艺术团体，豫剧团深受居民的关注和好评。2013年平均每个文化事业单位年演出108.5场次，平均每个单位观众为10万人次。隶属于兵团宣传部的有四个文化事业单位，隶属于各师的只有四个，分别是第三师文工团、石河子歌舞话剧团、石河子豫剧团、第九师豫剧团，其他师没有正规的文化事业单位，可见各师文化艺术事业发展参差不齐。

第三，报纸杂志遍布全兵团，覆盖率较高。报纸杂志是传递文化信息不可缺少的媒介之一，目前兵团拥有公开发行各级各类报纸21家，期刊15家，内部资料（刊型、报型）38家。出版社1家，全年出版图书237种，2015年全年出版各类报纸6429万份，各类期刊119万册，图书306种。拥有网站66家，新华网、中新网、经济日报网、中广网均设有兵团频道。兵团手机报用户达30万户。实施"东风工程"和"农家书屋"工程，向援疆省市、自治区各级党政机关和兵团基层干部职工免费赠送《兵团日报》等5种报刊25977份，为17.36万手机用户免费赠阅兵团手机报，为2050个农家书屋配送了图书、期刊和电子音像制品。

第四，广播电视覆盖率较广。截至 2015 年底广播节目综合人口覆盖率为 98.5%，电视节目综合人口覆盖率为 99.5%，有线电视入户率达到 75%，分别比 2010 年提高 2.5 个、1.3 个、15.0 个百分点。调频转播发射台增设到 180 座，电视转播发射台增设达到 93 座，数字电影放映工程全年共放映 24721 场次。

第五，公共文化设施不断完善。2015 年末，各级拥有博物馆、纪念馆 89 座，图书馆 2 座（其中国家三级图书馆 1 座），美术馆 1 座。已建成 1 个兵团文化中心、13 个师综合文化活动中心、170 个团场综合文化活动中心和 1230 个连队综合文化活动室。启动文化共享工程后效果明显，兵团文化信息服务网已经初具雏形，兵团利用文化信息服务网，推广数字图书馆、资源建设、远程教育、农家书屋等，通过共同的平台，实现便捷的资源整合和共享。

3.4　本章小结

本章基于西向开放视角，通过对兵团区域竞争力提升的资源条件、兵团区域竞争力的支撑环境（兵团区域竞争力西向开放面临的优势、劣势、机遇、挑战）、兵团区域竞争力发展的基础条件的分析和总结，对兵团的整体发展状况有了细致和深刻的认识，同时为下文探究兵团区域竞争力提供了环境基础。

主要从水文资源、土地资源、森林资源、农业资源和旅游资源五个方面，分析了兵团区域竞争提升的资源基础，能源资源总量充足、结构不优、利用效率不高。兵团具有西向开放发展明显的地缘优势、基础扎实的农业、服务业发展潜力巨大、投资环境优越等有利条件。

在兵团区域竞争力支撑环境方面，在西向开放发展的背景下兵团面临着第三产业发展滞后、对外开放程度不高、政策不配套、资金扶持不够、人力资本开发不足、创新发展动力不足等问题。

在兵团区域竞争力的发展条件方面，近年来兵团经济发展、产业发展、贸易发展、科技发展、人力资源、绿色发展、公共服务发展、文化发展条件有了长足进展，但普遍存在发展方式不优、结构失衡、价值链延伸不足、人力缺乏等问题。具体如下：①兵团整体经济发展稳中向好，但与全国及新疆相比总体发展水平不高，各师间经济发展差异较大。2005 ~ 2015 年兵团生产总值整体呈"S"形攀升趋势，经济新常态下兵团面临经济发展速度趋缓的严峻挑战。②兵团的产业结构按照占比来看仍为"二三一"的工业化中期水平，还未达到三二一的合理占比目标，产业层次较低、比例失衡是兵团西向开放的一大制约因素。③兵团贸易规模不断扩张、贸易种类不断丰富、贸易范围越来越广，受到金融危机的影响较小，整体抗风险能力较强。④科技创新环境与能力进一步优化提升，兵团科技人员和科技活动经费增长趋势缓慢，科技产出水平不高、层次偏低、竞争力较弱。⑤兵团人力资源开发的潜力不足，青年人力资源所占比例不到兵团人力资源的1/5，表明人力资源已经慢慢步入老龄化阶段。⑥当前兵团生态资源总量严重不足、生态退化，生态系统整体功能很脆弱，生态灾难频发，生态安全形势严峻。⑦兵团基本公共服务体系投入不断增多，公共服务能力实现明显提升，但仍存在基本公共服务体系尚不健全、投入不足、发展不均衡等问题，兵团整体布局存在明显"北强南弱"情况，兵团少数民族聚居团场、边境团场、边远团场、贫困团场和社会弱势群体基本公共服务还不能得到充分保障。⑧兵团文化服务的发展呈现出多元化和不平衡化的特点，文化在兵团区域竞争力软实力提升中的作用更加明显。

第4章 西向开放视角下兵团区域竞争力分项测评

本书以兵团区域为研究对象，第2章、第3章主要分析了西向开放与兵团区域竞争力互动关系的作用机理，兵团的资源条件、支撑环境与发展现状，从区域经济、产业、对外贸易、科技、人才、资源、绿色、公共服务以及文化九个方面进行深入分析，得出了较为客观的、有价值的结论。考虑到现状分析只是对客观现实的具体的、总量的描述，未能给出各方面兵团发展程度的规律性总结，由此，下文将在前两章的基础上，分别从区域经济、产业、对外贸易、科技、人才、资源、绿色、公共服务以及文化九个方面对兵团区域竞争力进行分项测度，以期能够从更加全面的角度对兵团区域系统的竞争力进行全方位的深入测度。

4.1 兵团区域竞争力分项测评原则与测评方法

4.1.1 测评原则

西向开放竞争力评价是对兵团西向开放经济社会发展的一种综合测评和分析，其指标体系也应是反映一个复杂系统的多个指标所组成的相互联系、相互依存的统计指标群；运用系统分析思想能够全面、准确地反映西向开放竞争力的现实情况。因此，在评价指标体系设计过程中，应充分考虑以下原则：

第一，可操作性原则。在选择指标上，应特别注意在总体范围内的一致性。计算量度和计算方法必须一致，在选取指标时也需要考虑能否进行定量处理，以便于进行计算分析。

第二，数据可得性原则。如文中的外向型经济的衡量指标限于数据的可得性，主要选用了进出口贸易总额这一指标进行衡量。

第三，适应性与可比性原则。指标选取并不是越多越好，并不是越多的指标所能代表的信息就越丰富，同时指标选取过少必然会影响到评价结果，这就需要选取合适数量的指标体系，使其能正确、全面地反映信息。

4.1.2 测评方法

对多指标评价统计分析方法的应用方面主要有层次分析法、因子分析法和 TOPSIS 方法等。

层次分析法是将与决策有关的因素分解成目标、准则、方案等层次，在此基础上进行定性和定量分析的决策方法。这种方法比较适用于无结构性的系统评价及多目标、多准则等的系统评价。层次分析法的整个过程体现了人的决策思维的基本特征，即分解、判断与综合。传统上大多采用问卷调查法，在这其中又以德尔菲法应用最为广泛。德尔菲法虽然具有匿名性等一系列优点，但是其主观色彩过强，在指标的合成上，存在相关变量间的内相关交互作用并且有可能为了系统的精简而遗漏掉重要的指标。此外，专家选择没有明确的标准，预测结果缺乏严格的科学分析。

因子分析方法也是一种降维、简化数据的过程。其最主要的目的就是用少数几个因子去描述许多指标或因素之间的联系，将相关比较密切的几个变量归在同一类，每一类变量成为一个因子，以较少的几个因子反映原始资料的大部分信息。可以用来协助鉴别那些不明确而无法直接观察到的概念。因子分析是主成分分析的推广，它在主成分的基础上构筑若干意义较为明确的公因子，以它们为框架分解原变量，以此来考察原变量间的联系与区别。但是使用因子分析法前，必须要去除强共线性的因子，这样有可能会造成对评价结果的片面性，从而导致偏差。

熵权 TOPSIS 法也称逼近理想目标求解的排序法，首先采用信息论中的信息熵，根据指标提供的信息量确定指标权重，再结合多目标决策分析法对区域竞争力进行综合评价，常以理想样本（最优样本）和负理想样本（最劣样本）为参考样本，计算各样本点到参考样本点的相对距离，相对距离越小，样本点越接近最优；反之则返是。该方法有着坚实的数学基础和精密的推算过程，克服了以往主观赋权法由于个人因素造成的偏差。

目前，考虑到指标的相对变化程度对系统整体的影响采取综合评价方法，用改进的熵权 TOPSIS 模型来分析兵团各维度下竞争力的大小。熵权 TOPSIS 法即熵值法与 TOPSIS 法的组合，熵值法运用其评价指标数值的变异程度来确定熵，且熵与指标的权重成反比在一定程度上避免了主观因素引起的偏差（朱金鹤、王军香，2018）。因此，本书用改进的熵权 TOPSIS 模型来对评价指标进行排序，算法实现过程如下：

（1）指标标准化处理。

正向指标：

$$y_{ij} = \frac{X_{ij} - \min(X_{1j}, \cdots, X_{mj})}{\max(X_{1j}, \cdots, X_{mj}) - \min(X_{1j}, \cdots, X_{mj})} \qquad (4-1)$$

逆向指标：

$$y_{ij} = \frac{\max(X_{1j}, \cdots, X_{mj}) - X_{ij}}{\max(X_{1j}, \cdots, X_{mj}) - \min(X_{1j}, \cdots, X_{mj})} \qquad (4-2)$$

其中，y_{ij} 为某指标的标准化值，其取值范围在 0 和 1；x_{ij} 为某项指标的原始值，$\min(x_i)$ 为该项指标所在组的最小值，$\max(x_j)$ 为该项指标所在组的最大值。

（2）求第 j 项指标下第 i 个方案占该指标的比重。

$$p_{ij} = \frac{y_{ij}}{\sum_{i=1}^{n} y_{ij}} \qquad (4-3)$$

（3）计算第 j 项指标信息熵。

根据熵的定义，m 个评价事物 n 个评价指标，可以确定评价指标的熵为：

$$e_j = -\frac{1}{\ln m} \sum_{i=1}^{m} p_{ij} \ln(p_{ij}) \qquad (4-4)$$

当 $y_{ij} \times \ln(y_{ij}) = 0$，$y_{ij} = 1$，显然与熵所反映的信息无序化程度相悖。

故对 y_{ij} 加以修正定义为：

$$p_{ij} = \frac{1 + y_{ij}}{1 + \sum_{i=1}^{n} y_{ij}} \qquad (4-5)$$

（4）求权重。

$$W_j = \frac{1 - e_j}{\sum_{j=1}^{n} 1 - e_j} \qquad (4-6)$$

构建求加权决策矩阵：

$$R = W \times Y$$

（5）正负理想解及贴近度。

$$S^{+} = (r_1^{+}, r_2^{+}, \cdots, r_m^{+})^{T} \quad 正理想样本解： \qquad (4-7)$$

$$S^{-} = (r_1^{-}, r_2^{-}, \cdots, r_p^{-})^{T} \quad 负理想样本解： \qquad (4-8)$$

$$r_j^{-} = \min\{r_{ij}\} r_j^{+} = \max\{r_{ij}\}, \ i = 1, 2, \cdots, m; \ j = 1, 2, \cdots, n$$

（6）求距离。

$$d_i^{+} = \sqrt{\sum_{j=1}^{n} (r_{ij} - r_j^{+})^2} \qquad (4-9)$$

$$d^- = \sqrt{\sum_{j=1}^{n} (r_{ij} - \bar{r_j})^2} \qquad\qquad (4-10)$$

（7）求相对接近度 η_i。

即综合竞争力得分：

$$\eta_i = \frac{d_i^-}{d_i^+ + d_i^-} \qquad\qquad (4-11)$$

η_i 越大，表明样本点与最理想样本解的相对距离越近，$i=1$，2，…，10。

其中，为规避每个指标间单位不统一和数量差异大造成的分析困难，需要对指标体系的所有指标进行无量纲化处理，使各项指标经过加权后对计算结果的影响有意义，能够真实反映出评分结果。无量纲化处理的手段很多，如均值法、极值法、标准差法等。本节针对各指标的原始数据选取极值法进行无量纲化处理，即将不同单位、不同数量级的原始数据统一化为区间［0，1］上的值，又由于指标类型存在正指标和逆指标的差异，根据不同的类型做相应的处理，具体步骤如式（4-1）、式（4-2）所示。最后求得相对接近度（见式（4-11）），即综合竞争力得分；样本点与最理想样本解的相对距离越近，说明各样本点到参考样本点的相对距离越小，样本点越接近最优，竞争力分值越高。

4.2 兵团经济竞争力测评

4.2.1 数据来源及指标体系构建

研究中设计的数据主要来源于 2006～2016 年的《兵团统计年鉴》《新疆统计年鉴》，各年份的兵团统计公报，兵团招商局网站和中国经济社会大数据研究平台，部分指标数据根据统计原则计算得出。本章后文内容中数据来源部分，除特殊说明外，均与上述数据来源相同，为了避免重复，后文不再赘述。

为科学、合理地测评兵团 2005～2015 年区域竞争力变化情况，本节秉承指标选取的可操作性、数据可得性、适应性与可比性的基本原则，结合经济发展基本面、发展潜力和发展环境三个层面，结合兵团发展的实际情况，选取了经济基础、市场规模、外向型经济和经济发展潜力 4 个二级指标和 11 个三级指标来评价兵团区域经济竞争力的大小。

（1）经济基础。经济基础是衡量一个国家或地区综合竞争力的主要方面，经济基础的好坏直接影响了兵团西向开放的竞争力。本节选用 GDP、人均 GDP、固定资产投资总额来衡量兵团经济的基础发展。

（2）市场规模。市场规模是体现一个国家或者地区经济活动需求状况的一个层面，同时可以归为决定竞争力的一个主要考量成分。本节选用兵团地区的总人口、社会消费品零售总额、城镇居民人均可支配收入、农村居民人均可支配收入 4 个指标来衡量兵团市场规模情况。

（3）外向型经济。在兵团西向开放的视角下，兵团外向型经济的发展状况将会成为兵团竞争力测评中的主要考量因素。囿于数据的可获得性，本节选用进出口贸易总额这一主要指标来衡量兵团外向型经济。

（4）经济发展潜力。经济发展潜力是社会经济发展动力源泉的体现，是社会经济可持续发展的重要考量。本节选用 GDP 增长率、工业增加值率、农业增加值率 3 个指标来衡量兵团经济发展潜力。

基于兵团经济发展的现实，遵循竞争力评价指标体系构建的可操作性、数据可获得性、适应性与可比性的基本原则，构建了兵团区域经济竞争力指标体系，如表 4 - 1 所示。

表 4 - 1　兵团经济竞争力评价指标体系

一级指标	二级指标	三级指标	指标单位	指标标识
兵团经济竞争力	经济基础	GDP	亿元	X1（正）
		人均 GDP	元	X2（正）
		固定资产投资总额	亿元	X3（正）
	市场规模	总人口	万人	X4（正）
		社会消费品零售总额	亿元	X5（正）
		城镇居民人均可支配收入	元	X6（正）
		农村居民人均可支配收入	元	X7（正）
	外向型经济	进出口贸易总额	万美元	X8（正）
	经济发展潜力	GDP 增长率	%	X9（正）
		工业增加值率	%	X10（正）
		农业增加值率	%	X11（正）

4.2.2　实证分析及结果

4.2.2.1　指标权重的确定

运用熵权 TOPSIS 法对各项指标进行权重的计算。根据选取的样本标准化后的数值和具体的测算方法（见式（4 - 1）、式（4 - 5）、式（4 - 6）），测算得到 2005～2015 年兵团区域经济竞争力指标体系权重，如表 4 - 2 所示。

表 4 - 2　兵团经济竞争力评价指标权重

一级指标	二级指标	二级指标权重	三级指标	三级指标权重	指标单位	指标标识
兵团经济竞争力	经济基础	0.2780	GDP	0.0932	亿元	X1（正）
			人均 GDP	0.0923	元	X2（正）
			固定资产投资总额	0.0925	亿元	X3（正）
	市场规模	0.3733	总人口	0.0977	万人	X4（正）
			社会消费品零售总额	0.0963	亿元	X5（正）
			城镇居民人均可支配收入	0.0942	元	X6（正）
			农村居民人均可支配收入	0.0851	元	X7（正）
	外向型经济	0.0848	进出口贸易总额	0.0848	万美元	X8（正）
	经济发展潜力	0.2639	GDP 增长率	0.0819	%	X9（正）
			工业增加值率	0.0995	%	X10（正）
			农业增加值率	0.0825	%	X11（正）

4.2.2.2　兵团经济竞争力整体得分测算与分析

结合兵团 2005~2015 年的相关数据，根据基于西向开放视角下兵团区域经济竞争力指标体系，运用熵权 TOPSIS 法对每年兵团经济竞争力靠近或偏移理想解距离、贴近度进行测算，并做出趋势图，结果如表 4 - 3、表 4 - 4、图 4 - 1所示。

表 4 - 3　兵团经济竞争力靠近或偏移理想解距离

年份	2005	2006	2007	2008	2009	2010	2011	2012	2013	2014	2015
D_j^+	0.104	0.099	0.093	0.087	0.084	0.075	0.063	0.047	0.027	0.020	0.021
D_j^-	0.002	0.008	0.014	0.025	0.022	0.035	0.045	0.059	0.081	0.091	0.100

表 4 - 4　兵团经济竞争力贴近度

年份	2005	2006	2007	2008	2009	2010	2011	2012	2013	2014	2015
η_i	0.022	0.075	0.133	0.227	0.208	0.315	0.420	0.556	0.753	0.822	0.826

如表 4 - 4、图 4 - 1 所示，从总体上看，2005~2015 年兵团区域经济竞争力稳步提升。兵团区域经济竞争力得分由 0.022 上升至 0.826，上升绝对值为0.804，年均增长率为 7.31%。2008~2009 年，出现了下降趋势但变化不大，仅

为 0.019，这主要是由于受全球经济危机的影响，使整体的经济环境略微恶化，抑制了竞争力评分的提升。2009～2014 年，兵团在经济基础、市场规模、外向型经济和经济发展潜力四个层面均有显著的提升，该时期的经济竞争力显著提高。2014～2015 年兵团的区域经济竞争力得分增速出现了短暂的减缓，虽一直处于上升态势，但增速明显放缓，这主要是受全球经济复苏乏力和中国经济步入"三期叠加"的影响，使得兵团区域经济竞争力的提升步入攻坚克难的缓慢境地。整体上的增长趋势说明在西部大开发、对口援疆、"一带一路"等区域发展战略的实施下，兵团的经济发展稳步提升，经济规模不断扩大，经济发展基础牢固，发展潜力巨大，发展环境优越，最终使兵团的经济竞争力显著增强。

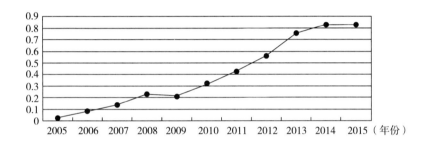

图 4-1　2005～2015 年兵团经济竞争力综合指数变化趋势

4.2.2.3　兵团经济竞争力分项得分测算与分析

为测算兵团经济竞争力各分项的得分变化情况，本节运用正态标准化处理后的兵团经济竞争力各项指标数据，根据熵权 TOPSIS 法的计算方法对每个分项进行单独测算，最终得到兵团经济竞争力分项指数的得分变化情况，如图 4-2 所示。

从权重方面来看，工业增加值率（0.0995）的权重最大，其次是总人口数（0.0977）、社会消费品零售总额（0.0962），说明兵团工业增加值的增长、总人口数的增加以及社会消费品零售总额的规模对兵团经济竞争力的提升产生了重要影响。

2005～2015 年兵团经济竞争力分项得分均值的排序为：经济发展潜力（0.500）＞外向型经济（0.493）＞经济基础（0.382）＞市场规模（0.356），表明 11 年来，兵团经济发展过程中，经济发展潜力水平最高，其次是外向型经济水平，较差的是经济基础水平，最差的是市场规模情况。

从分项指标的变化情况看，2005～2015 年，兵团经济基础和市场规模的增长相对稳定，而外向型经济和经济发展潜力分项指数波动性较大。如图 4-1、图 4-2 所示，经济基础和市场规模呈现平滑上升的态势，与兵团经济竞争力的拟合程度较高，说明经济基础和市场规模的发展在一定程度上很好地体现了经济竞争力的状况；外向型经济指标在 2008 年和 2009 年出现了剧烈的波动，这主要是受 2008 年金融危机的影响，兵团的外贸规模发生缩减，导致外贸竞争力出现波动；经济发展潜力的变化呈现先增后减的变化趋势，体现了兵团发展的潜力在 2005～2013 年是上升的，而 2014 年、2015 年出现了下降，这也同我国经济增速的变化情况类似。经济基础和市场规模的分项得分虽然较低，但是其总量稳定上升并且占比较重，在很大的程度上影响了区域经济的竞争力得分。因此，经济发展潜力不断提升能够在一定程度上带动兵团经济竞争力的提升，但经济基础和市场规模是制约兵团经济竞争力提升的关键因素。

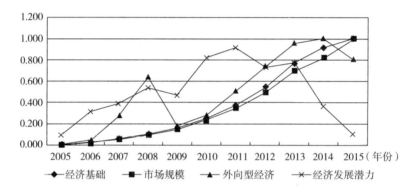

图 4 - 2　2005～2015 年兵团经济竞争力分项指数变化趋势

4.3　兵团产业竞争力测评

4.3.1　数据来源及指标体系构建

为科学、合理地测评兵团 2005～2015 年区域产业竞争力变化情况，本节秉承指标选取的可操作性、数据可获得性、适应性与可比性的基本原则，结合兵团发展的实际情况，选取了市场绩效和产业效益 2 个二级指标和 8 个三级指标来评价兵团区域产业竞争力的大小。

（1）市场绩效。市场绩效是产业进行结构调整和优化升级的基础，是一个国家或者地区产业结构状况的体现。产业结构的层次能够反映出地区经济增长的状况，合理、高级化的产业结构对于提升生产要素在产业部门之间的优化配置，降低交易成本有着显著作用。因此，本节选用的兵团地区生产总值和第一、第二、第三产业生产总值占兵团 GDP 的比重来衡量兵团产业竞争力的市场绩效。

（2）产业效益。在考虑整体市场绩效的情形下，同时引入更为细分的产业绩效来衡量产业竞争力。地区的竞争力往往依靠产业的生产效率，产业发展规模的大小是社会经济可持续发展的重要考量。因此，用建筑业总产值、工业总产值、农林牧渔业总产值和消费品零售总额四个指标来衡量兵团的产业效益。

基于兵团产业发展的现实情况，遵循产业竞争力评价指标体系构建的可操作性、数据可获得性、适应性与可比性原则，同时考虑数据的可获得性原则，构建了兵团区域产业竞争力指标体系，如表 4-5 所示。

表 4-5　兵团产业竞争力评价指标体系

一级指标	二级指标	三级指标	指标单位	指标标识
兵团产业竞争力	市场绩效	GDP	万元	X1（正）
		第一产业比重	%	X2（正）
		第二产业比重	%	X3（正）
		第三产业比重	%	X4（正）
	产业效益	建筑业总产值	亿元	X5（正）
		工业总产值	亿元	X6（正）
		农林牧渔业总产值	亿元	X7（正）
		消费品零售总额	万元	X8（正）

4.3.2　实证分析及结果

4.3.2.1　指标权重的确定

运用熵权 TOPSIS 法对各项指标进行权重的计算。根据选取的样本标准化后的数值和具体的测算方法（见式（4-1）、式（4-5）、式（4-6）），测算得到 2005~2015 年兵团区域产业竞争力指标体系权重，如表 4-6 所示。

4.3.2.2　兵团产业竞争力整体得分测算与分析

结合兵团 2005~2015 年的相关数据，根据基于西向开放视角下兵团区域产业竞争力指标体系，运用熵权 TOPSIS 法对每年兵团产业竞争力靠近或偏移理想解距离、贴近度进行测算，并做出趋势图（见表 4-7、表 4-8 和图 4-3）。

表 4-6　兵团产业竞争力评价指标权重

一级指标	二级指标	二级指标权重	三级指标	三级指标权重	指标单位	指标标识
兵团产业竞争力	市场绩效	0.4778	GDP	0.1311	万元	X1（正）
			第一产业比重	0.1087	%	X2（正）
			第二产业比重	0.1191	%	X3（正）
			第三产业比重	0.1189	%	X4（正）
	市场效益	0.5222	建筑业总产值	0.1352	亿元	X5（正）
			工业总产值	0.1312	亿元	X6（正）
			农林牧渔业总产值	0.1205	亿元	X7（正）
			消费品零售总额	0.1353	万元	X8（正）

表 4-7　兵团产业竞争力靠近或偏移理想解距离

年份	2005	2006	2007	2008	2009	2010	2011	2012	2013	2014	2015
d_j^+	0.140	0.136	0.131	0.124	0.117	0.105	0.088	0.068	0.044	0.025	0.018
d_j^+	0.019	0.018	0.019	0.022	0.028	0.039	0.055	0.075	0.099	0.122	0.140

表 4-8　兵团产业竞争力贴近度

年份	2005	2006	2007	2008	2009	2010	2011	2012	2013	2014	2015
η_i	0.120	0.119	0.127	0.153	0.191	0.270	0.383	0.526	0.692	0.831	0.888

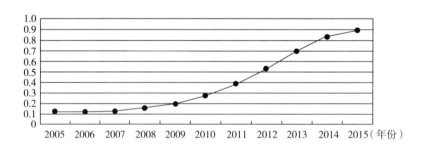

图 4-3　2005～2015 年兵团产业竞争力综合指数变化趋势

　　兵团区域产业竞争力呈现不断上升的态势。2005～2015 年兵团区域产业竞争力上升幅度较大，竞争力得分由 0.120 上升至 0.888，上升绝对值为 0.768，年均增长率为 6.98%。通过对表 4-8、图 4-3 深入分析可知，2005～2015 年兵团产业竞争力变化主要分为两个阶段：第一阶段是 2005～2009 年，兵团产业结构的竞争力得分上升并呈现出较为缓慢的态势，五年时间仅上升了 0.071，年均为 0.645%，表明这一阶段兵团区域产业竞争力并没有得到提高。这主要是由于在"十一五"期间，兵团从产业发展战略角度调整产业经济。从宏观视角上看，5 年间兵团产业结构转型升级较快，整体经济发展方式有所转变，由过去的一产为主推动发展模式转变为以二产为主导，二三产业协同发展的模式；从兵团工业发展实际来看，兵团工业主要以钢铁、水泥、煤炭等重化工为主，而重化工占比较大恰好也说明兵团工业体系不健全，制造业以及与之相配套的加工业相对来说比较薄弱。第二阶段是 2009～2015 年，兵团区域产业竞争力显著提升，竞争力得分变化率较之前五年明显增大，增长更加强势；整个"十二五"期间，兵团产业竞争力在经过一系列产业结构升级优化措施下提升效果显著，其中，兵团经济保持中高速增长，全社会固定资产投资平稳增长，城镇化质量提升，产业实现转型升级、提质增效服务新业态和商业新模式促进服务业增量提质，在这些因素的共同作用下，兵团产业竞争力有了显著的提升。

4.3.2.3　兵团产业竞争力分项得分测算与分析

为测算兵团产业竞争力各分项的得分变化情况，本节运用正态标准化处理后的兵团产业竞争力各项指标数据，根据熵权 TOPSIS 法的计算方法对每个分项进行单独测算，最终得到兵团产业竞争力分项指数的得分变化情况，如图 4－4 所示。

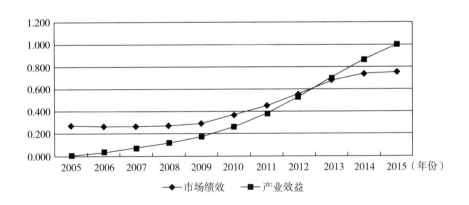

图 4－4　2005～2015 年兵团产业竞争力分项指数变化趋势

从权重方面来看，产业效益的权重值（0.522）大于市场绩效的权重值（0.478），说明兵团产业竞争力的主要影响因素是产业效益，即建筑业总产值、工业总产值、农林牧渔业总产值和消费品零售总额是影响产业竞争力的主要因素。

2005～2015 年，兵团产业竞争力分项得分均值的排序为：市场绩效（0.441）＞产业效益（0.372），表明11年来，兵团产业优化升级过程中，市场绩效方面取得的成绩要优于产业效益方面。从整体上看，兵团产业效益和市场绩效得分均随着时间的推移不断上升；从数值的增速上看，产业效益要高于市场绩效；从平稳性看，市场绩效要好于产业效益；从分项指数的变化情况看，产业效益的得分值在 2013 年之后超过了市场绩效得分，稳步上扬。这与兵团产业竞争力的整体得分变化情况基本一致，更进一步说明了产业效益是兵团产业竞争力的关键影响因素。兵团今后产业的发展和产业结构的优化要充分认识到产业效益的重要性，而提升产业效益的关键就是要加快步伐向第三产业进行转型，大力发展高新技术产业，为产业竞争力的提升做出强有力的支撑。

4.4　兵团对外贸易竞争力评价

4.4.1　数据来源及指标体系构建

为科学、合理地测评兵团 2005～2015 年区域竞争力变化情况，本节秉承指标选取的可操作性、数据可获得性、适应性与可比性的基本原则，结合兵团发展的实际情况，选取了贸易规模、贸易基础和贸易贡献 3 个二级指标和 7 个三级指标来评价兵团区域贸易竞争力的大小。

（1）贸易规模。贸易规模是衡量一个国家或者地区对外贸易活动状况的因素之一，是决定贸易竞争力的一个主要考量。本节选用了兵团地区的进口额度和出口额度 2 个最为基本的指标来衡量兵团对外贸易规模情况。

（2）贸易基础。贸易基础是对兵团贸易活动所处环境的基本体现，是考量兵团在软实力方面是否能够对对外贸易形成有效的支撑，是否能够对贸易活动产生正的外部效应。因此，本节选择引进外资项目个数和外资签订合同数 2 个指标来衡量对外贸易基础。

（3）贸易贡献。贸易贡献是对外贸易活动所产生的有益结果，在一定程度上是对贸易活动的有效性进行了考量，能够反映出对外贸易的发生为经济发展提供了多少效益。本章选择直接利用外资金额、吸引外资总投资额和当年外资到位资金 3 个指标衡量贸易贡献。

基于兵团贸易发展的现实情况，遵循竞争力评价指标体系构建的可操作性、数据可获得性、适应性与可比性的基本原则，构建了兵团区域贸易竞争力指标体系，如表 4 - 9 所示。

表 4 - 9　兵团贸易竞争力评价指标体系

一级指标	二级指标	三级指标	指标单位	指标标识
兵团贸易 竞争力	贸易规模	出口额度	万美元	X1（正）
		进口额度	万美元	X2（正）
	贸易基础	引进外资项目个数	个	X3（正）
		外资签订合同数	份	X4（正）
	贸易贡献	直接利用外资金额	万美元	X5（正）
		吸引外资总投资额	万美元	X6（正）
		当年外资到位资金	万美元	X7（正）

4.4.2　实证分析及结果

4.4.2.1　指标权重的确定

运用熵权 TOPSIS 法对各项指标进行权重的计算。根据选取的样本标准化后的数值和具体的测算方法（见式（4 - 1）、式（4 - 5）、式（4 - 6）），测算得到 2005 ~ 2015 年兵团区域贸易竞争力指标体系权重，如表 4 - 10 所示。

表 4 - 10　兵团贸易竞争力评价指标权重

一级指标	二级指标	二级指标权重	三级指标	三级指标权重	指标单位	指标标识
兵团贸易 竞争力	贸易规模	0.2627	出口额度	0.1292	万美元	X1（正）
			进口额度	0.1335	万美元	X2（正）
	贸易基础	0.2740	引进外资项目个数	0.1370	个	X3（正）
			外资签订合同数	0.1370	份	X4（正）
	贸易贡献	0.4633	直接利用外资金额	0.1557	万美元	X5（正）
			吸引外资总投资额	0.1561	万美元	X6（正）
			当年外资到位资金	0.1514	万美元	X7（正）

4.4.2.2　兵团贸易竞争力整体得分测算与分析

结合兵团 2005 ~ 2015 年的相关数据，根据基于西向开放视角下兵团区域贸易竞争力指标体系，运用熵权 TOPSIS 法对每年兵团贸易竞争力靠近或偏移理想解距离、贴近度进行测算，并做出趋势图，结果如表 4 - 11、表 4 - 12、图 4 - 5

所示。

表 4 – 11   兵团贸易竞争力靠近或偏移理想解距离

年份	2005	2006	2007	2008	2009	2010	2011	2012	2013	2014	2015
d_j^+	0.165	0.147	0.144	0.128	0.164	0.157	0.103	0.114	0.126	0.098	0.115
d_j^-	0.074	0.068	0.065	0.095	0.024	0.037	0.116	0.086	0.089	0.125	0.136

表 4 – 12   兵团贸易竞争力贴近度

年份	2005	2006	2007	2008	2009	2010	2011	2012	2013	2014	2015
η_i	0.309	0.317	0.310	0.426	0.130	0.192	0.529	0.429	0.414	0.561	0.542

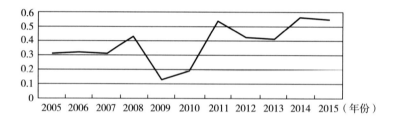

图 4 – 5   2005 ~ 2015 年兵团贸易竞争力综合指数变化趋势

从总体上看，2005 ~ 2015 年兵团区域贸易竞争力呈 "M" 形波动上升趋势，其竞争力得分由 0.309 上升至 0.542。整个过程可分为三个阶段：第一阶段为 2005 ~ 2008 年，兵团贸易竞争力得分上升较为缓慢，基本没有变化，表明第一阶段兵团贸易竞争力没有得到显著提升。第二阶段为 2009 ~ 2011 年，兵团贸易竞争力得分呈现 "V" 形变化特征，在 2009 年兵团区域贸易竞争力得分下降到冰点 0.130，较上年下降 0.296，降幅 69.5%，呈现断崖式的下跌，表明第二阶段兵团贸易竞争力发生了较为剧烈的变化，说明存在一些因素严重影响了兵团的贸易状况，最为可能的影响因素是全球金融危机带来的经济不景气。第三阶段为 2012 ~ 2015 年，兵团贸易竞争力得分波动上升；近年来，随着全球经济形势的复苏，兵团贸易状况有了一定程度的改善，贸易竞争力稳步提升。从得分值上看，可以分为两个阶段：第一阶段为 2005 ~ 2010 年，兵团贸易竞争力得分大致维持在 0.3 左右；第二阶段为 2011 ~ 2015 年，兵团贸易竞争力得分基本保持在 0.5 左右波动。这说明，在整个 "十二五" 期间，兵团贸易竞争力得分基本保持在 0.5 左右波动，较 "十一五" 期间有明显提升。兵团商务局在充分肯定 "十一五"期间商务工作取得的成绩以及深刻总结经验的前提下，提出了"十二五"期间商务发展的指导思想、发展目标和重点把握的方向，凭借科学规划，通过加强自产品出口基地建设，努力夯实外贸发展基础，使得兵团经济实力大幅度提升，在国际金融危机、人民币升值等诸多不利因素的影响下，兵团贸易仍保持着高位增长，竞争实力得分明显上升。在历经了 2008 年全球经济危机的影响后，兵团贸易系统承受住了严苛的考验，并不断自我革新，在新的经济环境中发挥其优越性。

4.4.2.3　兵团贸易竞争力分项得分测算与分析

为测算兵团对外贸易竞争力各分项的得分变化情况，本节运用正态标准化处理后的兵团贸易竞争力各项指标数据，根据熵权 TOPSIS 法对每个分项进行单独测算，最终得到兵团贸易竞争力分项指数的得分变化情况，如图 4－6 所示。

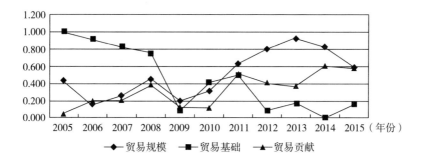

图 4－6　2005～2015 年兵团贸易竞争力分项指数变化趋势

从权重的情况来看，贸易贡献的权重值（0.4633）要大于贸易规模权重值（0.2740），并且大于贸易基础的权重值（0.2627），说明贸易贡献在贸易竞争力评价指标体系中影响力最大，贸易贡献是对外贸易活动所产生的有益结果，在一定程度上是对贸易活动的有效性进行了考量，能够反映出对外贸易的发生为经济发展提供了多少效益。因此，促进兵团贸易竞争力的提升，必须要注意贸易贡献对贸易竞争力的影响，从而更加高效地提高兵团贸易竞争力。

2005～2015 年，兵团贸易竞争力分项得分均值的排序为：贸易规模（0.504）＞贸易基础（0.447）＞贸易贡献（0.320），表明 11 年来，兵团对外贸易活动过程中，贸易规模的得分最高，其次是贸易基础，最差的是贸易贡献。从整体趋势上看，兵团贸易基础得分呈"V"形下降趋势，2009 年为分值最低点；兵团贸易规模和贸易贡献变化趋势大致相同，均呈现波动上升态势。说明兵团在签订外资合同和引进外资项目上缺乏一定的竞争力，在进出口贸易额、直接利用外资额等方面有较强的吸引力。

4.5 兵团科技竞争力测评

4.5.1 数据来源及指标体系构建

为科学、合理地测评兵团 2005～2015 年区域竞争力变化情况，本节秉承指标选取的可操作性、数据可获得性、适应性与可比性的基本原则，结合兵团发展的实际情况，选取了科技投入、产出能力 2 个二级指标和 10 个三级指标来评价兵团区域科技竞争力的大小。

（1）科技投入。科技投入支持开展科技活动的投入，也是生产性的投入，用来衡量区域对科技的支持力度。本章选用了兵团地区的 GDP、科学研究和技术服务业固定投资比例、科技人员人均经费支出、万人拥有的卫生技术人员、规模以上工业企业 R&D 人员、科研机构数量、万名职工拥有科技人员共 7 个指标来衡量科技投入水平。

（2）产出能力。用来衡量一区域科技创新成果与能力的指标。本章选用了科技成果登记数、发表科技论文数、每十万人专利申请授权数 3 个常用指标来衡量科技产出能力。

基于兵团科技发展的现实情况，遵循竞争力评价指标体系构建的可操作性、数据可获得性、适应性与可比性的基本原则，同时考虑数据的可获得性原则，构建了兵团区域科技竞争力指标体系及权重表（见表 4 - 13）。

4.5.2 实证分析及结果

4.5.2.1 指标权重的确定

运用熵权 TOPSIS 法对各项指标进行权重的计算。根据选取的样本标准化后的数值和具体的测算方法（见式（4 - 1）、式（4 - 5）、式（4 - 6）），确定 2005～2015 年兵团区域科技竞争力指标权重值，如表 4 - 14 所示。

表 4 - 13 兵团科技竞争力评价指标及权重

一级指标	二级指标	权重	三级指标	权重	指标单位	指标标识
兵团科技竞争力	科技投入	0.713	GDP	0.103	万元	X1（正）
			科学研究和技术服务业固定投资比例	0.112	%	X2（正）
			科技人员人均经费支出	0.105	万元	X3（正）

续表

一级指标	二级指标	权重	三级指标	权重	指标单位	指标标识
兵团科技竞争力	科技投入	0.713	万人拥有的卫生技术人员	0.101	人	X4（正）
			规模以上工业企业 R&D 人员	0.101	人	X5（正）
			科研机构数量	0.098	个	X6（正）
			万名职工拥有科技人员	0.093	人	X7（正）
	产出能力	0.287	科技成果登记数	0.095	项	X8（正）
			发表科技论文数	0.094	篇	X9（正）
			每十万人专利申请授权数	0.098	件	X10（正）

4.5.2.2 兵团科技竞争力整体得分测算与分析

结合兵团 2005～2015 年的相关数据，根据基于西向开放视角下兵团区域科技竞争力指标体系，运用熵权 TOPSIS 法对每年兵团科技竞争力靠近或偏移理想解距离、贴近度进行测算，并做出趋势图（见表 4－15、表 4－16、图 4－7）。

2005～2015 年兵团科技竞争力呈现升降更迭式的攀升趋势。总体上看，2005～2015 年兵团科技竞争力指数介于 0.105～0.556，均值为 0.259，波动幅度最小是 0.009，最大是 0.298，在此期间年均增长率为 18.138%。根据科技竞争力指数的波动幅度划分不同的时间段：2005～2008 年兵团科技竞争力仅在 0.140 的低水平上下浮动并且以 0.040 的幅度平稳上升，这与科技投入的不足，科技产出的成果小有关。2008～2012 年兵团科技竞争力呈现"M"形不稳定波动态势，科技竞争力最大为 0.450，最小为 0.154，平均振幅为 0.201，虽然 2009 年比 2008 年科技竞争力上升了 0.2 个绝对值，但是 2010 年较 2009 年科技竞争力又跌落了 0.135 个绝对值，2011～2012 年兵团科技竞争力呈现先升后降的趋势，从这样的曲折变化可以看出，兵团科技竞争力缺少持续的投入，科技成果的转换存在不稳定因素。2013～2015 年兵团科技竞争力呈现由平稳到急速上升的态势，2015 年以 115.504% 的同比增速跃升，到 2005～2015 年科技竞争力的最大值为 0.556。2015 年兵团科技竞争力得以迅速提升的关键在于科技投入的人力、财力和基础设施得到发展，科技产出质量明显改善，尤其是每十万人专利申请授权数由往年的个位数突破十位数，每十万人专利申请授权数达到 30 件。

表 4－14 兵团科技竞争力评价的指标权重值

	C_1	C_2	C_3	C_4	C_5	C_6	C_7	C_8	C_9	C_{10}
兵团	0.103	0.112	0.105	0.101	0.101	0.098	0.093	0.095	0.094	0.098

表4-15　兵团科技竞争力靠近或偏移理想解距离

年份	2005	2006	2007	2008	2009	2010	2011	2012	2013	2014	2015
d_j^+	0.153	0.151	0.146	0.148	0.133	0.139	0.118	0.137	0.139	0.142	0.093
d_j^-	0.018	0.019	0.034	0.027	0.073	0.039	0.097	0.037	0.044	0.049	0.117

表4-16　兵团科技竞争力贴近度

年份	2005	2006	2007	2008	2009	2010	2011	2012	2013	2014	2015
η_i	0.105	0.114	0.189	0.154	0.354	0.219	0.450	0.210	0.242	0.258	0.556

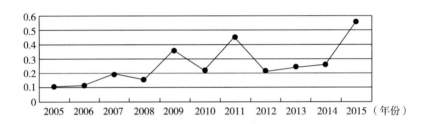

图4-7　2005~2015年兵团科技竞争力综合指数变化趋势

4.5.2.3　兵团科技竞争力分项得分测算与分析

为测算兵团科技竞争力各分项的得分变化情况，本节运用正态标准化处理后的兵团科技竞争力各项指标数据，根据熵权 TOPSIS 法对每个分项进行单独测算，最终得到兵团科技竞争力分项指数的得分变化情况，如图4-8所示。

从权重方面来看，科技投入的权重值（0.713）大于科技产出的权重值（0.287），说明兵团科技竞争力的评价体系下科技投入对其贡献度更大。在科技投入分项竞争力得分中，科学研究和技术服务业固定投资比例（0.112）是主要因素。

2005~2015 年，兵团科技竞争力分项得分均值的排序为：科技投入（0.296）>科技产出（0.155），表明 11 年来，兵团科技进步过程中，科技投入的力度要大于科技产出的效果。从整体上看，2005~2015 年兵团科技投入指数呈现由平缓到"M"再到平缓的上升趋势，科技产出呈现由平稳增加到急速增加的趋势。2014~2015 年兵团科技投入大于科技产出，期间科技投入均值为 0.284，科技产出均值为 0.073，科技投入年均增长速度为 11.076%，科技产出年均增速为 12.714%。科技产出知识最大值出现在 2011 年，科技产出最大值出现在 2014 年，科技投入平均振幅（0.133）是科技产出平均振幅

（0.021）的 6.333 倍。说明科技产出与科技投入存在不均衡现象，科技投入不稳定。2014 ~ 2015 年兵团科技产出大于科技投入，科技产出达到 0.976，是科技投入 0.409 的 2.386 倍，2015 年科技投入同比增速达到 558.993%，当年每十万人专利申请授权数达到 30 件，是 2014 年的 15 倍，2015 年兵团科技投入带来的效果是事半功倍的，低投入、高产出表明科技要素的收益递增，兵团竞争力在这一年明显加强。

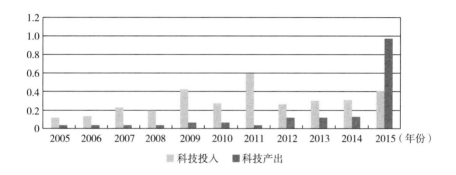

图 4 - 8　2005 ~ 2015 年兵团科技竞争力分类指数变化趋势

4.6　兵团人才竞争力测评

4.6.1　数据来源及指标体系构建

为科学、合理地测评兵团 2005 ~ 2015 年区域竞争力变化情况，本节秉承指标选取的可操作性、数据可获得性、适应性与可比性的基本原则，结合兵团发展的实际情况，选取了人才资源竞争力、人才环境竞争力、人才发展竞争力 3 个二级指标和 10 个三级指标来评价兵团人才竞争力的大小。

（1）人才资源竞争力。人才资源竞争力是体现一个国家或者地区人力资源储备量状况的一个指标，是决定人才竞争力的一个主要考量。本节选用了兵团地区的教育科研从业人员数比例、每万人高等学校在校生人数、科技人员占总人口比重 3 个最为基本的指标来衡量兵团人才资源竞争力情况。

（2）人才环境竞争力。人才环境竞争力是对兵团人才所处环境的基本体现，是考量兵团在软实力方面是否能够对人才形成有效的支撑。因此，本节选择教育固定资产投资、劳动者报酬率、城镇人口人均可支配收入、科技人员人均经费支出4个指标来衡量人才环境竞争力。

（3）人才发展竞争力。人才发展竞争力在一定程度上是对人才的产出水平有效性的考量，能够反映出人才为经济发展提供了多少效益。本节选择发表科技论文数、科研机构数和总人口来衡量兵团的人才发展竞争力。

基于兵团人才发展的现实情况，遵循竞争力评价指标体系构建的可操作性、适应性与可比性的基本原则，同时考虑数据的可获得性原则，构建了兵团区域人才竞争力指标体系，如表4-17所示。

表4-17　兵团人才竞争力评价指标体系

一级指标	二级指标	三级指标	指标单位	指标标识
兵团人才竞争力	人才资源竞争力	教育科研从业人员数比例	%	X1
		每万人高等学校在校生人数	人	X2
		科技人员占总人口比重	%	X3
	人才环境竞争力	教育固定资产投资	万元	X4
		劳动者报酬率	%	X5
		城镇人口人均可支配收入	元	X6
		科技人员人均经费支出	万元	X7
	人才发展竞争力	发表科技论文数	篇	X8
		科研机构数	个	X9
		总人口	万人	X10

4.6.2　实证分析及结果

4.6.2.1　指标权重的确定

运用熵权TOPSIS法对各项指标进行权重的计算。根据选取的样本标准化后的数值和具体的测算方法（见式（4-1）、式（4-5）、式（4-6）），确定2005～2015年兵团区域人才竞争力指标体系权重，如表4-18所示。

表4-18　兵团人才竞争力评价指标权重

一级指标	二级指标	权重	三级指标	权重	指标单位	指标标识
兵团人才竞争力	人才资源竞争力	0.259	教育科研从业人员数比例	0.083	%	X1（正）
			每万人高等学校在校生人数	0.084	人	X2（正）
			科技人员占总人口比重	0.092	%	X3（正）

续表

一级指标	二级指标	权重	三级指标	权重	指标单位	指标标识
兵团人才竞争力	人才环境竞争力	0.424	教育固定资产投资	0.117	万元	X4（正）
			劳动者报酬率	0.094	%	X5（正）
			城镇人口人均可支配收入	0.102	元	X6（正）
			科技人员人均经费支出	0.111	万元	X7（正）
	人才发展竞争力	0.317	发表科技论文数	0.099	篇	X8（正）
			科研机构数	0.104	个	X9（正）
			总人口	0.114	万人	X10（正）

4.6.2.2　兵团人才竞争力整体得分测算与分析

结合兵团 2005～2015 年的相关数据，根据基于西向开放视角下兵团区域人才竞争力指标体系，运用熵权 TOPSIS 法对每年兵团人才竞争力靠近或偏移理想解距离、贴近度进行测算，并做出趋势图（见表 4－20、表 4－21、图 4－9）。

表 4－19　兵团人才竞争力评价的指标权重值

	C_1	C_2	C_3	C_4	C_5	C_6	C_7	C_8	C_9	C_{10}
兵团	0.083	0.084	0.117	0.094	0.092	0.111	0.114	0.099	0.102	0.104

表 4－20　兵团人才竞争力靠近或偏移理想解距离

年份	2005	2006	2007	2008	2009	2010	2011	2012	2013	2014	2015
d_j^{+}	0.102	0.102	0.108	0.106	0.108	0.104	0.061	0.102	0.103	0.106	0.103
d_j^{-}	0.062	0.048	0.025	0.029	0.021	0.031	0.097	0.030	0.034	0.039	0.045

表 4－21　兵团人才竞争力贴近度

年份	2005	2006	2007	2008	2009	2010	2011	2012	2013	2014	2015
η_i	0.376	0.320	0.188	0.217	0.161	0.227	0.615	0.229	0.247	0.270	0.301

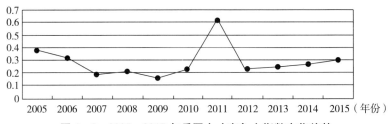

图 4－9　2005～2015 年兵团人才竞争力指数变化趋势

2005～2015 年兵团人才竞争力呈现小幅度波浪下降的态势。总体上看，2005～2015 年兵团人才竞争力指数年均下降率为 2.2%，指数介于 0.161～0.615，均值为 0.287，振幅最大出现在 2011 年，为 0.387，最小振幅出现在 2013 年，为 0.018。2011～2013 年，人才竞争力指数出现大幅度的波动，2011 年人才竞争力指数由 2010 年的 0.227 迅速提升至研究期间的最大值 0.615，同比增速达到最大值，为 170.925%，人才竞争力指数表现出良好的发展态势得力于 2010 年全国对口支援新疆工作会议在北京闭幕，会议传递出中央通过推进新一轮对口援疆工作加快新疆跨越式发展的信号，加大了兵团对人才培养的重视，尤其是科技人员人均经费支出较上年提高了 844.44%，增强了兵团人才竞争力。2012 年兵团人才竞争力指数下降了 62.764%，跌至 0.229，兵团人才竞争力指数这样突升突降的现象，表明兵团人才竞争力的不稳定，存在一些制约因素阻碍人才竞争力的提高。2012～2015 年兵团以 0.024 的平均振幅逐年小幅度提升，人才竞争力指数由 0.229 提升至 0.301，年均增速 9.541%，表现出稳步发展的态势。

4.6.2.3　兵团人才竞争力分项得分测算与分析

为测算兵团人才竞争力各分项的得分变化情况，本节运用正态标准化处理后的兵团人才竞争力各项指标数据，根据熵权 TOPSIS 法对每个分项进行单独测算，最终得到兵团人才竞争力分项指数的得分变化情况，如图 4－10 所示。

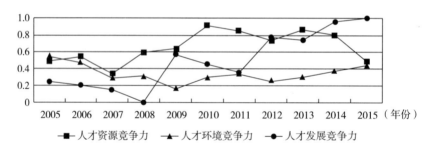

图 4－10　2005～2015 年兵团人才竞争力分类指标变化趋势

从权重的情况来看，兵团人才竞争力各分项权重值中人才环境竞争力（0.424）＞人才发展竞争力（0.317）＞人才资源竞争力（0.259）。说明人才环境在人才竞争力评价指标体系中影响力最大，其中教育固定资产投资和科技人员人均经费支出在人才环境竞争力中是主要影响因素。

兵团人才竞争力 2005～2015 年分项得分均值的排序为：人才资源竞争力（0.659）＞人才发展竞争力（0.495）＞人才环境竞争力（0.343），表明 11 年来兵团人才集聚过程中人才资源的集聚效果最为明显，人才发展的空间较为一般，人才环境的改善存在较大上升可能。从分类人才竞争力看，2005～2015 年人才资源竞争力呈现波浪式小幅的变化趋势，2015 年人才资源最终回到 2005 年的水平；人才环境竞争力呈现平稳小幅下降的态势；人才发展竞争力呈现阶梯式上升的态势。说明兵团人才资源和人才环境的状况较差，存在一些因素影响了兵团的人才储备和人才环境改善，制约了兵团人才竞争力的提升。从平均波动幅度来看，人才发展竞争力（0.172）＞人才资源竞争力（0.149）＞人才环境竞争力（0.089）。说明兵团人才发展的潜力是最大的不稳定因素，其上升的幅度和空间较大；人才资源的变化相对较为稳定；人才环境竞争力变化最为稳定，波动幅度最小。深入分析可以有以下猜想：兵团人才发展的潜力较大与人才资源和人才环境竞争力较薄弱是可以互相印证的。正是由于兵团的人才资源匮乏，吸引人才的环境较为差强人意，才使兵团的人才发展潜力具有一定的上升空间。由此可知，兵团今后要在制定留住人才的政策方面、人才资源的储备方面多下功夫，为显著提升兵团人才竞争力奠定坚实的基础。

4.7 兵团资源竞争力测评

4.7.1 数据来源及指标体系构建

为科学、合理地测评兵团 2005～2015 年区域竞争力变化情况，本节秉承指标选取的可操作性、数据可获得性、适应性与可比性的基本原则，结合兵团发展的实际情况，选取了资源优势、经济水平和投资状况 3 个二级指标和 10 个三级指标来评价兵团区域资源竞争力的大小。

（1）资源优势。资源优势是体现一个国家或者地区资源存量和禀赋的指标，是决定资源竞争力的一个主要考量。本章选用了兵团地区的水资源库容量、公路里程、森林覆盖率、主要能源原煤年末库存量 4 个指标来考察兵团的资源优势。

（2）经济水平。经济水平是衡量一个国家或地区硬实力的主要方面，经济水平的好坏直接影响了兵团资源利用程度和资源利用能力。因此，本节选择年末实有城市道路面积、地区生产总值占全疆比重、生产总值发展速度、地区生产总值能耗 4 个指标来衡量兵团经济水平。

（3）投资状况。可以衡量区域资源开发能力的指标。本节选择第二产业投资比、第三产业投资比 2 个指标来衡量兵团投资状况。

基于兵团各类资源发展的现实情况，遵循竞争力评价指标体系构建的可操作性、适应性与可比性的基本原则，同时考虑数据的可获得性原则，构建了兵团区域资源竞争力指标体系，如表 4－22 所示。

表 4－22　兵团资源竞争力评价指标体系

一级指标	二级指标	三级指标	指标单位	指标标识
兵团资源竞争力	资源优势	水资源库容量	亿立方米	X1
		公路里程	公里	X2
		森林覆盖率	%	X3
		主要能源原煤年末库存量	吨	X4
	经济水平	年末实有城市道路面积	万平方米	X5
		地区生产总值占全疆比重	%	X6
		生产总值发展速度	%	X7
		地区生产总值能耗	吨/万元	8
	投资状况	第二产业投资比	%	X9
		第三产业投资比	%	X10

4.7.2　实证分析及结果

4.7.2.1　指标权重的确定

运用熵权 TOPSIS 法对各项指标进行权重的计算。根据选取的样本标准化后的数值和具体的测算方法（见式（4－1）、式（4－5）、式（4－6）），得到 2005 ~ 2015 年兵团区域资源竞争力指标体系权重，如表 4－23 所示。

表 4－23　兵团资源竞争力评价的指标权重值

一级指标	二级指标	权重	三级指标	权重	指标单位	指标标识
兵团资源竞争力	资源优势	0.508	水资源库容量	0.094	亿立方米	X1（正）
			森林覆盖率	0.093	公里	X2（正）
			主要能源原煤年末库存量	0.106	%	X3（正）
			年末实有城市道路面积	0.105	吨	X4（正）
			公路里程	0.110	万平方米	X5（正）
	经济水平	0.306	地区生产总值占全疆比重	0.112	%	X6（正）
			生产总值发展速度	0.110	%	X7（正）
			地区生产总值能耗	0.084	吨/万元	X8（正）
	投资状况	0.186	第二产业投资比	0.091	%	X9（正）
			第三产业投资比	0.095	%	X10（正）

4.7.2.2 兵团资源竞争力整体得分测算与分析

结合兵团2005～2015年的相关数据，基于西向开放视角下兵团区域资源竞争力指标体系，运用熵权TOPSIS法对每年兵团资源竞争力靠近或偏移理想解距离、贴近度进行测算，并做出趋势图（见表4-25、表4-26、图4-11）。

表4-24 兵团资源竞争力评价的指标权重值

	C_1	C_2	C_3	C_4	C_5	C_6	C_7	C_8	C_9	C_{10}
兵团	0.083	0.084	0.117	0.094	0.092	0.111	0.114	0.099	0.102	0.104

表4-25 兵团资源竞争力靠近或偏移理想解距离

年份	2005	2006	2007	2008	2009	2010	2011	2012	2013	2014	2015
d_j^+	0.117	0.114	0.112	0.113	0.110	0.104	0.100	0.034	0.091	0.092	0.090
d_j^-	0.020	0.016	0.017	0.015	0.018	0.036	0.038	0.105	0.058	0.062	0.060

表4-26 兵团资源竞争力贴近度

年份	2005	2006	2007	2008	2009	2010	2011	2012	2013	2014	2015
η_i	0.147	0.126	0.130	0.115	0.139	0.255	0.275	0.756	0.388	0.402	0.400

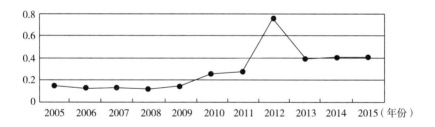

图4-11 2005～2015年兵团资源竞争力变化趋势

2005～2015兵团资源环境承载力呈现波浪上升的态势。2005～2015年兵团资源竞争力在0.115～0.756之间波动，年均增速10.528%，资源竞争力最大值出现在2012年，为0.756，最小值出现在2008年，为0.115。2005～2011年，兵团资源竞争力变动幅度较小且呈平稳上升趋势，平均振幅为0.034，兵团资源竞争力由2005年的0.147上升到2011年的0.275，年均增速11.003%。2012～2013年，兵团资源竞争力出现剧烈"上升—下降"的波动，2012年同比增速最大达到174.90%，资源竞争力达到最大值0.756，2013年兵团资源竞争力又跌落至0.388，较2012年下降了48.677%，兵团资源竞争力存在剧烈波动的现象说明兵团资源承载力的提升存在阻碍因素。2014～2015 年资源竞争力保持平稳发展趋势，两年资源竞争力保持在 0.400 的水平上。

4.7.2.3 兵团资源竞争力分项得分测算与分析

为测算兵团资源竞争力各分项的得分变化情况，本节运用正态标准化处理后的兵团资源竞争力各项指标数据，根据熵权 TOPSIS 法对每个分项进行单独测算，最终得到兵团资源竞争力分项指数的得分变化情况，如图 4－12 所示。

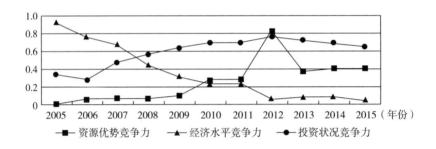

图 4－12 2005～2015 年兵团资源分类竞争力指数变化趋势

从权重方面看，兵团资源优势竞争力的权重值最大，其次是经济水平竞争力权重值，最后是投资状况竞争力权重值。其中，兵团资源优势分项中公路里程数（0.110）是其主要的影响因素；兵团经济水平分项中地区生产总值占新疆比重（0.113）的贡献度最大；兵团投资状况分项中第三产业投资占比（0.096）是主要影响因素。

2005～2015 年，兵团资源竞争力分项得分均值的排序为：投资状况（0.587）＞经济水平（0.344）＞资源优势（0.254），表明 11 年来，兵团资源利用发展过程中，兵团投资状况竞争力要优于经济水平竞争力，更优于资源优势竞争力。

2005～2015 年，兵团资源优势竞争力呈现波浪上升的趋势，兵团经济水平竞争力呈现平缓下降的趋势，兵团投资状况竞争力呈现平缓上升的态势。2005～2015 年兵团资源优势竞争力年均增速 54.953%，最大值出现在 2012 年，达到 0.827，最小值出现在 2005 年，为 0.005。2005～2011 年兵团资源优势竞争力变化稳定稳步提升，资源优势竞争力由 0.005 上升到 0.273，平均振幅为 0.118，年均增速 84.775%；2012～2013 年资源优势竞争力出现"上升—下降"迅速波动的情况，2012 年资源优势竞争力达到最大值 0.827，同比增速达到最大值，为 202.930%，2012 年较上年又下降了 55.865%；2014～2015 年，资源优势竞争力保持平稳发展的态势，指数保持在 0.400 的水平上；经济水平竞争力指数由 2005

年的最大值 0.925 以 26.089% 的年均减速跌落至 2015 年最小值 0.045；投资状况竞争力由 2005 年的 0.336 以年均增速 6.738% 提升到 2015 年的 0.645，发展态势良好。依据以上资源竞争力分类指数变化趋势，兵团还应继续加大经济建设，提升资源优势的稳定性。

4.8 兵团绿色竞争力测评

4.8.1 数据来源及指标体系构建

绿色竞争力主要反映的是一个地区对自然环境的利用、治理，以及自然环境对经济社会发展的影响力，同时也反映地区之间自然环境状况的优劣，以及区域环境发展的潜力和对区域经济发展的承受力。研究中设计的数据主要来源于 2006 ~ 2016 年的《兵团统计年鉴》《新疆统计年鉴》，各年份的兵团统计公报和中国经济社会大数据研究平台，部分指标数据根据统计原则计算得出。

为科学、合理地测评兵团 2005 ~ 2015 年区域绿色竞争力变化情况，本节秉承指标选取的可操作性、数据可获得性、适应性与可比性的基本原则，力求使指标科学、全面地反映区域环境竞争力的内涵。本章结合兵团环境发展的实际情况，根据绿色竞争力的内涵模型，选取了资源环境、生活环境、经济环境、人口环境和能耗环境 5 个二级指标和 14 个三级指标来评价兵团区域绿色竞争力的大小。

（1）资源环境。资源环境是从自然资源禀赋方面对绿色竞争力进行考量，反映兵团在自然资源方面的绿色实力。基于兵团的实际状况和数据可获得性，本节选取人均水资源量、人均耕地面积和水利、环境、公共设施管理投资总额 3 个指标进行测度，其中水利、环境、公共设施管理投资总额是对自然资源维护力度的考量，这里将其分为资源环境层面，体现兵团资源环境方面的禀赋和对原有资源的保护。

（2）生活环境。生活环境是从社会居民基本状况方面对兵团绿色竞争力进行评价，反映兵团发展绿色经济的社会人文条件。本节用基本医疗保险覆盖率、基本医疗保险覆盖人数和就业人数来反映兵团绿色发展的竞争力状况。

（3）经济环境。经济环境是从社会经济活动方面对绿色竞争力进行测度，反映兵团发展绿色经济的基础状况和实力。本节选取了人均 GDP、固定资产投资额和进出口总额从个人经济状况、基础设施建设状况和贸易状况三个方面来综合评价兵团绿色竞争力。

（4）人口环境。人口环境是从人口的增长状况和生活状况来反映兵团绿色发展的原动力储备状况。人才和流通是发展的核心，人才高地建设以及发达的流通机制是区域经济密切联系的核心。因此，结合数据的可获得性原则，本节选取了人口自然增长率和每万人拥有公共汽车数量两个指标来衡量兵团的绿色竞争力水平。

（5）能耗环境。能耗环境是一个地区能源利用率高低的最终体现，能够有效地衡量一个地区对于能源的使用量和有效利用量，从而能够有效地评估区域绿色发展状况。因此本节选取了万元 GDP 能耗、人均综合能源消费量和综合能源消费量三个指标来衡量兵团绿色竞争力的高低。

基于兵团经济发展的现实，遵循绿色竞争力评价指标体系构建的可操作性、数据可获得性、适应性与可比性的基本原则，构建了兵团区域绿色竞争力指标体系，如表 4 - 27 所示。

表 4 - 27　兵团绿色竞争力评价指标体系

一级指标	二级指标	三级指标	指标单位	指标标识
兵团绿色竞争力	资源环境	人均水资源量	立方米	X1（正）
		人均耕地面积	公顷	X2（正）
		水利、环境、公共设施管理投资总额	万元	X3（正）
	生活环境	基本医疗保险覆盖率	%	X4（正）
		基本医疗保险覆盖人数	人	X5（正）
		就业人数	人	X6（正）
	经济环境	人均 GDP	元	X7（正）
		固定资产投资额	万元	X8（正）
		进出口总额	万美元	X9（正）
	人口环境	人口自然增长率	‰	X10（正）
		每万人拥有公共汽车数量	辆	X11（正）
	能耗环境	万元 GDP 能耗	吨	X12（负）
		人均综合能源消费量	吨标准煤	X13（负）
		综合能源消费量	万吨标准煤	X14（负）

4.8.2　实证分析及结果

4.8.2.1　指标权重的确定

运用熵权 TOPSIS 法对各项指标进行权重的计算。根据选取的样本标准化后的数值和具体的测算方法（见式（4-1）、式（4-5）、式（4-6）），测算2005～2015年兵团区域绿色竞争力指标体系权重，如表4-28所示。

表4-28 兵团绿色竞争力评价指标权重

一级指标	二级指标	二级指标权重	三级指标	三级指标权重	指标单位	指标标识
兵团绿色竞争力	资源环境	0.2246	人均水资源量	0.0724	立方米	X1（正）
			人均耕地面积	0.0690	公顷	X2（正）
			水利、环境、公共设施管理投资总额	0.0832	万元	X3（正）
	生活环境	0.2085	基本医疗保险覆盖率	0.0634	%	X4（正）
			基本医疗保险覆盖人数	0.0665	人	X5（正）
			就业人数	0.0786	人	X6（正）
	经济环境	0.2233	人均GDP	0.0764	元	X7（正）
			固定资产投资额	0.0766	万元	X8（正）
			进出口总额	0.0703	万美元	X9（正）
	人口环境	0.1488	人口自然增长率	0.0698	‰	X10（正）
			每万人拥有公共汽车	0.0790	辆	X11（正）
	能耗环境	0.1948	万元GDP能耗	0.0703	吨	X12（负）
			人均综合能源消费量	0.0625	吨标准煤	X13（负）
			综合能源消费量	0.0620	万吨标准煤	X14（负）

4.8.2.2 兵团绿色竞争力整体得分测算与分析

结合兵团2005～2015年的相关数据，基于西向开放视角下兵团区域绿色竞争力指标体系，运用熵权TOPSIS法对每年兵团绿色竞争力靠近或偏移理想解距离、贴近度进行测算，并做出趋势图（见表4-29、表4-30、图4-13）。

表4-29 兵团绿色竞争力靠近或偏移理想解距离

年份	2005	2006	2007	2008	2009	2010	2011	2012	2013	2014	2015
d_j^+	0.166	0.159	0.157	0.152	0.147	0.142	0.128	0.116	0.064	0.025	0.017
d_j^-	0.027	0.022	0.023	0.030	0.030	0.046	0.050	0.069	0.112	0.147	0.165

表4-30 兵团绿色竞争力贴近度

年份	2005	2006	2007	2008	2009	2010	2011	2012	2013	2014	2015
η_i	0.140	0.123	0.126	0.165	0.168	0.245	0.281	0.373	0.637	0.853	0.906

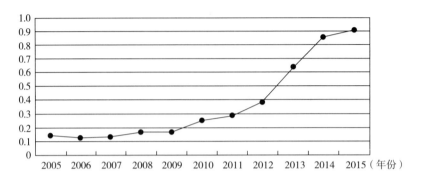

图 4 - 13   2005 ~ 2015 年兵团区域绿色竞争力综合指数变化趋势

从总体上看，2005 ~ 2015 年兵团绿色竞争力整体呈"J"形变化趋势，其中 2012 年为增速转折点。在 2012 年之前，竞争力得分年均增幅为 3.33%，2012 ~ 2015 年，年均增幅为 13.1%，竞争力得分发生巨大变化。2005 ~ 2012 年，兵团区域绿色竞争力得分一直处于低位上升的境地，得分变化程度不明显，得分水平较低，维持在 0.2 左右；2012 ~ 2015 年兵团绿色竞争力得分有了明显的上升，以 13.1% 的两位数急速攀升，于 2015 年大到 0.906。究其原因，可能是以下几方面因素共同作用的结果：①发展理念的转变，兵团提出了在西北率先全面建成小康社会的目标，为建设美丽兵团指引了方向。绿色发展的观念和成效已众所周知，"绿色兵团、和谐兵团、幸福兵团、科技兵团和人文兵团"的提议也已慢慢贯彻落实。②兵团积极响应国家转变经济发展方式的号召，从需求结构、产业结构和要素投入三个方面实现转变。2011 ~ 2012 年兵团全社会固定资产投资以及重大项目投资总量不断攀升；兵团实现外贸进出口总额对经济增长的贡献度不断提升。③兵团单位生产总值能源消耗降低，能源消耗的控制力度加大。兵团在消化污染增量的同时，加大力度削减污染存量，解决工程减排滞后、脱硫效率低等问题，为推动兵团绿色发展，经济绿色转型做了大量的工作。当前兵团绿色发展取得了一定的成效，但是仍要对兵团传统产业进行生态化改造，大力发展节能环保等战略性新兴产业，使绿色经济、循环经济和低碳技术在整个经济结构中占有较大比重，推动经济绿色转型，不断提升兵团区域绿色竞争力。

4.8.2.3 兵团绿色竞争力分项得分测算与分析

为测算兵团绿色竞争力各分项的得分变化情况，本节运用正态标准化处理后的兵团绿色竞争力各项指标数据，并根据熵权 TOPSIS 法对每个分项进行单独测算，最终得到兵团绿色竞争力分项指数的得分变化情况，如图 4 - 14 所示。

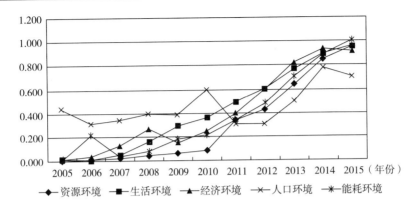

图 4 - 14　2005 ~ 2015 年绿色竞争力分项指数变化趋势

通过指标体系权重表可以看出，兵团绿色竞争力评价体系二级指标的权重大小排序依次为资源环境 > 经济环境 > 生活环境 > 能耗环境 > 人口环境，其中水利、环境、公共设施管理投资总额的权重系数在 14 个指标当中占比最大，为 0.083；基本医疗保险覆盖率、人均综合能源消费量和综合能源消费量这三个指标在 14 个指标中权重较小，分别为 0.063、0.063 和 0.062。

2005 ~ 2015 年，兵团绿色竞争力分项得分均值的排序为：人口环境（0.457）> 生活环境（0.416）> 经济环境（0.407）> 能耗环境（0.373）> 资源环境（0.310），表明 11 年来，兵团绿色发展过程中，兵团人口环境发展状况要优于生活环境、经济环境、能耗环境、资源环境。

2005 ~ 2015 年，兵团绿色竞争力分项中生活环境、经济环境和能耗环境呈现平滑上升的态势，并且与兵团绿色竞争力拟合程度较高；人口环境的波动呈现"W"形上升趋势，在 2010 年和 2014 年产生了突变的现象；资源环境的波动可以分为 2005 ~ 2010 年的平稳阶段和 2011 ~ 2015 年的快速上升阶段。从分项指标的变化情况看，人口环境得分的变化情况与其他四个较为不一致，在 2005 ~ 2010 年整体得分值高于其余四项，而在 2011 ~ 2015 年整体得分值低于其余四项；资源环境、能耗环境、经济环境和生活环境指标的得分变化趋势较为一致，整体上均呈现上升趋势，在 2011 年之后上升速度明显快于人口环境分项。表明人口环境的改善相比较于其余四项增速逐渐放缓，需要进一步重视和维持之前的高分值状态，补齐在绿色竞争力中的短板。

4.9 兵团公共服务竞争力测评

4.9.1 数据来源及指标体系构建

为科学、合理地测评兵团 2005～2015 年区域公共服务竞争力变化情况，本节秉承指标选取的可操作性、数据可获得性、适应性与可比性的基本原则，结合兵团发展的实际情况选取了 4 个二级指标、10 个三级指标来评价兵团区域公共服务竞争力的大小，如表 4－31 所示。

表 4－31　区域公共服务竞争力评价指标体系

一级指标	二级指标	三级指标	指标单位	指标标识
兵团公共服务竞争力	环境保护	水利、环境、公共设施管理投资总额	万元	X1（正）
	社会保障	卫生机构人员数	人	X2（正）
		基本医疗保险覆盖率	%	X3（正）
		基本医疗保险覆盖人数	人	X4（正）
		万人拥有病床数	张	X5（正）
	公共教育	公共管理和社会组织	人	X6（正）
		每万人接受中等职业教育在校学生数	人	X7（正）
	交通服务能力	公共交通客运量（不含出租车）	万人	X8（正）
		每万人拥有公共汽车	辆	X9（正）
		年末实有道路长度	千米	X10（正）

（1）环境保护。当人们的温饱问题得以解决之后，对生活居住条件的追求便成为了一种必然，居住质量与人民的生活质量息息相关。本节在此选取水利、环境、公共设施管理投资总额为量化指标。

（2）社会保障。社会保障是指国家通过立法，积极动员社会各方面资源，通过收入再分配，保证无收入、低收入以及遭受各种意外灾害的公民能够维持生存，保障劳动者在年老、失业、患病、工伤、生育时的基本生活不受影响，同时根据经济和社会发展状况，逐步增进公共福利水平，提高国民生活质量，是反映公共服务竞争力的重要体现之一，本节在此选取卫生机构人员数、基本医疗保险覆盖率、基本医疗保险覆盖人数、万人拥有病床数 4 个指标体现社会保障的程度。

（3）公共教育。公共教育是在社会文明发展的一定历史阶段形成，由国家、团体或个人向社会单独或混合提供，为全社会成员分享并服务于社会的公共物品。本章在此选取公共管理和社会组织、每万人接受中等职业教育在校学生数来体现兵团提供公共教育的能力。

（4）交通服务能力。区域提供交通服务的能力，体现了区域轨道交通系统中所有元素提供服务的能力，是公共服务竞争力的重要体现之一。本节在此选取公共交通客运量（不含出租车）、每万人拥有公共汽车、年末实有道路长度体现兵团交通服务能力。

4.9.2 实证分析及结果

4.9.2.1 指标权重的确定

运用熵权 TOPSIS 法对各项指标进行权重的计算。根据选取的样本标准化后的数值和具体的测算方法（见式（4-1）、式（4-5）、式（4-6）），得到 2005 ~ 2015 年兵团区域公共服务竞争力指标体系权重，如表 4-32 所示。

表 4-32 兵团公共服务竞争力评价指标权重

一级指标	二级指标	二级指标权重	三级指标	三级指标权重	指标单位	指标标识
兵团公共服务竞争力	环境保护	0.1128	水利、环境、公共设施管理投资总额	0.1128	万元	X1（正）
	社会保障	0.3777	卫生机构人员数	0.1078	人	X2（正）
			基本医疗保险覆盖率	0.0859	%	X3（正）
			基本医疗保险覆盖人数	0.0901	人	X4（正）
			万人拥有病床数	0.0939	张	X5（正）
	公共教育	0.1866	公共管理和社会组织	0.1086	人	X6（正）
			每万人接受中等职业教育在校学生数	0.0780	人	X7（正）
	交通服务能力	0.3229	公共交通客运量（不含出租车）	0.1093	万人	X8（正）
			每万人拥有公共汽车	0.1070	辆	X9（正）
			年末实有道路长度	0.1066	千米	X10（正）

4.9.2.2 兵团公共服务竞争力整体得分测算与分析

结合兵团 2005 ~ 2015 年的相关数据，基于西向开放视角下兵团区域公共服务竞争力指标体系，运用熵权 TOPSIS 法对每年兵团公共服务竞争力靠近或偏移理想解距离、贴近度进行测算，并做出趋势图（见表 4-33、表 4-34、图 4-15）。

表 4-33　兵团公共服务竞争力靠近或偏移理想解距离

年份	2005	2006	2007	2008	2009	2010	2011	2012	2013	2014	2015
d_j^+	0.111	0.104	0.101	0.096	0.093	0.089	0.082	0.073	0.043	0.019	0.002
d_j^-	0.001	0.013	0.016	0.021	0.025	0.030	0.036	0.046	0.069	0.092	0.110

表 4-34　兵团公共服务竞争力贴近度

年份	2005	2006	2007	2008	2009	2010	2011	2012	2013	2014	2015
η_i	0.005	0.109	0.139	0.180	0.213	0.253	0.305	0.389	0.615	0.827	0.984

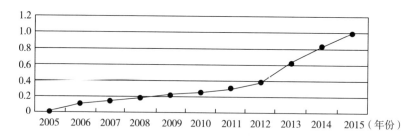

图 4-15　2005~2015 年兵团公共服务竞争力综合指数变化趋势

从总体上看，2005~2015 年兵团公共服务竞争力整体呈稳步上升的变化趋势。11 年间，竞争力得分由 0.005 上升至 0.984，上升绝对值为 0.979，年均增长率为 1.01%，其中 2012 年依然是一个重要分界点。2005~2012 年，兵团公共服务竞争力得分始终保持低位在 0.005~0.389 之间运行；2012~2015 年，公共服务竞争力显著提升，由 0.389 迅速增长到 0.984，主要原因如下：首先是发展理念的转变，"绿色兵团、和谐兵团、幸福兵团、科技兵团和人文兵团"的提议慢慢贯彻落实，兵团提出了在西北率先全面建成小康社会的目标，为建设美丽兵团指引了方向。其次是新疆作为丝绸之路经济带的核心区域，为新疆及兵团的经济增长带来了新的活力，强劲的经济增长为兵团供给更好水平的公共服务提供了有力的保障。最后是为响应"政策沟通、道路联通、贸易畅通、货币流通、民心相通"的有力号召，兵团积极进行基础设施建设，在便利了同各国的贸易往来的同时，也大大提升了兵团公共服务竞争力。

4.9.2.3　兵团公共服务竞争力分项得分测算与分析

为测算兵团公共服务竞争力各分项的得分变化情况，本节运用正态标准化处理后的兵团公共服务竞争力各项指标数据，并根据熵权 TOPSIS 法的计算方法对每个分项进行单独测算，最终得到兵团公共服务竞争力分项指数的得分变化情况，如图 4 - 16 所示。

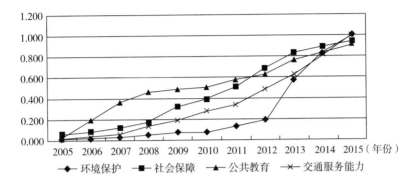

图 4 - 16　2005 ~ 2015 年兵团公共服务竞争力分项指数变化趋势

　　通过指标体系权重表可以看出，兵团公共服务竞争力评价体系中二级指标的权重大小依次为社会保障、交通服务能力、公共教育、环境保护，其中水利、环境、公共设施管理投资总额的权重系数在指标体系涵盖的 10 个指标中占比最高，为 0.113，说明了兵团在对公共设施的投资方面进行长期稳定的投入。同时，属于社会保障体系的卫生机构人员数、公共教育体系的公共管理和社会组织以及交通服务体系的公共交通客运量（不含出租车）占比也非常高。而属于公共教育体系的每万人接受中等职业教育在校学生数的权重最低为 0.078。

　　2005 ~ 2015 年，兵团公共服务竞争力分项得分均值的排序为：公共教育（0.518）＞社会保障（0.452）＞交通服务能力（0.355）＞环境保护（0.265），表明 11 年来，兵团公共服务提升过程中，兵团公共教育整体上上升的幅度较大，其次是社会保障和交通服务能力，环境保护的重视程度相比于其他方面略微较弱。从各项指标的变化趋势上看，兵团社会保障和交通服务能力均呈现匀速上升的态势，保持了相对稳定的增长；兵团公共教育则表现为先快后慢的增长形态，在 2008 年之后增速逐渐放缓；兵团环境保护则呈现 "J" 形增长态势，在 2012 年之后增速明显加快。表明了兵团社会保障和交通服务能力一直维持着相对稳定的增长，兵团的公共教育事业在 2008 年之后相对有所懈怠，而环境保护事业则受到了明显的重视。从分项指标的变化情况上看，兵团社会保障和交通服务能力二者的变化情况较为一致，得分的增长量较为固定，上升幅度最大；公共教育指标的竞争力得分变化的程度较小，分值较为稳定；环境保护后期的变化程度最大，分值变化剧烈。整体上看，四个分项 2005 ~ 2015 年的分值上升的幅度几乎一致，但四者上升的过程、变化形态略有不同。兵团的公共教育在 2008 年发生了变化，增速放缓；兵团环境保护在 2012 年产生突变，增速急增。表明了兵团在公共服务建设过程中重心的转移方向，积极响应了生态文明建设的号召。但兵团还应当重视公共服务事业中的其他几个方面，统筹兼顾，不可顾此失彼。

4.10　兵团文化竞争力测评

4.10.1　数据来源及指标体系构建

为科学、合理地测评兵团 2005 ~ 2015 年区域文化竞争力变化情况，本节秉承指标选取的可操作性、数据可获得性、适应性与可比性的基本原则，结合兵团发展的实际情况，选取了 4 个二级指标以及 9 个三级指标来评价兵团区域文化竞争力的大小。从区域文化与区域经济的关系来看，区域经济的发展决定着区域文化的发展，区域经济为区域文化发展提供物质条件，是区域文化发展的基础，对区域文化发展起支撑作用。而区域文化对区域经济的发展具有反作用，推动或制约着区域经济的发展。基于此，结合兵团实际，从文化投入、文化服务、文化输出力、文化市场潜力四个维度建立兵团区域文化竞争力评价指标体系。

（1）文化投入。本节选取文化、体育和娱乐业固定投资额来表示在文化事业方面的资本投入，从而衡量兵团在文化方面的重视力度以及区域文化竞争力。

（2）文化服务。本节选取文体娱乐业从业人员数、教育从业人员数来反映服务文化事业的机构人员数，正是由于这些从业人员的辛勤劳动，才有了文化事业的蓬勃发展，从业人员数的扩大同样能够反映文化市场的竞争力。

（3）文化输出力。文化输出力是指在具体文化的环境中，文化事业的发展为当地的一些经济发展产生了正外部性，从而推动社会经济的发展。本章选取旅客周转量和广播电视收入两个指标来衡量兵团文化的竞争力。

（4）文化市场潜力。文化市场潜力是文化事业发展的基础条件同时也是发展的源泉，有一个良好的发展基础是文化发展的必要条件。经济基础决定上层建筑，因此本节选取了人均 GDP、兵团城镇人均收入、兵团农村人均收入和人均消费品总额 4 个与人均生活水平息息相关的指标来衡量文化发展的市场潜力。

基于兵团文化发展的现实，遵循竞争力评价指标体系构建的可操作性、数据可获得性、适应性与可比性的基本原则，构建了兵团区域文化竞争力指标体系，如表 4 - 35 所示。

表 4 – 35 兵团区域文化竞争力评价指标体系

一级指标	二级指标	三级指标	指标单位	指标标识
文化竞争力	文化投入	文化、体育和娱乐业固定投资	万元	X1（正）
	文化服务	文体娱乐业从业人员数	人	X2（正）
		教育从业人员数	人	X3（正）
	文化输出力	旅客周转量	亿人/公里	X4（正）
		广播电视收入	万元	X5（正）
	文化市场潜力	人均 GDP	元	X6（正）
		兵团城镇人均收入	元	X7（正）
		兵团农村人均收入	元	X8（正）
		人均消费品总额	万元	X9（正）

4.10.2 实证分析及结果

4.10.2.1 指标权重的确定

运用熵权 TOPSIS 法对各项指标进行权重的计算。根据选取的样本标准化后的数值和具体的测算方法（见（式 4 – 1）、式（4 – 5）、式（4 – 6）），测得 2005 ~ 2015 年兵团区域文化竞争力指标体系的权重（见表 4 – 36）。

表 4 – 36 兵团文化竞争力评价指标权重

一级指标	二级指标	二级指标权重	三级指标	三级指标权重	指标单位	指标标识
文化竞争力	文化投入	0.1224	文化、体育和娱乐业固定投资	0.1224	万元	X1（正）
	文化服务	0.2160	文体娱乐业从业人员数	0.1117	人	X2（正）
			教育从业人员数	0.1043	人	X3（正）
	文化输出力	0.2228	旅客周转量	0.1129	亿人/公里	X4（正）
			广播电视收入	0.1099	万元	X5（正）
	文化市场潜力	0.4388	人均 GDP	0.1103	元	X6（正）
			兵团城镇人均收入	0.1126	元	X7（正）
			兵团农村人均收入	0.1018	元	X8（正）
			人均消费品总额	0.1141	万元	X9（正）

4.10.2.2 兵团文化竞争力整体得分测算与分析

结合兵团 2005 ~ 2015 年的相关数据，基于西向开放视角下兵团区域文化竞争力指标体系，运用熵权 TOPSIS 法对每年兵团文化竞争力靠近或偏移理想解距离、贴近度进行测算，并做出趋势图（见表 4 – 37、表 4 – 38、图 4 – 17）。

表 4 – 37　兵团文化竞争力靠近或偏移理想解距离

年份	2005	2006	2007	2008	2009	2010	2011	2012	2013	2014	2015
d_j^+	0.150	0.145	0.140	0.136	0.130	0.124	0.117	0.107	0.081	0.058	0.001
d_j^-	0.000	0.006	0.012	0.018	0.025	0.033	0.042	0.056	0.087	0.105	0.150

表 4 – 38　兵团文化竞争力贴近度

年份	2005	2006	2007	2008	2009	2010	2011	2012	2013	2014	2015
η_i	0.002	0.037	0.076	0.119	0.162	0.212	0.261	0.344	0.519	0.645	0.996

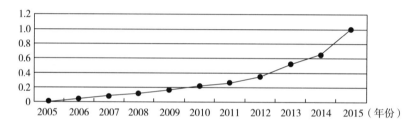

图 4 – 17　2005 ～ 2015 年兵团文化竞争力综合指数变化趋势

　　从总体上看，2005 ～ 2015 年兵团文化竞争力整体呈稳步上升的趋势。竞争力得分由 0.002 上升至 0.996，上升绝对值为 0.994，年均增长率为 9.04%，其中 2012 年依然是一个重要分界点。2005 ～ 2012 年，兵团文化竞争力得分始终保持低位，在 0.002 ～ 0.344 之间运行；2012 ～ 2015 年，文化竞争力迅速上升，由 0.344 迅速增长到 0.996。分析其主要原因：首先是发展理念的转变，新任领导带来了新的发展理念，制定了新的发展战略和规划；其次是区域文化本身可以形成重要的区域产业，作为文化与经济相融合的产物，文化产业被公认为"朝阳产业"、21 世纪最具前途的产业之一；最后是文化产业已成为国民经济的一个支柱产业，成为拉动现代经济增长的重要力量。具体从兵团来看，兵团的区域文化不仅可以为区域经济的发展提供精神动力和智力支持，还可以发展成为促进当地的重要产业，可以很好地带动兵团所在区域旅游业、服务业的快速发展。在促进经济发展的同时，文化事业也有了更加坚固的基础，进一步促进社会经济的发展，这两者相辅相成、不断盘旋上升，为改善人民生活水平、化解人民日益增长的物质、精神需求同发展不平衡之间的矛盾做出杰出贡献，同时体现出更加强劲的文化竞争力。

4.10.2.3　兵团文化竞争力分项得分测算与分析

为测算兵团文化竞争力各分项的得分变化情况，本节运用正态标准化处理后的兵团文化竞争力各项指标数据，并根据熵权 TOPSIS 法对每个分项进行单独测算，最终得到兵团文化竞争力分项指数的得分变化情况，如图 4 – 18 所示。

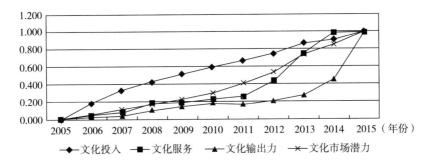

图 4 – 18　2005 ~ 2015 年文化竞争力分项指数变化趋势

通过指标体系权重表可以看出，兵团文化服务竞争力评价体系中二级指标的权重大小依次为：文化市场潜力 > 文化输出力 > 文化服务 > 文化投入；其中文化、体育和娱乐业固定投资在 9 个指标当中，权重占比最大，为 0.122，说明兵团在 2005 ~ 2015 年，文化、体育和娱乐业固定投资的变化是整个体系中较为稳定的，兵团对文化产业的发展相当重视。

2005 ~ 2015 年，兵团文化竞争力分项得分均值的排序为：文化投入（0.566） > 文化市场潜力（0.398） > 文化服务（0.376） > 文化输出力（0.235），表明 11 年来，兵团文化发展过程中，兵团在文化投入方面付出了最大的努力，文化投入整体得分最高，在文化市场潜力方面也付出了一定努力；其次是文化服务方面；但文化的输出力得分较低，说明兵团在文化发展过程中，对于如何将当地文化更好地推广、宣传仍存在一定的掣肘。从分项指标的变化趋势上看，兵团文化投入和文化市场潜力均呈现匀速上升的态势，保持了相对稳定的增长；兵团文化服务和文化输出力则呈现"J"形增长态势，在 2012 年之后增速明显加快。表明了兵团文化投入和文化市场潜力一直维持着相对稳定的增长，兵团文化服务和文化输出力在 2011 年之后增速明显加快。从分项指标的变化情况上看，文化投入竞争力得分持续高位增长；文化市场潜力保持匀速增长；文化服务在 2012 年之后出现了明显的增长，得分变化较为剧烈；文化输出力在 2014 年之后出现了爆发式增长，上升幅度最大。从整体上看，四个分项在 2005 ~ 2015 年的分值上升的幅度几乎一致，但四者上升的过程、变化形态略有不同。兵团文市场潜力的稳定增长态势同兵团文化竞争力的变化态势基本一致，说明文化市场潜力对文化竞争力产生了重要影响，兵团在文化事业开展方面要注意把握住影响其发展的主要方面，更好地推进兵团文化事业的进步和提升文化竞争力。

4.11　兵团区域竞争力分项测评小结

本章以兵团为研究对象，在对兵团发展现状进行深入分析的基础上，分别从区域经济竞争力、产业竞争力、对外贸易竞争力、科技竞争力、人才竞争力、资源竞争力、绿色竞争力、公共服务竞争力以及文化竞争力九个方面构建了兵团区域综合竞争力评价指标体系，并通过改进的熵权 TOPSIS 方法对兵团区域综合竞争力进行了实证研究，旨在多维度、多层次对西向开放视角下兵团区域竞争力水平进行探究与把握。

兵团区域竞争力得分的测算主要从经济、产业、对外贸易、科技、人才、资源、绿色、公共服务和文化九个方面展开，通过一定量指标的集中程度与离散程度分析每年竞争力的变化情况，并对每个方面的主要影响要素进行区分，得到如下结论：

（1）从兵团竞争力整体上看，兵团区域经济、产业、对外贸易、科技、人才、资源、绿色、公共服务以及文化九个方面的竞争力得分在 2005～2015 年都呈现波动上升趋势，竞争力水平有明显的上升。

（2）从 2005～2015 年分项竞争力变化趋势来看：①兵团经济竞争力指数整体呈稳步上升态势，经济发展稳步向前；②兵团产业竞争力指数整体呈稳步上升态势，产业结构优化升级不断完善；③兵团贸易竞争力指数整体呈"M"形波动上升趋势，贸易发展历程较为曲折；④兵团科技竞争力指数整体呈升降更迭式的攀升趋势，科技发展波动频繁；⑤兵团人才竞争力指数整体呈小幅度波浪下降的态势，人才集聚成效不足；⑥兵团资源竞争力指数整体呈波动上升态势，资源优势效果凸显；⑦兵团绿色竞争力整体呈"J"形变化趋势，绿色发展在 2012 年之后效果显著；⑧兵团公共服务竞争力整体呈"J"形稳步增长趋势，公共服务竞争力显著提升；⑨兵团文化竞争力整体呈稳步上升趋势，文化事业发展势头强劲。

（3）从 2005～2015 年分项竞争力的得分均值排序来看：①兵团经济竞争力分项得分均值：经济发展潜力＞外向型经济＞经济基础＞市场规模；②兵团产业竞争力分项得分均值：市场绩效＞产业效益；③兵团贸易竞争力分项得分均值：

贸易规模＞贸易基础＞贸易贡献；④兵团科技竞争力分项得分均值：科技投入＞科技产出；⑤兵团人才竞争力分项得分均值：人才资源竞争力＞人才发展竞争力＞人才环境竞争力；⑥兵团资源竞争力分项得分均值：投资状况＞经济水平＞资源优势；⑦兵团绿色竞争力分项得分均值：人口环境＞生活环境＞经济环境＞能耗环境＞资源环境；⑧兵团公共服务竞争力分项得分均值：公共教育＞社会保障＞交通服务能力＞环境保护；⑨兵团文化竞争力分项得分均值：文化投入＞文化市场潜力＞文化服务＞文化输出力。

（4）2005~2015年各分项竞争力内部要素的贡献排序如下：①经济竞争力内部要素贡献排序：市场规模＞经济基础＞经济发展潜力＞外向型经济；②产业竞争力内部要素贡献排序：产业效益＞市场效益；③贸易竞争力占比：贸易贡献＞贸易规模＞贸易基础；④科技竞争力内部要素贡献排序：科技投入＞科技产出；⑤兵团人才竞争力内部要素贡献排序：人才环境竞争力＞人才发展竞争力＞人才资源竞争力；⑥兵团资源竞争力内部要素贡献排序：兵团资源优势竞争力＞经济水平竞争力＞投资状况竞争力；⑦兵团绿色竞争力内部要素贡献排序：资源环境＞经济环境＞生活环境＞能耗环境＞人口环境；⑧兵团公共服务竞争力内部要素贡献排序：社会保障＞交通服务能力＞公共教育＞环境保护；⑨兵团文化竞争力内部要素贡献排序：文化市场潜力＞文化输出力＞文化服务＞文化投入。

第5章 西向开放视角下兵团 区域竞争力的综合评价

在本章的研究中，基于第4章兵团区域分项竞争力的测评结果，进一步对兵团区域竞争力进行综合评价。本节从区域综合竞争力、核心竞争力、基础竞争力、潜在竞争力四个方面构建评价指标体系，并结合采用变异系数法和综合评价法对兵团2005~2015年不同维度的区域竞争力进行评价。其中，第5.1节介绍了指标体系的具体构建框架；第5.2节对变异系数法及综合评价法进行详细性的说明；第5.3节分别从兵团区域综合竞争力、核心竞争力、基础竞争力及潜在竞争力四个维度对其进行多维评价；第5.4节是对本章内容的系统梳理与总结。

5.1 兵团区域竞争力综合评价指标体系构建

5.1.1 指标体系基本框架

根据西向开放竞争力评价指标体系设计的原则，本书设计出由3个一级指标、9个二级指标、21个三级具体指标所构成的兵团西向开放竞争力评价指标体系（见表5-1）。

表5-1 西向开放视角下兵团区域竞争力多维评价指标体系
（以2005~2015年兵团整体为样本）

一级		二级		三级	
指标	权重（%）	指标	权重（%）	指标与方向	权重（%）
核心竞争力	45.67	经济竞争力	15.69	人均GDP（正）	5.18
				全社会固定资产投资额（正）	6.12
				城乡居民人均可支配收入比（负）	4.39

续表

一级		二级		三级	
指标	权重（%）	指标	权重（%）	指标与方向	权重（%）
核心竞争力	45.67	科技竞争力	12.62	R&D 经费占 GDP 比重（正）	8.77
				科技活动内部支出额（正）	3.85
		产业竞争力	17.40	全员劳动生产率（正）	4.87
				二三产业占 GDP 比重（正）	8.98
				工业总产值指数（正）	3.55
基础竞争力	27.15	绿色竞争力	8.14	当年造林面积（正）	3.48
				单位 GDP 能耗（负）	4.66
		资源竞争力	7.39	人均耕地面积（正）	3.10
				粮食作物产量（正）	4.29
		公共服务竞争力	11.60	普通中学师生比（正）	4.17
				千人拥有卫生技术人员数（正）	2.29
				养老保险参保率（正）	5.14
潜在竞争力	27.18	贸易竞争力	15.06	外商直接投资（正）	8.30
				外贸依存度（正）	6.76
		人才竞争力	5.90	万人拥有技术人员数（正）	3.27
				中专以上学历人口比重（正）	2.63
		文化竞争力	6.20	电视节目综合覆盖率（正）	4.09
				文化艺术事业职工人数（正）	2.11

5.1.2 具体指标解析

（1）核心竞争力。核心竞争力是指能够带来比较竞争优势的资源，以及资源的配置与整合方式，其具体可由经济竞争力、科技竞争力和产业竞争力 3 个指标综合来表示。

经济竞争力指标表征兵团西向开放竞争力的经济支柱。经济实力强弱是兵团西向开放竞争力的重要体现，又是在西向开放竞争中占据优势的重要条件。本书主要从人均 GDP、全社会固定资产投资额、城乡居民人均可支配收入比 3 个方面来衡量。

科技竞争力指标表征兵团西向开放竞争力的创新支柱。本书联系兵团的实际情况，从 R&D 经费占 GDP 比重、科技活动内部支出额两个方面衡量创新能力。

产业竞争力指标表征兵团西向开放竞争力的产业支柱，体现兵团服务型经济结构及其发展水平。合理化、高度化的产业结构能有效地提高要素的产业间配置，降低生产和交易成本，从而提高兵团西向开放竞争力。因此，本书用全员劳动生产率、二三产业占 GDP 比重、工业总产值指数 3 个指标来衡量。

（2）基础竞争力。基础竞争力是维持一个地区经济发展及其赖以生存的基本因子，其包括绿色、资源及公共服务 3 个方面，其具体指标表示如下：

绿色竞争力是兵团综合竞争力的基石，其经济发展在很大程度上依赖生态环境状况。一方面，环境在促进和推动经济发展方面起到了很大作用；另一方面，经济发展又反过来对兵团环境状况产生影响。本书从当年造林面积、单位 GDP 能耗两个方面来反映兵团的环境状况，即绿色竞争力。

资源竞争力指标表征兵团耕地、粮食资源等不可流动资产的状况。自然资源是创造财富和实现经济增长的基本要素，是人类赖以生存和发展的物质基础，因此资源对经济发展和西向开放的基础作用十分重要。本书采用人均耕地面积、粮食作物产量两个指标来综合反映资源竞争力。

公共服务竞争力是兵团综合竞争力的重要组成部分，由普通中学师生比、千人拥有卫生技术人员数、养老保险参保率 3 个指标组成，分别从教育水平、医疗卫生状况和社会保障等方面反映兵团公共服务竞争力状况。

（3）潜在竞争力。潜在竞争力是指一个企业或地区发展的潜在优势，是由该地区的贸易基础、人才建设及文化底蕴 3 方面因素共同来决定的，其具体指标如下：

贸易竞争力指标表征西向开放竞争力的外向支柱。本书主要从外商直接投资、外贸依存度两个方面来衡量。其中，外贸依存度用来反映兵团开放度的大小，其计算方法如下：

外贸依存度 = 地区进出口总额/地区生产总值 ×100%

人才竞争力是一个国家或地区社会人员所具有的较强管理能力、研究能力、创造能力和专门技术能力等能力的体现。通过对人才的投资来提高人的素质是推进西向开放的必由之路。本书主要从万人拥有技术人员数、中专以上学历人口比重两个方面来衡量。

文化竞争力是各种文化因素在推进经济社会和人的全面发展中所产生的凝聚力、导向力、鼓舞力和推动力。只有具有竞争力的文化，才能有效占领文化市场，因此作为"软实力"，文化是兵团综合竞争力的重要组成部分。本书主要从电视节目综合覆盖率、文化艺术事业职工人数两个方面来衡量。

5.2　西向开放视角下兵团区域竞争力的研究方法选择

对于区域竞争力的研究，前人主要采用层次分析法、因子分析法、熵值法、主成分分析法等。其中层次分析法属于主观权重分析法，客观性相对不足；本章基于兵团数据的可获得性困难，兵团分布零散等特点，并考虑到兵团竞争力与新疆的差异及各分类竞争力的内部异质性等问题，运用变异系数法客观赋权，之后采用综合评价法进行综合竞争力的评价研究，并将其进行归类、对比分析，为制定精准的政策寻找理论依据。

5.2.1　变异系数法

变异系数客观反映了数据之间的离散程度，且可消除单位及其他方面的影响，能科学地反映兵团区域竞争力各指标内部的空间异质性，使评价指标的综合评价更加合理。具体步骤如下：

（1）指标标准化处理。

$$正指标：y_{ij} = \frac{x_{ij} - \min(x_{1j},\ \cdots,\ x_{mj})}{\max(x_{1j},\ \cdots,\ x_{mj}) - \min(x_{1j},\ \cdots,\ x_{mj})} \qquad (5-1)$$

$$负指标：y_{ij} = \frac{\max(x_{1j},\ \cdots,\ x_{mj}) - x_{ij}}{\max(x_{1j},\ \cdots,\ x_{mj}) - \min(x_{1j},\ \cdots,\ x_{mj})} \qquad (5-2)$$

$$（2）求均值：\bar{y}_j = \frac{1}{n}\sum_{j=1}^{n} y_{ij},\ i=1,\ 2,\ \cdots,\ n。 \qquad (5-3)$$

$$（3）求标准差：s_j = \sqrt{\frac{1}{n-1}\sum_{j=1}^{n}(y_{ij} - \bar{y}_j)^2}。 \qquad (5-4)$$

$$（4）求变异系数：V_j = \frac{s_j}{\bar{y}_j}。 \qquad (5-5)$$

$$（5）求权重：W_j = V_j \Big/ \sum_{j=1}^{n} V_j。 \qquad (5-6)$$

5.2.2　综合评价法

综合评价法是在确定研究对象评价指标体系基础上，运用一定方法对各指标在研究领域内的重要程度即权重进行确定，根据所选择的评价模型，利用综合指数的计算形式，定量地对某现象进行综合评价的方法。综合评价法是目前在经济竞争力、生态环境质量综合评价、产业竞争力等领域得到广泛应用的一种比较成熟的评价方法，该方法的评价模型为：

$$I = \sum_{j=1}^{n} w_j y_j \tag{5-7}$$

其中，I 为综合评价指数，w_j 为第 j 个指标的权重值，y_j 为其无量纲化值。

5.3 西向开放视角下兵团区域竞争力的多维评价

本节指标数据来源于 2006～2016 年《兵团统计年鉴》。采用了变异系数法与综合评价法对兵团 11 年的综合竞争力、核心竞争力、基础竞争力、潜在竞争力以及各二级竞争力的分项指数进行测评，得到结果如表 5-2、表 5-3 所示。

表 5-2　2005～2015 年兵团综合竞争力及各分项竞争力指数

年份	2005	2006	2007	2008	2009	2010	2011	2012	2013	2014	2015
区域综合竞争力	0.3367	0.3288	0.3034	0.2953	0.3515	0.3517	0.4027	0.3802	0.4756	0.5463	0.6628
核心竞争力指数	0.0893	0.0936	0.0813	0.0578	0.1048	0.1260	0.1374	0.1544	0.2014	0.2462	0.4134
基础竞争力指数	0.1446	0.1214	0.0951	0.1053	0.1444	0.1359	0.0992	0.1349	0.1610	0.1714	0.1731
潜在竞争力指数	0.1029	0.1138	0.1270	0.1322	0.1024	0.0898	0.1661	0.0909	0.1131	0.1286	0.0763

表 5-3　2005～2015 年兵团综合竞争力分项竞争力指数的构成

核心竞争力指数	经济竞争力	28.36	50.70	8.94	40.58	26.35	33.28	51.17	48.64	47.61	49.49	37.09
	科技竞争力	1.41	26.53	45.86	8.03	26.19	42.82	17.24	8.55	18.92	21.08	28.97
	产业竞争力	70.22	22.77	45.20	51.39	47.45	23.90	31.58	42.82	33.46	29.43	33.94
基础竞争力指数	绿色竞争力	48.25	36.70	30.77	19.02	24.40	14.29	17.80	20.01	22.28	19.62	30.80
	资源竞争力	10.32	12.78	10.08	20.65	30.47	34.40	31.69	27.85	31.60	36.33	25.19
	公共服务竞争力	41.42	50.52	59.15	60.33	45.13	51.31	50.51	52.14	46.12	44.04	44.02
潜在竞争力指数	贸易竞争力	52.47	51.91	61.67	43.61	16.02	12.74	54.76	14.21	9.72	17.49	4.90
	人才竞争力	32.39	30.95	32.08	36.45	49.39	38.65	17.43	35.82	45.85	35.57	21.73
	文化竞争力	15.14	17.15	6.25	19.94	34.59	48.61	27.81	49.97	44.43	46.94	73.37

5.3.1　兵团区域综合竞争力评价

表 5-4、表 5-5 反映了总竞争力及分类竞争力指数变动及增速变化的情况，

总体而言，兵团区域综合竞争力发展态势良好。其中，核心竞争力的发展速度及主导地位显著，基础竞争力的发展地位次之，潜在竞争力的发展情况相对较弱。具体而言：

在指数变动数值上，总竞争力指数呈现递增趋势，且年均增长率为 3.26%；对于分类竞争力指数而言，核心竞争力指数呈现波动式递增发展态势，基础竞争力指数振幅较小，发展相对稳定，潜在竞争力指数呈现"M"形发展态势。

表 5 - 4　兵团总竞争力和核心、基础、潜在竞争力指数表

（总竞争力 = 核心 + 基础 + 潜在）

年份	2005	2006	2007	2008	2009	2010	2011	2012	2013	2014	2015	均值
综合竞争力	0.3367	0.3288	0.3034	0.2953	0.3515	0.3517	0.4027	0.3802	0.4756	0.5463	0.6628	0.4032
核心竞争力	0.0893	0.0936	0.0813	0.0578	0.1048	0.1260	0.1374	0.1544	0.2014	0.2462	0.4134	0.1551
基础竞争力	0.1446	0.1214	0.0951	0.1053	0.1444	0.1359	0.0992	0.1349	0.1610	0.1714	0.1731	0.1351
潜在竞争力	0.1029	0.1138	0.1270	0.1322	0.1024	0.0898	0.1661	0.0909	0.1131	0.1286	0.0763	0.1130

表 5 - 5　兵团总竞争力和核心、基础、潜在竞争力指数增速变化表

（总竞争力 = 核心 + 基础 + 潜在）　　　　　　　　　　　　单位：%

年份	2005	2006	2007	2008	2009	2010	2011	2012	2013	2014	2015
综合竞争力	0	-2.39	-8.37	-2.75	15.98	0.06	12.67	-5.92	20.06	12.95	17.58
核心竞争力	0	4.59	-15.10	-40.60	44.80	16.86	8.31	10.98	23.35	18.20	40.43
基础竞争力	0	-19.06	-27.67	9.70	27.04	-6.26	-36.92	26.47	16.20	6.08	0.98
潜在竞争力	0	9.64	10.38	3.89	-29.12	-13.97	45.91	-82.75	19.69	12.05	-68.59

在指数增速变化上，总竞争力指数增速变化呈现波动式递增趋势。其发展大致可分为两个阶段：第一阶段是 2005～2008 年，总竞争力指数增速的变动相对稳定；第二阶段是 2009～2015 年，总竞争力指数增速变化浮动相对剧烈；对于分类竞争力指数增速而言，核心竞争力增速呈现波动式的上升态势，基础竞争力增速呈现"两峰一谷"的发展态势，潜在竞争力总指数增速波动幅度不大，变动相对稳定。

在总竞争力指数构成情况上：①2005 年，基础竞争力总指数 > 潜在竞争力总指数 > 核心竞争力总指数；②2010 年，基础竞争力总指数 > 核心竞争力总指数 > 潜在竞争力总指数；③2015 年，核心竞争力总指数 > 基础竞争力总指数 > 潜在竞争力总指数。在这十一年的指数构成变动中，其综合竞争力指数结构在不断优化调整，核心竞争力的主导地位逐渐凸显。

兵团区域综合竞争力在总竞争力指数的均值排序为：核心竞争力＞基础竞争力＞潜在竞争力。其中2005年的排序为：基础竞争力总指数＞潜在竞争力总指数＞核心竞争力总指数；2010年的排序为：基础竞争力总指数＞核心竞争力总指数＞潜在竞争力总指数；2015年的排序为：核心竞争力总指数＞基础竞争力总指数＞潜在竞争力总指数。在这十一年的指数构成变动中，其综合竞争力指数结构在不断优化调整，核心竞争力的主导地位逐渐凸显。

5.3.2 兵团区域核心竞争力评价

在核心竞争力指数的变化上，其整体呈现波动式递增发展（见图5-1）。

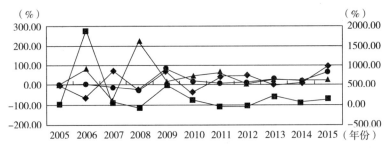

图5-1 核心竞争力指数和分项竞争力增速变化（科技竞争力在次坐标轴上）

（1）在核心竞争力指数数值变化上，经历了两个发展阶段：第一阶段是2005～2008年核心竞争力总指数递减阶段，且年均递减率为1%。第二阶段是2008～2015年，核心竞争力总指数呈现递增态势，且年均增长率为5%。总体而言，核心竞争力在2008年达到谷值0.06之后，一直处于不断上升状态。

（2）在核心竞争力指数增速变化上，核心竞争力增速呈波动式的上升态势，发展经历了三个阶段：第一阶段是2005～2008年，其增速变动率一直稳定在0%左右。第二阶段是2008～2014年，其增速变动经历了2008～2009年剧增之后，又在2010年降为20.28%，后以这一增速稳定发展至2014年。第三阶段是2014～2015年，核心竞争力指数增速经历了一次微型上升阶段。总体而言，核心竞争力指数的发展相对稳定，且呈现增长的发展态势。

（3）从核心竞争力构成来看：①2005年，产业竞争力＞经济竞争力＞科技竞争力；②2010年，科技竞争力＞经济竞争力＞产业竞争力；③2015年，经济竞争力＞产业竞争力＞科技竞争力，其指数构成呈不断调整状态。

在分项竞争力的增长速度上，科技竞争力指数增速最差，经济竞争力指数增速、产业竞争力指数增速及核心竞争力总指数增速发展相对较好。进一步观察可以看出，经济竞争力指数及科技竞争力指数增速在前期波动较大，而产业竞争力指数和核心竞争力总指数增速发展相对稳定。其具体分析如下：

（1）经济竞争力指数增速前期发展波动较大，后期发展相对稳定。从经济竞争力的指数变化趋势来看，在前期阶段发展不平衡，但自 2009 年之后，经济竞争力指数呈现平稳发展的态势。具体的发展分为 2 个递增阶段、2 个递减阶段、平稳发展阶段。其中 2005 ~ 2006 年以及 2007 ~ 2008 年，经济竞争力指数增速呈现上升态势，且年平均增长率分别为 87.35% 、307.46% ；2006 ~ 2007 年及 2008 ~ 2009 年为两个递减阶段，且其年均递减率分别为 172.03% 、205.11% ，在 2009 年之后，经济竞争力指数增速平稳发展，到 2015 年其经济竞争力指数的增速达到 25.81% 。总体来看，经济竞争力指数增速较为稳定。

（2）科技竞争力指数增速前期变化较为剧烈，后期发展相对稳定。从数值的增速变化趋势上来看，科技竞争力指数增速在前期发展不平衡，自 2010 年之后，其发展态势相对稳定。其波动较为剧烈的是 2005 ~ 2007 年，其中 2005 ~ 2006 年，其增速快速上升，年平均增长率达到 1867.61% ，2006 ~ 2007 年其增速又急剧下降，年均递减率达到 1817.44% 。总体而言，科技竞争力指数增速的变动趋势稳定化发展。

（3）产业竞争力指数增速呈现"三峰四谷"的波动式的递增趋势。从产业竞争力指数的变动趋势可以看出，2007 年、2009 年、2012 年达到增速变动的峰值，且其增长率分别为 72.46% 、67.28% 、52.28% ；而 2006 年、2008 年、2010 年、2013 年的增速变动达到谷值，分别为 - 66.01% 、 - 19.14% 、 - 39.41% 、1.97% 。总体而言，产业竞争力增速的变动呈现波动式的递增状态。

在分项竞争力对核心竞争力贡献率的变化趋势上，产业竞争力贡献率一直在最低状态，而科技竞争力贡献率由最初的首位降为第二，经济竞争力贡献率呈现波动式上升趋势，并跃居首位（见图 5 - 2）。其具体分析如下：

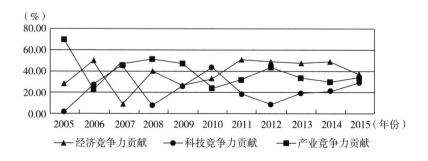

图 5 - 2 　 各分项竞争力对核心竞争力贡献变化

（1）经济竞争力贡献率呈现 4 峰 2 谷的动态变化趋势。2006 年、2008 年、2011 年及 2014 年经济竞争力贡献率分别为 51%、41%、52%、49%，达到动态变动的峰值。2007 年、2009 年的经济竞争力贡献率分别为 29%、26%，达到动态变动的谷值。对比来看，经济竞争力的贡献率变动趋势在 2007 年为 29%，经过多年的趋势变动，其在 2015 年的贡献率达到 37%。经济竞争力的贡献率的变动幅度趋于稳定发展。

（2）科技竞争力贡献率呈现"M"形变化趋势。科技竞争力贡献率有 3 个上升阶段：第一阶段是 2005~2007 年，其年均增长率为 22%；第二阶段是 2008~2010 年，其年均增长率为 17.5%；第三阶段是 2012~2015 年，其年均增长率为 5%，科技竞争力的贡献率增长速度逐渐降低。另外，其贡献率有 2 个下降阶段，分别是 2007~2008 年及 2010~2012 年，其年平均下降率分别为 31%、7.7%。总体来看，科技竞争力贡献率在后期发展中呈现波动式上升趋势。

（3）产业竞争力贡献率呈现波动递减态势。2005 年的产业竞争力贡献率相对最高，为 70.2%，2006 年产业竞争力贡献率相对最低，仅为 22%。在此后的发展阶段中，产业竞争力贡献率呈现波动式递减趋势，其递减态势总共有三个阶段：第一阶段是 2005~2006 年，其年均下降率为 48.2%；第二阶段是 2008~2010 年，其年均下降率为 9%；第三阶段为 2012~2014 年，其年均下降率为 4.5%。总体来看，产业竞争力贡献率呈现波动式递减态势。

由分项竞争力贡献率波动的幅度可以看出，科技竞争力贡献率的波动幅度最大，经济竞争力贡献率的波动幅度次之，产业竞争力的波动幅度最小。

（1）2007 年经济竞争力贡献率达到最低为 8.94%，2011 年，经济竞争力贡献率达到最大值，为 51.17%，则经济竞争力贡献率波动的幅度为 4.72。

（2）2005 年科技竞争力贡献率达到最低值 1.41%，2007 年科技竞争力贡献率达到最大值 45.86%，则科技竞争力贡献率波动的幅度为 31.52。

（3）2006 年产业竞争力贡献率达到最低值，且为 22.77%，2005 年产业竞争力贡献率达到最高值，且为 70.22%，而产业竞争力贡献率波动的幅度为 2.08。

5.3.3 兵团区域基础竞争力评价

在基础竞争力指数的变化上，其振幅波动相对较小，总体发展相对稳定（见图 5-3、图 5-4）。

（1）在基础竞争力指数数值变化上，其指数变动大多浮动在 0.1~0.2 的区间内，整体的发展态势稳定，且呈微"W"形变动趋势。其中 2005~2007 年基础竞争力指数呈下降态势，且递减率为 2%；2007~2009 年基础竞争力指数呈现上升趋势,且年均增长率为2%;2009~2011年基础竞争力指数呈现下降态势,且年均递减率为2.5%;2011~2015年基础竞争力指数呈上升趋势,且年均增长率为2%。

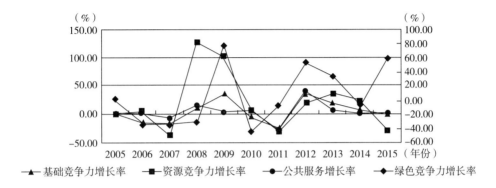

图 5 − 3 基础竞争力增长率和分项竞争力增长率变化

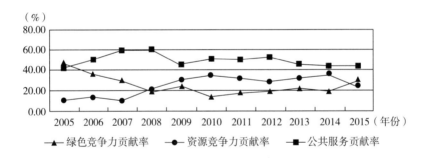

图 5 − 4 各分项竞争力对基础竞争力贡献变化

(2)在基础竞争力指数增速变化上。基础竞争力增速呈现"两峰一谷"的发展态势,其中2009年和2012年,基础竞争力指数增速达到峰值,分别为37.6%、35.9%;2010年基础竞争力指数增速达到谷值,且为 −5%。

(3)在基础竞争力指数构成情况上,2005年排序为:绿色竞争力 > 公共服务竞争力 > 资源竞争力;2010年排序为:公共服务竞争力 > 资源竞争力 > 绿色竞争力;2015年排序为:公共服务竞争力 > 绿色竞争力 > 资源竞争力。总体而言,基础竞争力指数构成在不断调整,并且公共服务的主导性地位趋于稳定。

在分项竞争力的增长速度上,公共服务指数增速及基础竞争力总指数增速的发展相对稳定,而绿色竞争力指数增速及资源竞争力指数增速均有剧烈式的波动。各个指数增速的具体分析如下:

（1）绿色竞争力指数增速呈"两峰一谷"的波动式变动趋势。从绿色竞争力指数增速的变动态势来看，其发展尚不稳定，且在2005～2015年的发展进程中出现"两峰一谷"的发展形式。其中2009年及2012年达到峰值，且其增速分别为76%和53%，2010年其发展达到谷值，其增速为-9%。

（2）资源竞争力指数增速呈"两峰一谷"的变动趋势。从资源竞争力增速的变化趋势来看，其发展在2005～2015年经历了"两峰一谷"的发展态势，发展较不稳定。其中，资源竞争力指数在2008年和2013年达到发展峰值，且其增速分别为126%、35.4%，2011年发展达到谷值，其增速为-28%。

（3）公共服务指数呈现波动发展态势。总体来看，公共服务指数增速的发展比较稳定，2005～2015年，出现"一峰一谷"的增长态势，其中在2011年增速达到谷值，增速为-28%，2012年公共服务指数增速达到峰值，增速为40.38%。

在分项竞争力对基础竞争力贡献率的变化趋势上，资源竞争力贡献率相对较低，而公共服务对基础竞争力的贡献相对较高。其具体的分析如下：

（1）绿色竞争力贡献率呈"V"形变化。从整体来看，绿色竞争力贡献率存在两个发展阶段：第一个阶段是2005～2010年，其绿色竞争力贡献率呈现波动式的递减状态，且其年均递减率为6%；第二个阶段是2010～2015年，绿色竞争力贡献率呈现波动式的递增态势，且其年均增长率为3%。总体来看绿色竞争力贡献率的发展态势良好。

（2）资源竞争力贡献率呈现波动上升态势。从发展趋势上来看，资源竞争力的发展可以分为三个阶段，其中有一个增长期和两个平稳发展期。第一阶段是2005～2007年，资源竞争力贡献率一直稳定在10%左右；第二阶段是2007～2010年，资源竞争力贡献率处于上升期，且年均增长率达到6%；第三阶段是2010～2015年，资源竞争力贡献率的发展相对稳定，其贡献率在30%左右浮动。

（3）公共服务贡献率发展较为稳定。整体而言，公共服务的发展相对稳定，但其发展也经历了两个阶段，从前期的波动式发展到后期的平稳性发展。其中，第一阶段是2005～2009年的不平衡发展阶段，公共服务贡献率从2005～2008年呈现递增趋势，且年均增长率达5%；从2008年到2009年呈现递减态势，且年均递减率达15%。第二阶段是2009～2015年的稳定发展阶段，公共服务贡献率一直在50%左右浮动。

在分项竞争力贡献率波动的幅度上，资源竞争力贡献率的波动幅度最大，绿色竞争力贡献率次之，而公共服务贡献率波动幅度最小，发展相对比较稳定。

（1）2010年绿色竞争力贡献率达到最低，且为14.29%，2005年绿色竞争力贡献率达到最高值，为48.25%，则绿色竞争力贡献率波动的幅度为2.38。

（2）2007 年，资源竞争力贡献率最低，且为 10.08%，2014 年资源竞争力贡献率达到最高，为 36.33%，则资源竞争力贡献率的波动幅度为 2.60。

（3）2005 年公共服务贡献率达到最低，为 41.42%，2008 年公共服务贡献率达到最高，且为 60.33%，则公共服务竞争力贡献率的波动幅度为 0.47。

5.3.4   兵团区域潜在竞争力评价

在潜在竞争力指数的变化上，其变化的振动幅度较小，发展相对比较稳定（见图 5 - 5）。

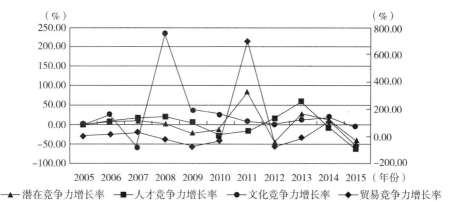

图 5 - 5   潜在竞争力指数和分项竞争力增速变化（贸易竞争力在次坐标轴）

（1）在潜在竞争力指数数值变化上，其变动幅度在 0.1 ~ 0.2，整体的发展态势稳定，呈微"M"形趋势。其中 2005 ~ 2008 年，潜在竞争力指数呈现上升态势，且年均增长率为 1%；2008 ~ 2010 年，潜在竞争力指数呈现下降态势，且年均递减率为 2.6%；2010 ~ 2011 年，潜在竞争力指数呈上升趋势，年均增长率为 8%；2011 ~ 2015 年，潜在竞争力指数呈现下降趋势，年均递减率为 2%。

（2）在潜在竞争力指数增速变化上。潜在竞争力总指数增速变动相对稳定。从潜在竞争力总指数增速的变动趋势来看，潜在竞争力指数增速经历了两个上升阶段和两个下降阶段。2010 ~ 2011 年及 2012 ~ 2013 年，潜在竞争力总指数增速呈现增长趋势，且年均增长率分别为 96.55%、69.8%，而 2011 年到 2012 年及 2013 ~ 2015 年，潜在竞争力总指数增速呈现递减趋势，且年均递减率为 130.17%、32.6%。

（3）在潜在竞争力指数构成情况上，2005 年排序为：贸易竞争力＞人才竞争力＞文化服务竞争力；2010 年排序为：文化服务竞争力＞人才竞争力＞贸易

西向开放视角下兵团区域竞争力多维评价研究

竞争力；2015 年排序为：文化服务竞争力 > 人才竞争力 > 贸易竞争力，潜在竞争力指数的构成在不断地优化发展，并且趋于稳定。

在分项竞争力的增长速度上，文化竞争力指数增速和贸易竞争力指数增速的变动波动相对较大，而人才竞争力指数增速和潜在竞争力指数增速的变动相对稳定。各指数的具体变动分析如下：

（1）人才竞争力指数增速发展相对稳定，从 2005 ~ 2015 年人才竞争力增速的变动趋势来看，其发展经历了三个阶段：第一阶段是 2005 ~ 2011 年，人才竞争力指数增速发展平缓，且增速在 10.00% 左右浮动；第二阶段是 2010 ~ 2013 年，人才竞争力增速不断上升，其年均增长率为 22.68%；第三阶段是 2013 ~ 2015 年，人才竞争力指数增速下降，且年均递减率为 41.04%。

（2）文化竞争力指数增速的波动较为剧烈，从文化竞争力增速的变化来看，其发展较不稳定。前期的发展较为波动，而后期的发展相对平稳。其中，2005 ~ 2009 年，文化竞争力指数增速不平衡，在 2008 年出现了文化竞争力增速指数的峰值，且为 232.12%；自 2009 年之后，文化竞争力指数增速发展相对平稳。

（3）贸易竞争力指数增速前期较为稳定，后期波动较为剧烈。其中，2005 ~ 2010 年，贸易竞争力指数增速发展相对稳定，其增速在 0.00% 处上下浮动；而 2010 ~ 2015 年，贸易竞争力指数增速波动剧烈，且在 2011 年达到峰值，其增速为 694.11%；在分项竞争力对潜在竞争力贡献率的变化趋势上，人才竞争力贡献率的变动相对比较稳定，贸易竞争力贡献率逐步降低，而文化竞争力贡献率不断上升（见图 5 - 6）。

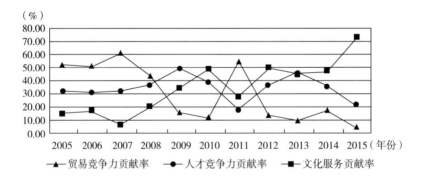

图 5 - 6　各分项竞争力对潜在竞争力贡献变化

（1）贸易竞争力贡献率呈波动递减态势，由贸易竞争力贡献率变动趋势可以看出，其整体的发展特征是波动式递减。其中 2007 ~ 2010 年，贸易竞争力贡献率一直下降，且其年均递减率为 12.33%；2010 ~ 2011 年，贸易竞争力贡献率

· 134 ·

呈现增长态势，且其年均增长率为 42%；2011～2012 年，贸易竞争力贡献率呈现递减态势，年均递减率为 41%；总体而言，贸易竞争力贡献率波动式下降。

（2）人才竞争力贡献率呈现"两峰一谷"的变动态势，从数值的变动趋势来看，2005～2015 年，人才竞争力贡献率的变动波动较小，且呈现了"两峰一谷"的发展态势。其中，2009 年和 2013 年人才竞争力贡献率达到发展的峰值，且此时的贡献率分别为 49.39%、45.85%；2011 年人才竞争力贡献率达到发展的谷值，此时的贡献率为 17.43%。总体而言，人才竞争力贡献率的变动相对稳定。

（3）文化服务贡献率呈现波动式的增长态势，从文化竞争力贡献率的变动趋势来看，2005 年，文化竞争力对潜在竞争力的贡献率最低，2015 年，文化竞争力对潜在竞争力的贡献率跃居首位。从 2005～2015 年文化服务贡献率变动可以看出，其发展经历了"三升三降"的动态变动。其中，2007～2010 年、2011～2012 年、2013～2015 年文化服务贡献率不断上升，且其年均增长率分别达到 11%、22%、10%；2006～2007 年、2010～2011 年、2012～2013 年的文化服务贡献率略显下降，其年均递减率分别为 10.9%、20.8%、5.54%；总体而言，文化服务贡献率波动式增长。

从分项竞争力贡献率波动的幅度上可以看出，贸易竞争力贡献率的波动幅度最大，文化服务贡献率次之，而人才竞争力贡献率波动幅度最小。2015 年贸易竞争力贡献率达到最低，为 4.90%，2007 年贸易竞争力贡献率最高，且为 61.67%，则贸易竞争力贡献率的波动幅度为 11.59；2011 年人才竞争力贡献率最低，且为 17.43%，2009 年人才竞争力贡献率达到最高，为 49.39%，则人才竞争力贡献率的波动幅度为 1.83；2007 年文化服务贡献率达到最低，且为 6.25%，2015 年文化服务贡献率达到最高，为 73.37%，则文化服务贡献率波动幅度为 10.74。

5.4　西向开放视角下兵团区域竞争力的综合评价小结

本章从区域综合竞争力、核心竞争力、基础竞争力、潜在竞争力四个层面构建评价指标体系，并综合采用变异系数法和综合评价法对兵团 2005～2015 年不同维度的区域竞争力进行评价，研究结果如下：

（1）兵团区域综合竞争力在指数变动数值上呈现递增趋势，在指数增速变化上呈现"V"形波动式递增态势；在总竞争力指数构成情况上均值排序为核心

竞争力 > 基础竞争力 > 潜在竞争力。在十年的指数构成变动中，其综合竞争力指数结构在不断优化调整，核心竞争力的主导地位逐渐凸显。其中 2005 年的排序为：基础竞争力总指数 > 潜在竞争力总指数 > 核心竞争力总指数；2010 年的排序为：基础竞争力总指数 > 核心竞争力总指数 > 潜在竞争力总指数；2015 年的排序为：核心竞争力总指数 > 基础竞争力总指数 > 潜在竞争力总指数。

（2）从分项竞争力的发展指数对比来看，核心竞争力指数呈现波动式递增态势，基础竞争力指数振幅较小，发展相对稳定，潜在竞争力指数呈现"M"形发展态势。从分项竞争力的指数增速来看，核心竞争力增速呈现波动式的上升态势，基础竞争力增速呈现"两峰一谷"的发展态势，潜在竞争力指数增速波动幅度不大，变动相对稳定。对比各分项竞争力十年的发展情况，核心竞争力的发展良好，且其发展速度呈波动式上升；基础竞争力的发展次之，其指数发展相对稳定；而潜在竞争力的发展相对较弱，其指数变动较为剧烈。

（3）核心竞争力层面，从其分项竞争力的贡献率来看，2005 年各分项竞争力贡献率的排序为：科技竞争力 > 核心竞争力 > 产业竞争力；2010 年各分项竞争力贡献率的排序为：科技竞争力 > 核心竞争力 > 产业竞争力；2015 年各分项竞争力贡献率的排序为：核心竞争力 > 科技竞争力 > 产业竞争力。从其趋势变动来看，产业竞争力贡献率一直在最低状态，且其发展呈现波动式的递减态势；科技竞争力贡献率由最初的首位降为第二，其发展呈现"M"形变化；经济竞争力贡献率呈现波动式上升趋势，且于 2015 年对核心竞争力的贡献率跃居首位；从分项竞争力贡献率波动的幅度来看，科技竞争力贡献率的波动幅度最大，经济竞争力贡献率的波动幅度次之，产业竞争率的波动幅度最小；从分项竞争力指数增速来看，科技竞争力指数增速最差，其在前期变化较为剧烈，后期发展相对稳定；经济竞争力指数增速及产业竞争力指数增速发展相对稳定，其中经济竞争力指数经历了一个微型波动期和一个发展平缓期，而产业竞争力指数呈现"三峰四谷"的波动式递增趋势。

（4）基础竞争力层面，从其分项竞争力的贡献率来看，2005 年各分项竞争力贡献率的排序为：公共服务竞争力 > 绿色竞争力 > 资源竞争力；2010 年各分项竞争力贡献率的排序为：公共服务竞争力 > 绿色竞争力 > 资源竞争力；2015 年各分项竞争力贡献率的排序为：公共服务竞争力 > 绿色竞争力 > 资源竞争力。从其趋势变动来看，资源竞争力贡献率相对最低，但是其发展呈现波动上升趋势。其次，公共服务对基础竞争力的贡献率相对较高，其发展也较为稳定。而绿色竞争力对基础竞争力的贡献率居中，且其呈"V"形变化；从分项竞争力贡献率的波动幅度来看，资源竞争力贡献率的波动幅度最大，绿色竞争力贡献率次之，而公共服务贡献率波动幅度最小，发展相对比较稳定；从分项竞争力指数增速变化来看，公共服务指数呈现波动发展态势，整体发展稳定。而绿色竞争力指数及资源竞争力指数均有剧烈式的波动，其中绿色竞争力指数及资源竞争力指数均呈"两峰一谷"的波动式变动趋势。

（5）潜在竞争力层面，从分项竞争力贡献率波动的幅度可以看出，贸易竞争力贡献率的波动幅度最大，文化服务贡献率次之，而人才竞争力贡献率波动幅度最小。从分项竞争力指数增速来看，文化竞争力指数和贸易竞争力指数的变动波动相对较大，而人才竞争力指数和潜在竞争力指数的变动相对稳定。从其趋势变动来看，人才竞争力贡献率的变动相对比较稳定，且呈现"两峰一谷"的变动态势；贸易竞争力贡献率逐步降低，而文化竞争力贡献率呈波动式增长。从各分项竞争力贡献率的排序来看，2005 年排序为：贸易竞争力 > 人才竞争力 > 文化竞争力；2010 年排序为：文化竞争力 > 人才竞争力 > 贸易竞争力；2015 年排序为：文化竞争力 > 人才竞争力 > 贸易竞争力。

第6章　西向开放视角下兵团区域竞争力时空特征的实证分析

本章研究西向开放视角下兵团区域竞争力的时空特征。在实证方法上，沿用上一章的测度方法，运用变异系数法客观赋权，之后采用综合评价法进行综合竞争力的评价研究，并将其进行归类、对比分析，为制定精准的政策寻找理论依据。在研究对象上，分别从区域差异视角、师域差异视角、兵地对比的视角对比分析各区域的综合竞争力、核心竞争力、基础竞争力、潜在竞争力的空间分布特征与空间差异。

6.1　兵团区域竞争力的分时空特征的差异分析

首先，本节从南北东疆视角，先对南北东疆综合竞争力的测评结果进行综合对比，再对按照核心竞争力与其分项测评结果对南北东疆进行对比，基础竞争力和潜在竞争力次之；其次，从兵团各师域视角，先对兵团 14 个师市的综合竞争力的测评结果进行综合对比，再对按照兵团 14 个师市的核心竞争力与其分项测评结果进行对比，基础竞争力和潜在竞争力次之；再次，从兵团与新疆对比的视角，先对兵团整体与新疆综合竞争力的测评结果进行综合对比，再对按照兵团整体与新疆的核心竞争力与其分项测评结果进行对比，基础竞争力和潜在竞争力次之；最后，对各个维度的对比结果进行总结。

兵团总部设在乌鲁木齐市，截至 2016 年末，兵团有 14 个师，178 个团场。9 个兵团管理的师（市）合一的自治区直辖县级市。各师机关所在地：第一师在阿拉尔市、第二师在库尔勒市、第三师在喀什市、第四师在伊宁市、第五师在博乐市、第六师在五家渠市、第七师在奎屯市、第八师在石河子市、第九师在额敏县、第十师在北屯市、第十一师（建工师）在乌鲁木齐市、第十二师在乌鲁木齐市、第十三师在哈密市、第十四师在和田市。

在地理分布上：第四师、第五师、第六师、第七师、第八师、第九师、第十师、第十一师、第十二师分布在北疆；第一师、第三师、第十四师分布在南疆；第十三师分布在东疆。

在地域分布上，第一师、第二师、第三师、第十四师分布在塔里木盆地边缘的绿洲地带。其中，37 个团场呈月牙形分布在塔克拉玛干沙漠边缘，分布线长1500 多千米。第六师、第七师、第八师、第十二师、第十一师（建工师）分布在准噶尔盆地古尔班通古特沙漠南缘绿洲地带。第四师、第五师、第九师、第十师分别分布在伊犁河谷平原、中蒙、中哈、中俄边界低山谷地、阿尔泰山麓一带的冲积平原上。第十三师分布于东天山哈密盆地和吐鲁番盆地。

在分布特点上：师（市）团场分布呈现或城郊，或偏远，或边境的 3 类特点。第六师、第七师、第八师、第十二师、第十三师的团场和第五师、第一师、第二师部分团场靠近城郊；第一师、第二师、第三师、第四师、第九师、第十师、第十四师部分团场远离城市；边境团场主要分布在北疆第四师、第五师、第九师、第十师的多数团场及第六师、第一师、第三师、第十三师部分团场。

6.1.1　兵团区域综合竞争力的南北东分区域比较

由 2015 年南北东疆总竞争力指数与各分项竞争力指数（见表 6 – 1、图 6 – 1）可以看出：①从 2015 年南北东疆综合竞争力的数值大小来看，北疆＞东疆＞南疆，这说明北疆片区的总竞争力优势显著，其次是东疆地区的总竞争力发展，而南疆片区的总竞争力发展相对较弱。②从各分类竞争力的得分指数来看，核心竞争力指数的排序为：北疆＞东疆＞南疆，基础竞争力指数的排序为：东疆＞北疆＞南疆，潜在竞争力指数的排序为：北疆＞南疆＞东疆。③从各分类竞争力指数的贡献率来看，核心竞争力贡献率的排序为：东疆＞南疆＞北疆，基础竞争力贡献率的排序为：东疆＞南疆＞北疆，潜在竞争力贡献率的排序为：北疆＞南疆＞东疆。

表 6 – 1　2015 年兵团区域综合竞争力指数与各分项竞争力指数

分类	综合竞争力指数	核心竞争力		基础竞争力		潜在竞争力	
		指数	贡献率（%）	指数	贡献率（%）	指数	贡献率（%）
北疆	0.3434	0.1188	34.5900	0.1064	30.9800	0.1182	34.4300
南疆	0.2509	0.1062	42.3300	0.0794	31.6500	0.0653	26.0200
东疆	0.2607	0.1138	43.6600	0.1066	40.8700	0.0403	15.4700

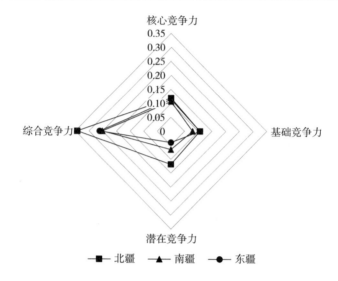

图 6-1　2015 年兵团区域综合竞争力指数与分类竞争力指数分布

由 2005 年、2010 年及 2015 年南北东疆各分类竞争力贡献率可以看出，在南北东疆综合竞争力主导类型的变化上，南疆片区的核心竞争力一直是产业主导型发展，基础竞争力一直是公共服务主导型发展，潜在竞争力逐渐转为人才驱动发展；北疆片区的核心竞争力逐渐由经济主导型转为产业主导型发展，基础竞争力一直是公共服务主导型发展，潜在竞争力逐渐由文化驱动转为贸易竞争力主导；东疆片区的核心竞争力由科技主导型转为经济主导型发展，基础竞争力逐渐由公共服务主导转为绿色竞争力发展导向。

6.1.2　兵团区域核心竞争力的南北东分区域比较

在 2015 年南北东疆核心竞争力与各分项竞争力的数值大小上，其各指数的发展情况不一（见表 6-2）。具体分析如下：①从核心竞争力总指数来看，北疆 > 东疆 > 南疆，这说明北疆片区的核心竞争力较强，东疆次之，而南疆片区的核心竞争力发展较弱。②从分项竞争力的发展指数来看，经济竞争力指数变化上，东疆 > 北疆 > 南疆；科技竞争力指数变化上，北疆 > 南疆 > 东疆；产业竞争力指数变化上，北疆 > 南疆 > 东疆。③从分类竞争力贡献率来看，经济竞争力贡献率的排序为：南疆 > 东疆 > 北疆，科技竞争力贡献率的排序为：北疆 > 南疆 > 东疆，产业竞争力贡献率的排序为：南疆 > 北疆 > 东疆。

表 6 - 2　2015 年南北东疆核心竞争力指数与各分项竞争力指数

核心竞争力指数		经济竞争力		科技竞争力		产业竞争力	
		指数	贡献率(%)	指数	贡献率(%)	指数	贡献率(%)
北疆	0.1188	0.0377	31.7900	0.0360	30.3000	0.0450	37.9100
南疆	0.1062	0.0370	34.8200	0.0273	25.6800	0.0420	39.5000
东疆	0.1053	0.0635	55.7600	0.0010	8.3500	0.0408	35.8900

在 2005 年、2010 年、2015 年南北东疆各分项竞争力对核心竞争力的贡献率变化上，南北东疆随着时间的推移，其主导产业也在不断地优化升级，适应着新的发展要求（见图 6 -2）。具体指标的变动分析如下：①2005 ~ 2015 年，南疆地区一直是产业主导型发展，其产业竞争力贡献率稳居首位，而经济竞争力与科技竞争力交互式动态演进；北疆由最初的经济主导型演变至 2015 年的产业主导型，其科技竞争力贡献率水平一直较低；东疆 2005 年发展是科技主导型产业，后逐渐转变为经济主导型，且其产业竞争力贡献率水平一直处于居中水平。②从分项竞争力的贡献率来看，首先，经济竞争力贡献率最高的区域由北疆片区转为东疆片区，说明东疆地区的发展卓有成效；其次，科技竞争力贡献率最高的片区由2005 年的东疆演变至 2015 年的北疆片区，说明随着经济水平的提升，较发达地区越来越重视科技等第三产业带动发展的主流因子；最后，产业竞争力贡献率比重最高的片区一直是南疆片区。③总体而言，南疆片区逐渐稳固其产业主导型发展，北疆片区转向产业主导型发展，而东疆片区转向经济主导型发展，各个片区在不同的发展阶段逐步探索适合其发展环境的最优运营模式。

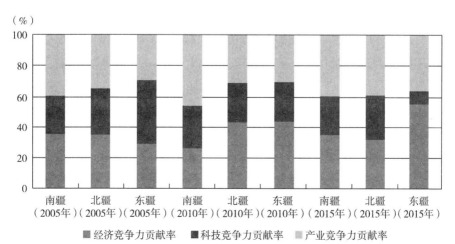

图 6 - 2　2005 年、2010 年、2015 年南北东疆各分项竞争力对核心竞争力的贡献率

6.1.3 兵团区域基础竞争力的南北东分区域比较

在 2015 年南北东疆基础竞争力与各分项竞争力的数值大小上可以看出，其各指数的发展情况不一（见表 6-3）。具体的分析如下：①从基础竞争力总指数的发展情况来看，2015 年总指数大小排序为：东疆 > 北疆 > 南疆，这说明东疆片区的基础竞争力发展较好，北疆片区次之，而南疆片区的基础竞争力发展最弱。②从各分项竞争力的发展指数来看，绿色竞争力的指数大小排序为：东疆 > 北疆 > 南疆；资源竞争力的指数大小排序为：北疆 > 南疆 > 东疆；公共服务竞争力的指数大小排序为：北疆 > 南疆 > 东疆。③从分项竞争力的贡献率来看，绿色竞争力的贡献率排序为：东疆 > 北疆 > 南疆，资源竞争力贡献率的排序为北疆 > 南疆 > 东疆，公共服务竞争力贡献率的排序为：南疆 > 北疆 > 东疆。

表 6-3　2015 年南北东疆基础竞争力指数与各分项竞争力指数

基础竞争力指数	绿色竞争力		资源竞争力		公共服务竞争力	
	指数	贡献率（%）	指数	贡献率（%）	指数	贡献率（%）
北疆	0.1064	0.0303	28.4600	0.0341	32.0700	0.0420	39.4700
南疆	0.0794	0.0190	23.9600	0.0209	26.2700	0.0395	49.7700
东疆	0.1066	0.0796	74.6600	0.0061	5.7200	0.0209	19.6200

由 2005 年、2010 年、2015 年南北东疆基础竞争力的各分项指标的变动柱状图可以看出，南北疆总体上逐渐稳固其公共服务的发展，而东疆加大对绿色竞争力的重视，南北东疆的基础竞争力总体发展比较稳定（见图 6-3）。具体分析如下：①南疆片区的发展一直是以公共服务为主导的，这与南疆地区发展、政府扶持等多重政策有关；北疆片区也一直是公共服务为主导的，这说明在基础竞争力贡献率层面，公共服务贡献了较大力量。而东疆片区由最初的公共服务竞争力转为绿色竞争力，这说明在基础竞争力建设方面，当地政府逐渐重视到了绿色发展的重要性。②从分项竞争力贡献率来看，绿色竞争力贡献率比重最高的最初是北疆片区，而后转为东疆片区，这说明东疆片区对绿色发展问题愈加重视；资源竞争力贡献率比重最高的是南疆片区，而后逐渐转为北疆片区，这说明北疆片区的资源利用效率越来越高，其对基础竞争力的贡献率不断攀升；公共服务竞争力贡献率的比重最高的片区由最初的东疆转为南疆片区。

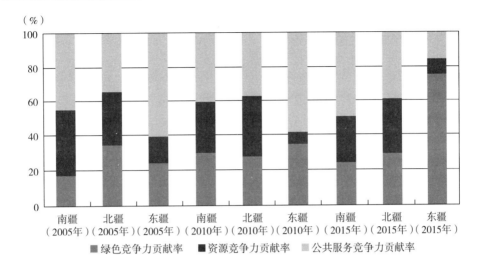

图 6 - 3　2000 年、2010 年、2015 年南北东疆各分项竞争力对
基础竞争力的贡献率

6.1.4　兵团区域潜在竞争力的南北东分区域比较

在 2015 年南北东疆潜在竞争力与各分项竞争力的数值大小上可以看出，其各指数的发展情况不一（见表 6 - 4）。具体分析如下：①从潜在竞争力总指数的发展情况来看，2015 年潜在竞争力指数的大小排序为：北疆 > 南疆 > 东疆，这说明北疆片区的潜在竞争力发展较好，南疆次之，而东疆片区的潜在竞争力发展最弱。②从分项竞争力的发展指数来看，贸易竞争力指数的大小排序为：北疆 > 东疆 > 南疆；人才竞争力指数的大小排序为：北疆 > 南疆 > 东疆；文化竞争力指数的排序为：北疆 > 南疆 > 东疆。③从分项竞争力的贡献率来看，贸易竞争力的贡献率排序为：北疆 > 东疆 > 南疆；人才竞争力的贡献率排序为：南疆 > 东疆 > 北疆；文化竞争力的贡献率排序为：南疆 > 北疆 > 东疆。

表 6 - 4　2015 年南北东疆潜在竞争力指数与各分项竞争力指数

潜在竞争力指数	贸易竞争力		人才竞争力		文化竞争力	
	指数	贡献率（%）	指数	贡献率（%）	指数	贡献率（%）
北疆	0.1182	0.0443	37.4600	0.0393	33.2500	0.0346	29.2900
南疆	0.0653	0.0114	17.5100	0.0333	51.0800	0.0205	31.4100
东疆	0.0403	0.0140	34.7200	0.0154	38.1600	0.0109	27.1200

由 2005 年、2010 年、2015 年南北东疆片区潜在竞争力各指标的数值变化可以看出，南北东疆的变动趋势发展不一（见图 6-4）。具体解释如下：①南疆片区的潜在竞争力贡献由最初的贸易主导型转为人才主导型，这说明人才要素在南疆片区潜在竞争力的地位在逐步提升；北疆片区的潜在竞争力贡献由最初的文化主导型转为贸易主导型；东疆片区的潜在竞争力贡献率一直是人才主导型发展模式。②从分项竞争力贡献率来看，贸易竞争力贡献率比重最大的片区最初是南疆，随后转为北疆片区，这说明北疆片区也着力开发自己的贸易竞争潜力，努力实现多方面发展模式；人才竞争力贡献率比重最大的是东疆，而后转为南疆片区，这说明南疆片区对人才要素的重视性越来越高；文化竞争力贡献率比重最大的是北疆片区，而后转为南疆片区，这说明南疆片区对文化教育也愈加重视。

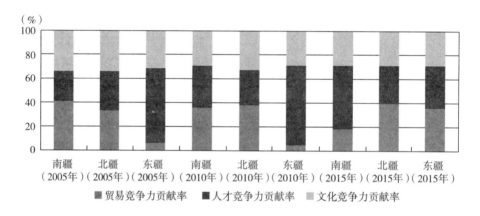

图 6-4　2005 年、2010 年、2015 年南北东疆各分项竞争力
对潜在竞争力的贡献率

6.2　兵团区域竞争力的时空特征的师域比较分析

根据《兵团统计年鉴》（2016），结合兵团区域竞争力评价指标权重确定情况，运用变异系数和综合评价法对兵团 13 个师的区域竞争力进行测度，结果如表 6-5 所示。按照自然断点法将兵团 13 个师进行梯度划分，并在 Excel 表格中绘制出了 2005 年、2010 年、2015 年兵团 13 个师（为行文简练，本章以下内容各师名称不再加第字）的分项竞争力雷达示意图，对兵团区域竞争力的时空特征展开师域比较分析。

表 6 - 5　2015 年兵团各师竞争力分布与排名概况

	总竞争力			核心竞争力			基础竞争力			潜在竞争力		
	指数	对兵团贡献率（%）	指数排序	指数	对兵团贡献率（%）	指数排序	指数	对兵团贡献率（%）	指数排序	指数	对兵团贡献率（%）	指数排序
一师	0.3291	8.20	4	0.1779	11.95	2	0.0975	7.64	7	0.0975	4.30	9
二师	0.2453	6.12	12	0.0956	6.42	8	0.0553	4.34	11	0.0553	7.57	7
三师	0.2786	6.95	7	0.0760	5.11	11	0.1132	8.88	5	0.1132	7.16	8
四师	0.4444	11.08	2	0.1636	10.99	3	0.1499	11.75	2	0.1499	10.5	3
五师	0.4146	10.34	3	0.0890	5.98	10	0.0861	6.75	8	0.0861	19.2	1
六师	0.2919	7.28	6	0.1214	8.16	5	0.1380	10.82	3	0.1380	2.61	12
七师	0.2474	6.17	11	0.0892	5.99	9	0.1167	9.15	4	0.1167	3.32	10
八师	0.5196	12.95	1	0.2006	13.48	1	0.1701	13.34	1	0.1701	11.94	2
九师	0.2534	6.32	10	0.0476	3.20	12	0.0782	6.14	9	0.0782	10.22	4
十师	0.3026	7.54	5	0.1097	7.36	7	0.0701	5.50	10	0.0701	9.85	5
十二师	0.2731	6.80	8	0.1289	8.66	4	0.0419	3.29	12	0.0419	8.20	6
十三师	0.2607	6.50	9	0.1138	7.65	6	0.1066	8.36	6	0.1066	3.23	11
十四师	0.1505	3.75	13	0.0752	5.05	12	0.0516	4.04	12	0.0237	1.90	13

6.2.1　兵团师域综合竞争力

2015 年各师总竞争力指数排序为：八师 > 四师 > 五师 > 一师 > 十师 > 六师 > 三师 > 十二师 > 九师 > 七师 > 二师 > 十三师；核心竞争力指数的排序为：八师 > 一师 > 四师 > 十二师 > 六师 > 十三师 > 十师 > 二师 > 七师 > 五师 > 三师 > 九师；基础竞争力的排序为：二师 > 十二师 > 十三师 > 十师 > 四师 > 九师 > 八师 > 六师 > 七师 > 五师 > 一师 > 三师；潜在竞争力的排序为：四师 > 六师 > 十师 > 七师 > 五师 > 一师 > 十二师 > 十三师 > 二师 > 八师 > 三师 > 九师。

在 2015 年各师对兵团总竞争力的贡献率上，八师、四师、五师贡献最高，二师、三师、九师、十二师、十三师贡献率最低（见表 6 - 5 和图 6 - 5）。具体来看：①八师、四师、五师贡献率超过 10%，八师的总竞争力对其兵团总竞争力贡献最高（12.95），五师的核心竞争力对其总竞争力贡献第二（11.08%），四师的核心竞争力对其总竞争力贡献第三（10.99%）。②二师、三师、九师、十二师、十三师总竞争力对兵团总竞争力的贡献率只维持在 6% 的水平上，二师在总竞争力上对总兵团竞争力贡献最低（6.12%），三师和九师在总竞争力上对兵团总竞争力贡献率分别为 6.95% 和 6.32%，十三师对其兵团总竞争力贡献率为 6.5%。

在 2015 年分类竞争力上，八师与四师均为主力，四师在两个分类竞争力上发挥主力作用，七师存在两项短板项目，六师、一师主力与短板并存，如图 6 - 5 所示。具体来看：①在各师对兵团核心竞争力的贡献率上，八师、一师和四师贡献率超过 10%，三师、五师、七师、九师贡献率最小，均未超过 6%；②在各师对兵团潜在竞争力的贡献率上，八师、六师、四师贡献率最高，均超过 10%；二师、五师、十二师贡献最小，均未超过 6%；③在各师对兵团潜在竞争力的贡献率上，五师、八师、四师和九师贡献率超过 10%，一师、六师、七师、十三师贡献率最小，均未超过 6%。

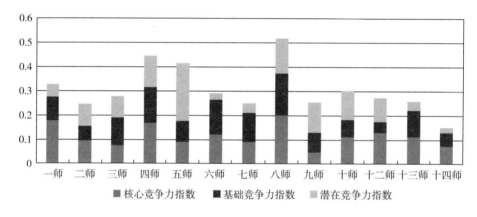

图 6 - 5 2015 年兵团师域总竞争力（核心竞争力 + 基础竞争力 + 潜在竞争力）分布

在各师域总竞争力 10 年的发展趋势上，各师均呈现出波动上升的趋势。具体来看，根据图 6 - 6 至图 6 - 9 可分为以下 8 种类型：①一师发展呈现 "N" 字形态势，2005 ~ 2011 年平稳上升，2012 年大幅下降（-51.62%），2012 ~ 2015 年大幅上升。②二师发展呈现双 "N" 字形态势，2005 ~ 2010 年为第一个 "N" 字形，2010 ~ 2015 年为第二个 "N" 字形，在 2007 年达到第一个峰值，2008 年（下降 -25.14%）达到第一个谷点，2009 ~ 2011 年平稳下降，在 2012 年达到第二个峰值，2013 年轻微下降，2013 ~ 2015 年保持上升。③三师在 2005 ~ 2012 年平稳上升，仅在 2007 年与二师同步有一个峰值，2008 年大幅下降（-52.44%），2012 ~ 2014 年高速上升，2015 年轻微下降（-7.29%）；九师在 2006 年（-35.79%）和 2008 年（-6.12%）下降，2006 ~ 2012 年平稳发展，2012 ~ 2014 年大幅上升，2014 ~ 2015 年小幅下降（-6.10%）。④四师发展趋势最为平缓，除 2007 年、2010 年、2012 年小幅下降外，其他时间点上均稳速上升；五师发展趋势与四师类似, 在 2007 年 (-31.02%)、2011 年 (-12.03%) 2015 年 (-7.89%) 下降, 其他时间点均稳速上升。⑤七师与八师发展趋势呈 "M" 形态势, 七师在 2010 年和 2014 年达到其两个峰值, 2011 年达到谷底 (下降到 -51.01%), 八师在 2008 年和 2015 年达到两个峰值, 在 2007 年 (-26.09%)、2010 年 (-11.52%) 和 2014 年 (-6.63%) 达到三个谷底。⑥十师发展呈 "W" 形发展, 2008 年 (-20.05%) 和 2012 年 (-64.84%) 为两个谷底, 2005 年、2010 年、2015 年为三个峰值。⑦十二师发展呈三 "V" 形发展, 2007 年 (-58.78%)、2010 年 (-38.28%)、2014 年 (-10.43%) 为三个谷底。⑧十三师发展大致呈 "V" 字形态势, 2005～2011 年呈波动下降趋势, 2011～2015 年呈波动上升趋势。

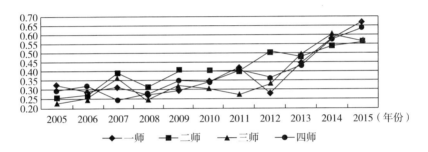

图 6-6　2005 年兵团各师域总竞争力趋势

(同年份不同师域竞争力数值不可比, 同师域不同年份竞争力数值可比)

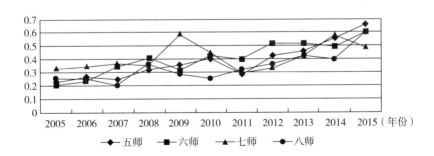

图 6-7　2010 年兵团各师域总竞争力趋势

(同年份不同师域竞争力数值不可比, 同师域不同年份竞争力数值可比)

6.2.2　兵团师域核心竞争力

根据 2005 年、2015 年各师核心竞争力基本情况表和 2005 年、2010 年、2015

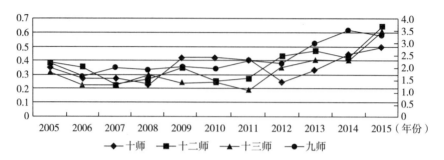

图 6-8　2015 年兵团各师域总竞争力趋势图（九师右坐标轴，其他师域左坐标轴）
（同年份不同师域竞争力数值不可比，同师域不同年份竞争力数值可比）

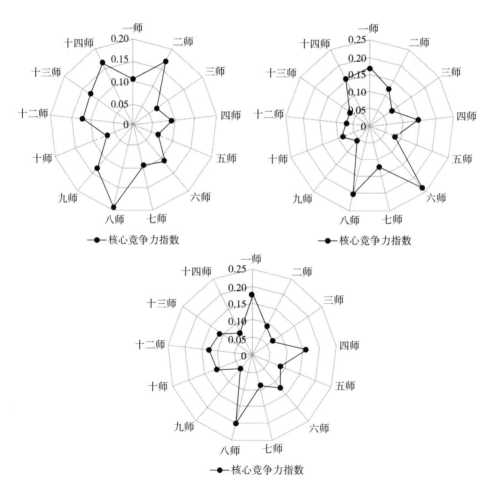

图 6-9　2005 年（左）、2010 年（右）、2015 年（下）兵团各师核心竞争力雷达图

年兵团各师核心竞争力梯队表可以得出如下结论：

在师域核心竞争力指数的排序变化上，2015 年核心竞争力指数的排序为：八师＞一师＞四师＞十二师＞六师＞十三师＞十师＞二师＞七师＞五师＞三师＞九师；2005 年的核心竞争力排序为：八师＞二师＞十四师＞九师＞十三师＞十二师＞六师＞一师＞七师＞四师＞十师＞三师＞五师。在核心竞争力的排序上升幅度上：四师＞一师＞十师＞五师＞六师＞十二师＞三师，在核心竞争力的排序下降幅度上：九师＞十四师＞二师＞十三师。

在核心竞争力的梯队分布（排序）变化上，根据自然断点法分为三个梯队（见表 6 - 6）。考察期师域数目随梯队层次线性递增，师域梯队的演变大致分为 5 种状态。具体来看：

表 6 - 6　2005 年、2010 年、2015 年兵团各师核心竞争力梯队

年份	第一梯队	第二梯队	第三梯队
2005	八师、二师、十四师	六师、九师、十二师、十三师	一师、三师、四师、五师、七师、十师
2010	六师、八师	一师、二师、四师、七师、十四师	三师、五师、九师、十师、十二师、十三师
2015	八师、四师、一师	六师、十师、十二师、十三师	二师、三师、五师、七师、九师、十四师

（1）在梯队数值分布上，第一梯队所属师域核心竞争力指数在 0.193（2005 年）、0.234（2010 年）、0.201（2015 年）以上，第二梯队所属师域核心竞争力指数在 0.151（2005 年）、0.174（2010 年）、0.150（2015 年）以上，第三梯队所属师域核心竞争力指数在 0.107（2005 年）、0.114（2010 年）、0.099（2015 年）以上。

（2）在各梯队数目上，考察期师域数目随梯队层次呈线性递增态势，第三梯队师域数目均多于第二梯队师域，第二梯队数目多于第一梯队数目，说明兵团师域核心竞争力整体偏低，短板师域较多。

（3）在师域梯队的演变上，大致可分为 5 种状态。具体来看：①稳定态势（八师、三师、五师）。八师高位稳定，三师和五师低位稳定。八师在考察时间点均为第一梯队，三师和五师考察时点核心竞争力始终位于第三梯队，10 年内核心竞争力提升速度低迷。②线性递增态势（一师、四师）。一师、四师核心竞争力随考察时点呈线性递增态势，由第三梯队上升到第二梯队再到第一梯队。③线性递减态势（二师、十四师、九师）。二师、十四师梯队演变随时间推移呈线性递减态势，由 2005 年的第一梯队在 2010 年进入第二梯队，在 2015 年进入

第三梯队，九师由 2005 年的第二梯队变化到 2010 年和 2015 年的第二梯队，核心竞争力呈现衰减态势。④倒"V"形态势（六师、七师）。2005 年核心竞争力排名第 4 的六师在 2010 年核心竞争力上升到第 1，在 2015 年下降到第二梯队排名第 4，七师则在考察期内呈现三、二、三的梯队变化状态。⑤"V"形态势（十三师、十二师）。十三师、十二师发展呈"V"形态势，均则在考察期内呈现二、三、二的梯队变化态势。

在师域核心竞争力的构成上，八师和六师属于科技主导型，三师、五师、七师、十师、十四师属于产业主导型，一师由 2005 年的经济主导型向 2015 年的科技与产业主导型转变，四师由 2005 年的产业主导型向 2015 年的科技主导型转变，九师、十三师从 2005 年的科技主导型向 2015 年的经济主导型转变，十二师由产业主导型向经济主导型转变（见表 6-7）。具体来看：①八师拥有兵团 6 所普通高等学校的 3 所，拥有各师中最强的科研力量，拥有 16 个有研发机构的企业，数目也是兵团首位，因而以科技竞争力对核心竞争力最为贡献最为显著；六师科技竞争力（2005 年排名第 5，2015 年排名第 4）相较于其经济竞争力（2005 年排名第 6，2015 年排名第 6）和产业竞争力（2005 年排名第 12，2015 年排名第 12）较为突出。②三师、五师、七师、十师、十四师均属于科技薄弱师域，尤其是北疆的七师和南疆的十四师，七师 2005 年和 2015 年科技竞争力对核心竞争力贡献均未达到 12%，十四师 2005 年和 2015 年科技竞争力对核心竞争力贡献均未达到 6%，因而表现为产业主导。③一师拥有科学研究与技术开发机构 5 个，并拥有兵团两所高等教育大学之一的塔里木大学，将南疆各地州和兵团农牧团场紧密联系，走产、学、研相结合的道路，积极开展科技服务。2005～2015 年，科技对核心竞争力定基增长 92.14%，产业竞争力对核心竞争力贡献也增长了 38.04%，核心竞争力排名也由 2005 年的第 8 名提升到 2015 年的第 2 名，竞争力分布走向均衡。

表 6-7　2005 年、2015 年各师核心竞争力基本情况　　　　单位:%

	核心竞争力		核心竞争力对总竞争力贡献率		经济竞争力对核心竞争力贡献率		科技竞争力对核心竞争力贡献率		产业竞争力对核心竞争力贡献率		核心竞争力排名		
	2005 年	2015 年	2005 年	2015 年	2005 年	2015 年	2005 年	2015 年	2005 年	2015 年	2005 年	2015 年	排序变化
一师	0.1071	0.1779	37.01	54.08	55.32	27.87	19.34	37.16	25.34	34.98	8	2	6
二师	0.1652	0.0956	53.22	38.95	19.03	28.54	56.22	38.59	24.75	32.87	2	8	-6
三师	0.0663	0.0760	29.93	27.29	34.29	37.82	23.79	6.40	41.92	55.78	12	11	1
四师	0.0916	0.1636	30.63	36.81	26.05	16.98	30.53	51.14	43.42	31.88	10	3	7

续表

	核心竞争力		核心竞争力对总竞争力贡献率		经济竞争力对核心竞争力贡献率		科技竞争力对核心竞争力贡献率		产业竞争力对核心竞争力贡献率		核心竞争力排名		
	2005 年	2015 年	2005 年	2015 年	2005 年	2015 年	2005 年	2015 年	2005 年	2015 年	2005 年	2015 年	排序变化
五师	0.0645	0.0890	30.04	21.47	34.05	31.81	25.80	14.54	40.15	53.65	13	10	3
六师	0.1101	0.1214	45.47	41.60	36.45	28.98	40.24	45.91	23.31	25.11	7	5	2
七师	0.0938	0.0892	32.00	36.07	47.00	30.25	4.69	11.75	48.31	58.01	9	9	0
八师	0.1935	0.2006	32.85	38.61	36.04	26.36	41.66	54.46	22.30	19.18	1	1	0
九师	0.1331	0.0476	40.24	18.80	34.57	57.40	47.43	3.12	18.00	39.48	4	13	-9
十师	0.0680	0.1097	25.33	36.26	36.62	24.38	2.87	6.67	60.51	68.95	11	7	4
十二师	0.1241	0.1289	53.15	47.18	31.34	59.56	17.62	5.45	51.04	34.98	6	4	2
十三师	0.1254	0.1138	50.25	43.66	29.52	55.76	40.22	8.35	30.26	35.89	5	6	-1
十四师	0.1625	0.0752	47.83	49.97	38.25	56.18	5.88	1.59	55.87	42.22	3	12	-9

在师域核心竞争力的空间差异上，10 年间师域核心竞争力空间差异经历了一个先增大后减小的过程，经济、产业、科技竞争力差异均经历了一个先减小后增大的过程（见图 6-9）。具体来看：

（1）在核心竞争力空间差异上，2005 年、2010 年、2015 年师域核心竞争力经历了一个先增大后减小的过程，空间异质性小于基础竞争力与潜在竞争力水平。2005 年核心竞争力最大值八师是最小值五师的 2.999 倍，数值差距 0.129；2010 年核心竞争力最大值六师是最小值九师的 4.315 倍，数值差距 0.180；2015 年核心竞争力最大值八师是最小值九师的 4.212 倍，数值差距 0.125。

（2）在分项竞争力空间差异上，经济、产业、科技竞争力差异均经历了一个先减小后增大的过程，其中，科技竞争力空间差异变化最大。①2005 年、2010 年经济竞争力空间差异＞产业空间差异＞科技空间差异，其中 2005 年经济竞争力指数最高的八师是最小值五师的 0.315 倍，产业竞争力指数最高的十四师是最小值九师的 0.264 倍；科技竞争力指数最高的二师是最小值十师的 0.021 倍；2010 年经济竞争力指数最高的六师是最小值三师的 0.237 倍，产业竞争力指数最高的十四师是最小值八师的 0.105 倍；科技竞争力指数最高的八师是最小值九师的 0.011 倍。②2015 年科技竞争力空间差异＞产业竞争力空间差异＞经济竞争力空间差异，科技竞争力指数最高的八师是最小值十四师的 91.117 倍，产业竞争力指数最高的十师是最小值九师的 4.023 倍，经济竞争力指数最高的十二师是最小值十师的 2.869 倍。

6.2.3 兵团师域基础竞争力

根据 2005 年、2015 年各师基础竞争力基本情况表和 2005 年、2010 年、2015 年兵团各师基础竞争力梯队表可以得出如下结论：

在师域 2015 年基础竞争力指数的排序上，八师 > 四师 > 六师 > 七师 > 三师 > 十三师 > 一师 > 五师 > 九师 > 十师 > 二师 > 十四师 > 十二师；2005 年的基础竞争力排序上，四师 > 七师 > 一师 > 十师 > 八师 > 九师 > 二师 > 三师 > 十三师 > 六师 > 十四师 > 五师 > 十二师。在基础竞争力的上升幅度上：六师 > 八师、五师 > 三师、十三师；在基础竞争力的下降幅度上：十师 > 一师 > 二师 > 九师 > 七师。

在基础竞争力的梯队分布（排序）上，根据自然断点法分为三个梯队（见表 6 – 8）。考察期内各师域在三个梯队的分布较为均衡，师域梯队演变大致分为 4 种状态。具体来看：①在梯队数值分布上，第一梯队所属师域基础竞争力指数在 0.158（2005 年）、0.180（2010 年）、0.170（2015 年）以上，第二梯队所属师域核心竞争力指数在 0.121（2005 年）、0.125（2010 年）、0.127（2015 年）以上，第三梯队所属师域核心竞争力指数在 0.158（2005 年）、0.080（2010 年）、0.085（2015 年）以上。②各梯队数目上，考察期内各师域在三个梯队的分布较为均衡，2005 年和 2015 年第三梯队师域数目与第二梯队师域大体一致，第一梯队师域数目经历了先增后减的发展过程。③在师域梯队的演变上，大致可分为 4 种状态。具体来看，一是稳定态势（四师、三师、十二师、十四师）。四师高位稳定，三师稳定在第二梯队，十二师和十四师 10 年内基础竞争力持续低迷，位于第三梯队。二是递增态势（五师、六师、十三师、八师）。五师、十三师由 2005 年的第三梯队上升到 2010 年的第二梯队，2015 年保持在第二梯队，六师由 2005 年的第三梯队上升到 2010 年的第一梯队，2015 年保持在第一梯队，八

表 6 – 8 2005 年、2010 年、2015 年兵团各师基础竞争力梯队

年份	第一梯队	第二梯队	第三梯队
2005	一师、四师、七师、十师	二师、三师、八师、九师	五师、六师、十三师、十二师、十四师
2010	一师、六师、七师、八师、四师	二师、三师、五师、九师、十师、十三师	十二师、十四师
2015	八师、四师、六师	一师、三师、五师、七师、十三师	二师、九师、十师、十二师、十四师

师由 2005 年的第二梯队上升到 2010 年的第一梯队,并在 2015 年跃居第一。三是线性递减态势（十师）。十师梯队演变随着时间的推移呈线性递减态势,由 2005 年的第一梯队在 2010 年进入第二梯队,在 2015 年进入第三梯队。四是递减态势（一师、七师、二师、九师）。一师与七师在考察期内呈现"一一二"的梯队变化状态,二师与九师在考察期内呈现"二二三"的梯队变化状态。

在师域基础竞争力的构成上,一师、二师、五师、十二师、十四师属于公共服务主导型,四师属于资源主导型,七师属于绿色主导型,六师属于绿色、资源、公共服务竞争力均衡发展类型,三师由资源主导型向绿色、资源、公共服务竞争力均衡发展转变,九师由绿色主导型向公共服务主导型转变,八师由绿色主导型向绿色、公共服务并重转变,十师由均衡发展型向资源主导型转变,十三师由公共服务主导型向绿色主导型转变（见表 6-9）。具体来看:①依靠资源竞争力的第四师在 2005 年和 2015 年基础竞争力均排名前 2,四师地处天山西部北坡山区,位于祖国西部的伊犁河谷,河谷一带为各具特色的冲积扇平原,素有"塞外江南"的美誉。有良田 10 余万公顷,是兵团最大的粮油生产基地和农作物制种基地;种植制种玉米近 1 万公顷,是兵团最大的玉米制种基地,人均耕地面积与粮食作物产量均位居兵团师域前列,得天独厚的资源禀赋条件是其基础竞争力排名高位的主要原因。②考察时间点上公共服务竞争力对基础竞争力贡献程度高的一师、二师、五师、十二师、十四师基础竞争力排名均较为靠后,其中,二师排名 11（2015 年）,十四师排名 11（2005 年）、排名 12（2015 年）,十二师排名 13（2005 年）、排名 13（2015 年）,五师排名 12（2015 年）,仅依靠单一的公共服务而不提升绿色与资源竞争力的提升将不利于基础竞争力的提升。③绿色主导型的七师,绿色主导型向绿色、公共服务并重转变的八师在基础竞争力上均位于前列,由公共服务主导型向绿色主导型转变的十三师考查时点上基础竞争力排名提升,由绿色主导型向公共服务主导型转变的九师考查时点上基础竞争力排名下降。可见,提升绿色竞争力有利于基础竞争力的提高。

表 6-9　2005 年、2015 年各师分项竞争力对基础竞争力的贡献率　　　单位:%

	基础竞争力		基础竞争力对总竞争力贡献率		绿色竞争力对基础竞争力贡献率		资源竞争力对基础竞争力贡献率		公共服务竞争力对基础竞争力贡献率		基础竞争力排名		
	2005 年	2015 年	2005 年	2015 年	2005 年	2015 年	2005 年	2015 年	2005 年	2015 年	2005 年	2015 年	变化
一师	0.1377	0.0975	47.57	29.62	27.57	27.02	32.26	30.10	40.17	42.88	3	7	-4
二师	0.0939	0.0553	30.25	22.54	15.14	6.35	31.14	27.31	53.72	66.34	7	11	-4
三师	0.0892	0.1132	40.24	40.65	12.13	32.59	52.63	33.23	35.24	34.17	8	5	3

续表

	基础竞争力		基础竞争力对总竞争力贡献率		绿色竞争力对基础竞争力贡献率		资源竞争力对基础竞争力贡献率		公共服务竞争力对基础竞争力贡献率		基础竞争力排名		
	2005年	2015年	2005年	2015年	2005年	2015年	2005年	2015年	2005年	2015年	2005年	2015年	变化
四师	0.1585	0.1499	52.97	33.73	20.95	11.7	53.02	64.23	26.03	24.07	1	2	-1
五师	0.0742	0.0861	34.57	20.77	20.65	15.44	16.11	34.43	63.24	50.13	12	8	4
六师	0.0796	0.1380	32.91	47.27	29.79	38.21	33.26	31.01	36.95	30.78	10	3	7
七师	0.1416	0.1167	48.34	47.17	47.78	53.48	29.37	19.99	22.85	26.53	2	4	-2
八师	0.1174	0.1701	19.93	32.74	51.84	37.04	18.52	21.82	29.64	41.14	5	1	4
九师	0.1131	0.0782	34.20	30.88	49.35	21.38	11.26	34.60	39.39	44.02	6	9	-3
十师	0.1255	0.0701	46.75	23.17	28.65	9.15	37.69	22.25	33.66	68.60	4	10	-6
十二师	0.0474	0.0419	20.29	15.35	10.94	24.08	31.00	2.65	58.06	73.27	13	13	0
十三师	0.0834	0.1066	33.43	40.87	24.05	74.66	13.56	5.72	62.39	19.62	9	6	3
十四师	0.0778	0.0516	22.91	34.27	5.40	18.12	43.73	2.64	50.87	79.24	11	12	-1

在师域基础竞争力的空间差异上，10年间师域基础竞争力空间差异经历了一个先增大后减小的过程，经济、产业、科技竞争力差异均经历了一个先减小后增大的过程（见图6-10）。具体来看：

（1）基础竞争力空间差异上，2005年、2010年、2015年师域基础竞争力经历了一个先增大后减小的过程，空间异质性大于基础竞争力、小于潜在竞争力水平。2005年基础竞争力最大值四师是最小值十二师的3.343倍，数值差距0.111；2010年基础竞争力最大值四师是最小值十四师的4.904倍，数值差距0.135；2015年基础竞争力最大值八师是最小值十二师的4.056倍，数值差距0.128。

（2）在分项竞争力空间差异上，绿色竞争力差异逐步增大，资源竞争力和公共服务竞争力差距经历了一个先减小后增大的过程，其中，资源竞争力空间差异变化最大。具体表现如下：①2005年公共服务竞争力空间差异 > 资源竞争力空间差异 > 绿色竞争力空间差异，其中2005年绿色竞争力指数最高的七师是最小值十四师的0.062倍，资源竞争力指数最高的五师是最小值四师的0.135倍；公共服务竞争力指数最高的一师是最小值十二师的0.498倍。②2010年公共服务竞争力空间差异 > 绿色竞争力空间差异 > 资源竞争力空间差异，绿色竞争力指数最高的八师是最小值十二师的0.065倍，资源竞争力指数最高的四师是最小值十三师的0.056倍；公共服务竞争力指数最高的八师是最小值十三师的0.260倍。

③2015 年资源竞争力空间差异 > 绿色竞争力空间差异 > 公共服务竞争力空间差异，绿色竞争力指数最高的十三师是最小值二师的 22.650 倍，资源竞争力指数最高的四师是最小值十二师的 86.798 倍，公共服务竞争力指数最高的十二师是最小值十师的 3.347 倍。

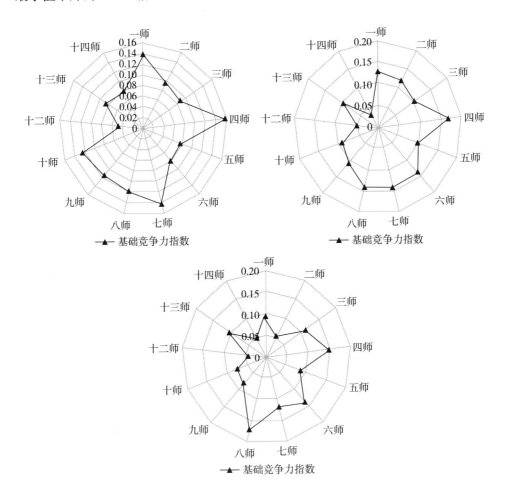

图 6-10　2000 年（左）、2005 年（右）、2015 年（下）兵团各师基础竞争力雷达图

6.2.4　兵团师域潜在竞争力

根据 2005 年、2015 年各师潜在竞争力基本情况表和 2005 年、2010 年、2015 年兵团各师潜在竞争力梯队表可以得出如下结论：

在师域潜在竞争力指数的排序上，2005 潜在竞争力指数的排序为：八师 >

十四师＞九师＞五师＞十师＞三师＞十二师＞七师＞六师＞二师＞四师＞一师＞十三师；2015 年的潜在竞争力排序为：五师＞八师＞四师＞九师＞十师＞十二师＞二师＞三师＞七师＞十三师＞六师＞十四师＞一师。排名上升幅度上：四师＞二师＞五师＞十三师＞十二师＞十师；在排名的下降幅度上：十四师＞一师＞六师＞三师＞七师＞八师＞九师。

在潜在竞争力的梯队分布（排名）变化上，根据自然断点法分为三个梯队（见表 6-10）。考察期内各师域在三个梯队的分布由断带分布向师域数目随梯队阶层线性递增转变，师域梯队演变大致分为 3 种状态。具体来看：①在梯队数值分布上，第一梯队所属师域潜在竞争力指数在 0.278（2005 年）、0.238（2010 年）、0.239（2015 年）以上，第二梯队所属师域潜在竞争力指数在 0.199（2005 年）、0.171（2010 年）、0.168（2015 年）以上，第三梯队所属师域潜在竞争力指数在 0.200（2005 年）、0.105（2010 年）、0.096（2015）以上。②各梯队数目上，考察期内各师域分布由断带分布向师域数目随梯队阶层线性递增转变，2005 年师域阶梯分布缺少第二阶梯师域，两级差异十分明显。2010 年第二梯队只有十师一师域，第一梯队增加了五师一师域，2015 年师域数目随梯队阶层线性递增转变，两级差异缩小。③在师域梯队的演变上，大致可分为 3 种状态：一是稳定态势（一师、二师、三师、六师、七师、十三师、十四师）。十一师、二师、三师、六师、七师、十三师、十四师 10 年内潜在竞争力持续低迷，位于第三梯队。二是递增态势（十师、五师、四师、九师）。五师由 2005 年的第三梯队上升到 2010 年的第一梯队，2015 年保持在第一梯队，十师由 2005 年的第三梯队上升到 2010 年的第二梯队，2015 年保持在第二梯队，九师和十师由 2005 年的第三梯队上升到 2015 年的第二梯队。三是微降态势（八师）。八师由 2005 年和 2010 年潜在竞争力的第一梯队下降到 2015 年的第二梯队，潜在竞争力排名由第 1（2005 年和 2010 年）略微下降到第 2（2015 年）。

表 6-10　2005 年、2010 年、2015 年兵团各师潜在竞争力梯队

年份	第一梯队	第二梯队	第三梯队
2005	八师		一师、二师、三师、四师、五师、六师、七师、九师、十师、十二师、十三师、十四师
2010	八师、五师	十师	一师、二师、三师、四师、六师、七师、九师、十二师、十三师、十四师
2015	五师	八师、四师、九师、十师、十二师	一师、二师、三师、六师、七师、十三师、十四师

在师域潜在竞争力的构成上，一师、二师、九师、十师、十三师属于人才主导型，十二师属于贸易主导型，八师由贸易主导型向文化主导型转变，四师与五师由人才主导型向贸易主导型转变，三师、六师由文化主导型分别向贸易和人才主导型转变，七师和十四师分别由人才主导型和贸易主导型向文化主导型转变（见表 6-11）。具体来看：①考察时间点上人才竞争力对潜在竞争力贡献程度高的一师、二师、九师、十师、十三师基础竞争力排名均没有位于前列，贸易竞争力对潜在竞争力的贡献都很小。其中，二师潜在竞争力排名第 10（2005 年）、排名第 7（2015 年），而且人才竞争力排名第 4（2005 年）、第 1（2015 年），塔里木大学坐落在二师，万人拥有技术人员数、中专（高中）学历人口比重都比较高，可见其潜在竞争力的上升主要是靠人才竞争力的拉动。②考察期内八师潜在竞争力排名均位于前 2，八师拥有石河子大学这一人才资源储地，但人才竞争力对其潜在竞争力贡献程度却不大，一方面可能是由于八师文化条件相比于其人才竞争力条件显著高于其他师域，另一方面可能是由于考察指标中专（高中）学历人口不适用于八师这一大学生和研究生集聚的城市，因而其人才竞争力贡献率没有得到很好的体现。③贸易主导的十二师位于乌鲁木齐市，主要分布在乌鲁木齐市西郊和南郊，既是乌鲁木齐市实施城市南控、北扩、东延、西进的重要战略地带，也是乌鲁木齐市现代服务业集聚区和城市功能优化区，贸易竞争力排名第 3（2005 年、2015 年）。

表 6-11　2005 年、2015 年各师分项竞争力对潜在竞争力的贡献率　单位:%

	潜在竞争力		潜在竞争力对总竞争力贡献率		贸易竞争力对潜在竞争力贡献率		人才竞争力对潜在竞争力贡献率		文化竞争力对潜在竞争力贡献率		潜在竞争力排名		
	2005 年	2015 年	2005 年	2015 年	2005 年	2015 年	2005 年	2015 年	2005 年	2015 年	2005 年	2015 年	变化
一师	0.0446	0.0536	15.43	16.30	6.07	3.22	60.62	61.87	33.31	34.91	12	9	3
二师	0.0513	0.0945	16.53	38.51	4.73	3.05	59.04	76.37	36.23	20.58	10	7	3
三师	0.0661	0.0893	29.83	32.06	5.47	42.83	20.18	27.03	74.35	30.14	6	8	-2
四师	0.0491	0.1309	16.40	29.46	21.38	46.78	53.36	38.00	25.26	15.22	11	3	8
五师	0.0760	0.2394	35.39	57.76	24.47	71.34	60.86	25.34	14.67	3.32	4	1	3
六师	0.0523	0.0325	21.62	11.13	10.65	10.83	39.60	55.51	49.75	33.66	9	12	-3
七师	0.0576	0.0415	19.66	16.76	16.67	7.62	44.59	42.88	38.74	49.50	8	10	-2
八师	0.2782	0.1489	47.23	28.66	53.66	7.24	5.64	5.83	40.70	86.93	1	2	-1
九师	0.0845	0.1275	25.55	50.32	4.68	9.42	54.65	52.56	40.67	38.02	3	4	-1
十师	0.0750	0.1227	27.92	40.57	5.85	33.05	71.06	53.16	23.09	13.79	5	5	0

续表

	潜在竞争力		潜在竞争力对总竞争力贡献率		贸易竞争力对潜在竞争力贡献率		人才竞争力对潜在竞争力贡献率		文化竞争力对潜在竞争力贡献率		潜在竞争力排名		
	2005 年	2015 年	2005 年	2015 年	2005 年	2015 年	2005 年	2015 年	2005 年	2015 年	2005 年	2015 年	变化
十二师	0.0620	0.1023	26.56	37.47	60.37	51.03	21.65	26.69	17.98	22.28	7	6	1
十三师	0.0407	0.0403	16.32	15.47	5.91	34.72	63.67	38.16	30.42	27.12	13	11	2
十四师	0.0994	0.0237	29.26	15.76	98.19	12.14	0.57	16.49	1.24	71.37	2	13	-11

在师域潜在竞争力空间差异上，10 年间师域潜在竞争力空间差异经历了一个先增大后减小的过程，贸易竞争力空间差异经历了一个随时间推移逐步增长的过程，人才、文化竞争力空间差异均经历了一个先减小后增大的过程（见图 6－11）。具体来看：

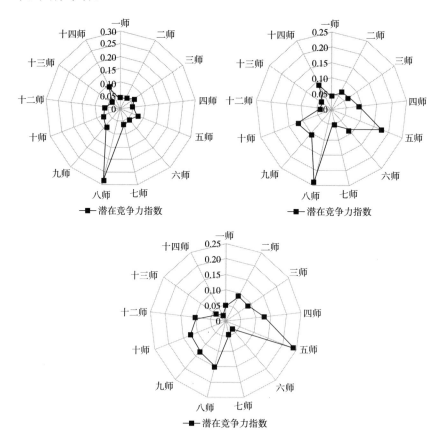

图 6－11   2000 年（左）、2005 年（右）、2015 年（下）兵团各师潜在竞争力雷达图

（1）潜在竞争力空间差异上，2005 年、2010 年、2015 年师域潜在竞争力经历了一个先微减后增大的过程，空间异质性大于基础竞争力和核心竞争力水平。2005 年潜在竞争力最大值八师是最小值十三师的 6.830 倍，数值差距 0.240；2010 年潜在竞争力最大值八师是最小值十二师的 6.314 倍，数值差距 0.201；2015 年潜在竞争力最大值五师是最小值十四师的 10.095 倍，数值差距 0.216。

（2）在分项竞争力空间差异上，贸易竞争力差异逐步增大，人才竞争力和文化竞争力差异经历了一个先减小后增大的过程，其中，贸易竞争力空间差异变化最大。动态变化的表现如下：①2005 年贸易服务竞争力空间差异 = 文化竞争力空间差异 > 人才竞争力空间差异，其中 2005 年贸易竞争力指数最高的八师是最小值十四师的 0.016 倍，人才竞争力指数最高的十师是最小值十四师的 0.011 倍；文化服务竞争力指数最高的八师是最小值十四师的 0.011 倍。②2010 年贸易服务竞争力空间差异 > 人才竞争力空间差异 = 文化竞争力空间差异，贸易竞争力指数最高的八师是最小值十三师的 0.018 倍，人才竞争力指数最高的十师是最小值十四师的 0.010 倍；文化服务竞争力指数最高的八师是最小值十四师的 0.010 倍。③2015 年贸易竞争力空间差异 > 人才竞争力空间差异 > 文化竞争力空间差异，贸易竞争力指数最高的五师是最小值一师的 98.953 倍，人才竞争力指数最高的二师是最小值十四师的 18.451 倍，文化服务竞争力指数最高的八师是最小值五师的 16.289 倍。

6.3 兵团与新疆区域竞争力的时空特征的比较分析

6.3.1 兵团与新疆区域综合竞争力比较

从兵团与新疆综合竞争力增速变化上来看，兵团与新疆综合竞争力增速变化基本同步，2005～2012 年，呈现"W"形的发展趋势，2012 年后增速变化有所分异（见图 6 - 12）。具体来看：①兵团在 2005～2008 年保持增速的下降趋势，在 2008 年到达谷底（ - 28.88%），新疆在 2005～2007 年保持增速的下降趋势，在 2007 年到达谷底（ - 21.67%）；②兵团在 2008～2009 年保持增速的上升趋势，在 2009 年到达峰值（81.17%），新疆在 2007～2009 年保持增速的上升趋势，在 2009 年到达峰值（37.06%）；③2009～2011 新疆与兵团保持同向变化，均处于下降态势，在 2011 年达到谷底（9.07% 和 - 26.97%）；④2012 年后，兵团综合竞争力增速在波动中上升，2015 年达到 67.88%，新疆综合竞争力增速则

西向开放视角下兵团区域竞争力多维评价研究

保持持续的下降，2015 年达到 0.99%。

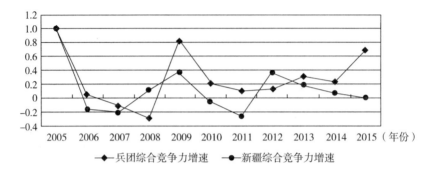

图 6 - 12　兵团与新疆综合竞争力增速变化

　　从兵团与新疆综合竞争力构成上看，两者由不同的竞争力构成结构向相同的结构转变（见表 6 - 12）。具体来看：①新疆与兵团的综合竞争力构成从 2006 年以后开始出现分异。前期，2006 年、2007 年兵团核心、基础、潜在竞争力均呈现均匀分布状态，而新疆综合竞争力以核心竞争力为主。后期到 2011 年，兵团综合竞争力以潜在竞争力为主要贡献力，而新疆核心、基础、潜在竞争力均呈现均匀分布状态。②2012 年以后，兵团和新疆均保持核心竞争力为主导，基础竞争力为辅助，潜在竞争力补充的综合竞争力结构趋势发展，核心竞争力贡献率逐年上升，维持在 40% 以上，基础竞争力贡献率维持在 30% 左右，潜在竞争力贡献率维持在 20% 左右。

表 6 - 12　兵团与新疆综合竞争力构成的时序变化　　　　　单位:%

年份	兵团核心竞争力贡献率	兵团基础竞争力贡献率	兵团潜在竞争力贡献率	新疆核心竞争力贡献率	新疆基础竞争力贡献率	新疆潜在竞争力贡献率
2005	26.52	42.93	30.55	34.18	45.11	20.71
2006	28.45	36.93	34.62	45.41	28.12	26.47
2007	26.80	31.34	41.86	40.27	27.76	31.97
2008	19.58	35.66	44.76	34.35	21.02	44.63
2009	29.81	41.07	29.12	38.73	32.39	28.88
2010	35.83	38.63	25.54	35.07	36.09	28.84
2011	34.12	24.64	41.24	36.39	31.94	31.67
2012	40.61	35.49	23.90	40.10	34.78	25.12
2013	42.35	33.86	23.79	43.91	27.59	28.50

续表

年份	兵团核心竞争力贡献率	兵团基础竞争力贡献率	兵团潜在竞争力贡献率	新疆核心竞争力贡献率	新疆基础竞争力贡献率	新疆潜在竞争力贡献率
2014	45.07	31.38	23.55	47.94	31.34	20.72
2015	62.37	26.12	11.51	51.00	31.47	17.53

6.3.2 兵团与新疆区域核心竞争力比较

在竞争力指数的数值比较上,新疆核心竞争力指数高于兵团,在核心竞争力的构成上,与兵团具有明显差异(见表 6 - 13)。具体来看:①新疆总竞争力指数是兵团的 6.645 倍,核心竞争力指数是兵团的 4.978 倍,兵团核心竞争力对其总竞争力的贡献率大于新疆,且接近 50%;②在其核心竞争力的具体构成上,兵团经济竞争力、科技竞争力和产业竞争力对核心竞争力的比为 4.5∶4.8∶1,科技和经济为主,产业竞争力为其短板;③新疆经济竞争力、科技竞争力和产业竞争力对核心竞争力的比为 3.0∶1∶4.3,产业竞争力为主,科技竞争力相较于其他竞争力属于薄弱环节。

表 6 - 13 2015 年兵团与新疆核心竞争力对比

	总竞争力指数	核心竞争力指数	核心竞争力对总竞争力贡献率(%)	经济竞争力对总竞争力贡献率(%)	科技竞争力对总竞争力贡献率(%)	产业竞争力对总竞争力贡献率(%)
兵团	0.1450	0.0717	49.42	43.91	46.35	9.74
新疆	0.9635	0.3569	37.04	35.99	12.03	51.98

注:表 6 - 12 为兵团所有年份和新疆所有年份(2005 ~ 2015)两张表算出的结果,反映贡献率的变化;此表是 2015 年一年兵团和新疆一张表算出的结果,所以在贡献率上稍有差距,为避免读者混淆特此说明。

在核心竞争力指数的增速比较上,近 6 年来兵团与新疆考察期时间点上增速均大于 0,都处于核心竞争力不断上升状态(见图 6 - 13)。具体来看:①2010 ~ 2012 年兵团与新疆核心竞争力增速呈相反方向变动;2010 ~ 2011 年兵团核心竞争力增速放缓,新疆核心竞争力增速提升;2011 ~ 2012 年兵团核心竞争力增速提升,新疆核心竞争力增速放缓。②2012 ~ 2015 年兵团与新疆核心竞争力增速呈相同方向变动,2012 ~ 2013 年增速递增,2013 ~ 2014 年增速递减。③2014 ~ 2015 年兵团与新疆核心竞争力增速呈相反方向变动,2014 ~ 2015 年兵团核心竞争力增速提升,新疆核心竞争力增速放缓。

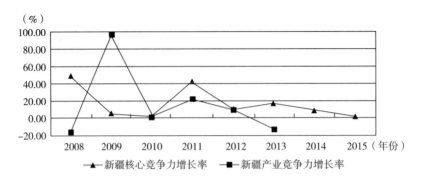

图 6-13　2008~2015 年兵团与新疆核心竞争力增速

在核心竞争力分项指数的增速比较上，新疆分项竞争力增速相较于兵团分项竞争力增速更加平缓（见图 6-14）。具体来看：①新疆的经济竞争力增速相比兵团经济竞争力增速更加平缓，考察时间点上增速大于零，且波动幅度在20%左右；兵团经济竞争力在 2010~2011 年考察时间点上增速大于零，经济竞争力波动幅度较大，分别为 51.90%、67.69%，2011 年以后增速变缓。②新疆的科技竞争力增速相比兵团科技竞争力增速平缓，考察时间点上增速大于零，且波动幅度在15%左右，兵团经济科技竞争力在 2010~2011 年，考察时间点上增速在 2011 年和 2012 年小于零（分别为 -56.07%、-44.31%），2013 年达到最大增速 188.77%。③新疆的产业竞争力增速与兵团产业竞争力增速发展趋势相比可划分为两个阶段，2010~2011 年保持同向发展，新疆产业竞争力与兵团产业竞争力保持同步递增；2011~2015 年保持相反方向变动，2011~2012 年兵团产业竞争力增速提升，2012~2013 下降，2013~2015 上升，2011~2012 年新疆产业竞争力增速下降，2012~2013 上升，2013~2015 年下降。

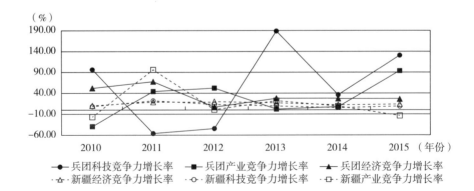

图 6-14　2010~2015 年兵团与新疆核心竞争力的分项增速

6.3.3　兵团与新疆区域基础竞争力比较

在竞争力指数的数值比较上，新疆基础竞争力指数高于兵团，兵团基础竞争力对总竞争力贡献上大于新疆。在基础竞争力的构成上，与兵团差异较小（见表6－14）。具体来看：①新疆基础竞争力指数是兵团的5.035倍，兵团基础竞争力对其总竞争力的贡献率略大于新疆，接近1/3；②在其基础竞争力的具体构成上，兵团绿色竞争力、资源竞争力和公共服务竞争力对基础竞争力的贡献比为3.6∶3.2∶1，绿色和资源为主，公共服务竞争力为其短板；③新疆绿色竞争力、资源竞争力和公共服务竞争力对基础竞争力的贡献比为20.60∶22.26∶1，绿色竞争力和资源竞争力为主，公共服务竞争力相较于其他分项竞争力属于薄弱环节。

表6－14　2015年兵团与新疆基础竞争力对比

	总竞争力指数	基础竞争力指数	基础竞争力对总竞争力贡献率	绿色竞争力对总竞争力贡献率	资源竞争力对总竞争力贡献率	公共服务竞争力对总竞争力贡献率
兵团	0.1450	0.0460	31.700	45.9800	41.2300	12.7900
新疆	0.9635	0.2316	24.0400	46.9800	40.2300	12.7900

注：表6－12为兵团所有年份和新疆所有年份（2005~2015年）两张表算出的结果，反映贡献率的变化；此表是2015年一年兵团和新疆一张表算出的结果，所以在贡献率上稍有差距，为避免读者混淆，特此说明。

在基础竞争力指数的增速比较上，近6年来兵团与新疆考察期时间点上增速有正有负，兵团在2010年与2011年基础竞争力出现负增长状态，2011年以后基础竞争力增速不断上升，新疆在2013年和2015年出现负增长，其他时间点核心竞争力增速都为正（见图6－15）。具体来看：①2010~2011年兵团与新疆基础竞争力增速呈相同方向变动，基础竞争力增速放缓；②2011~2012年兵团与新疆基础竞争力增速呈相反方向变动，兵团基础竞争力增速提升，新疆基础竞争力增速放缓；③2012~2013年兵团与新疆核心竞争力增速呈相同方向变动，2012~2013年增速递减；④2013~2015年兵团与新疆基础竞争力增速呈相反方向变动，2013~2014年兵团基础竞争力增速放缓，新疆基础竞争力增速提升，2014~2015年兵团基础竞争力增速提升，新疆基础竞争力增速放缓。

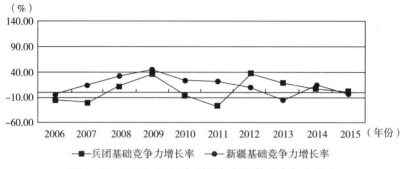

图 6 - 15　2006~2015 年兵团与新疆基础竞争力增速

　　在基础竞争力分项指数的增速比较上，新疆分项竞争力增速相较于兵团分项竞争力增速更加平缓（见图 6 - 16）。具体来看：①新疆的绿色竞争力增速相比兵团绿色竞争力增速更加平缓，且增速多为负增长，考察时间点上仅 2014 年增速大于零，2010~2014 年波动幅度在 20% 左右，2015 年有个大的下滑趋势，负增长率为 42.20%。兵团经济竞争力增速发展呈 "N" 形态势，2012 年为一个峰值（52.93%），2015 年为第二个峰值（58.50%）、2014 年为一个谷点（-6.24%）。②新疆的资源竞争力增速相比兵团资源竞争力增速平缓，考察时间点上除 2010 年和 2015 年外，增速均大于零，且波动幅度在 20% 左右，兵团资源竞争力在考察时间点上增速在 2010 年和 2014 年小于零（分别为 -44.90%、-6.24%），2015 年达到最大增速 58.50%。③新疆的公共服务竞争力增速可以分为两个阶段，2010~2013 年增速递减，于 2013 年达到负增长（-33.34%）；2013~2015 年增速递增，保持在正增长率上。兵团公共服务竞争力增速可以分为三个阶段，2010~2011 年增速下降，为负增长；2011~2012 年为增速上升，2012 年增速达到峰值 40.38%；2012~2015 年增速下降。

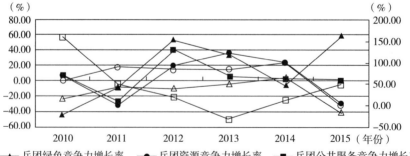

图 6 - 16　2010~2015 年兵团与新疆基础竞争力
分项增速（新疆公共服务竞争力右坐标）

6.3.4 兵团与新疆区域潜在竞争力比较

在竞争力指数的数值比较上，新疆潜在竞争力指数高于兵团，兵团潜在竞争力对总竞争力贡献上小于新疆。在潜在竞争力的构成上，与兵团差异较大（见表6-15）。具体来看：①新疆潜在竞争力指数是兵团的13.682倍，兵团潜在竞争力对其总竞争力的贡献率低于新疆，仅为18.88%；②在其潜在竞争力的具体构成上，兵团贸易竞争力、人才竞争力和文化竞争力对潜在竞争力的贡献比为2.1∶1∶1.5，发展较为均衡；③新疆贸易竞争力、人才竞争力和文化竞争力对潜在竞争力贡献的比为21.09∶1∶28.90，贸易竞争力和文化竞争力为主，人才竞争力相较于其他分项竞争力属于薄弱环节。

表6-15 2015年兵团与新疆潜在竞争力对比

	总竞争力	潜在竞争力指数（%）	贸易竞争力贡献率（%）	人才竞争力贡献率（%）	文化竞争力贡献率（%）
兵团	0.1450	0.0274	46.0600	22.0100	31.9300
新疆	0.9635	0.3749	42.1800	0.0200	57.8000

在潜在竞争力指数的增速比较上（见图6-17），近6年来，兵团与新疆考察期时间点上增速都有正有负，但趋势基本相同，并多处重合。具体来看：①2010～2013年，兵团与新疆基础竞争力增速呈相同方向变动，发展呈"N"字形态势，2011年为峰值（兵团为84.89%，新疆为87.66%），2012年为谷点（兵团为-45.28%，新疆为-52.11%）；②2013～2015年，兵团与新疆潜在竞争力增速呈相反方向变动，兵团潜在竞争力增速下降，新疆潜在竞争力增速提升。

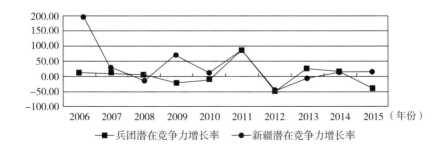

图6-17 2006～2015年兵团与新疆潜在竞争力增速

在潜在竞争力分项指数的增速比较上，新疆分项竞争力增速相较于兵团分项竞争力增速更加平缓（见图6-18）。具体来看：①新疆的贸易竞争力增速相比兵团贸易竞争力增速更加平缓，且增速多为正增长，考察时间点上仅2014年、2015年增速小于零（分别为-17.48%、-10.13%），2010~2014年波动幅度在20%左右。兵团贸易竞争力增速呈"M"形态势，2011年为一个高峰值（694.44%），2014年为第二个峰值（104.66%），其余时间点增速均小于零，呈负增长态势。②新疆的人才竞争力增速与兵团人才竞争力趋势类似，呈倒"V"形趋势，分为两个阶段，考察时间点上除2012年增速方向不同以外，其余时间点保持同方向变动。2010~2013年为第一个阶段，兵团人才竞争力增速上升，2013年达到峰值（59.37%），新疆与兵团趋势类似，除2012年有小幅下滑，2010~2013年基本保持增速上升；2013~2015年为第二个阶段，兵团与新疆人才竞争力增速下滑，到2015年跌入谷底（兵团为-63.76%，新疆为-62.36%）。③兵团文化竞争力增长率相比于新疆更加平稳，除2015年为负增长外，其余时间点均为正增长，波动幅度在20%左右，新疆的文化竞争力增速呈"M"形变化，2011年为第一个峰值（87.66%）、2014年为第二个峰值（14.31%）、2012年为谷值（-52.11%）。

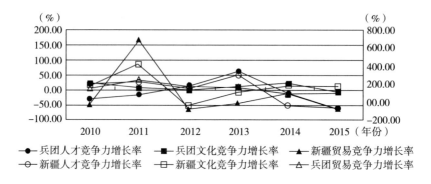

图6-18　2010~2015年兵团与新疆潜在竞争力分项增速
（兵团贸易竞争力增长率左坐标轴，其他增长率右坐标轴）

6.4　本章小结

本章根据变异系数法和综合评价法，运用雷达图和自然断点法进行梯队划分，分别从南北疆区域差异视角、师域差异视角、兵地对比的视角，对比分析各区域的综合竞争力、核心竞争力、基础竞争力、潜在竞争力的空间分布特征与空间差异。

兵团在南北东疆竞争力情况上：综合竞争力、核心竞争力、基础竞争力与潜在竞争力存在空间差异性，具体来看：①从2015年南北东疆竞争力指数上看，综合竞争力的排序为：北疆＞东疆＞南疆；核心竞争力指数的排序为：北疆＞东疆＞南疆；基础竞争力指数的排序为：东疆＞北疆＞南疆；潜在竞争力指数的排序为：北疆＞南疆＞东疆。②从各分项竞争力指数对各区域综合竞争力的贡献率来看，核心竞争力贡献率的排序为：东疆＞南疆＞北疆；基础竞争力贡献率的排序为：东疆＞南疆＞北疆；潜在竞争力贡献率的排序为：北疆＞南疆＞东疆。

在兵团师域总综合竞争力情况上，10年间各师区域总竞争力均呈现出波动上升的趋势。核心竞争力的空间差异经历了一个先增大后减小的过程，基础竞争力空间差异经历了一个先增大后减小的过程，潜在竞争力空间差异经历了一个先增大后减小的过程。具体来看：①从各师对总综合竞争力的贡献来看，八师、四师、五师对兵团总竞争力的贡献率最高，二师、三师、九师、十二师、十三师对兵团总竞争力的贡献率最低。②2015年总竞争力指数排序为：八师＞四师＞五师＞一师＞十师＞六师＞三师＞十二师＞九师＞七师＞二师＞十三师；核心竞争力指数的排序为：八师＞一师＞四师＞十二师＞六师＞十三师＞十师＞二师＞七师＞五师＞三师＞九师；基础竞争力的排序为：二师＞十二师＞十三师＞十师＞四师＞九师＞八师＞六师＞七师＞五师＞一师＞三师；潜在竞争力的排序为：四师＞六师＞十师＞七师＞五师＞一师＞十二师＞十三师＞二师＞八师＞三师＞九师。

在各类竞争力的梯队分布（排序）上，根据雷达图和自然断点法将兵团各师的各类竞争力分为三个梯队：①在师域核心竞争力上，八师和六师属于科技主导型，三师、五师、七师、十师、十四师属于产业主导型，一师、四师、九师、十三师、十二师均经历了主导类型的转变。②在师域基础竞争力上，一师、二师、五师、十二师、十四师属于公共服务主导型，四师属于资源主导型，七师属于绿色主导型，六师属于绿色、资源、公共服务竞争力均衡发展类型，三师、八师、十三师均经历了主导类型的转变。③在师域潜在竞争力上，一师、二师、九师、十师、十三师属于人才主导型，十二师属于贸易主导型，八师、四师、五师、三师、六师、七师和十四师均经历了主导类型的转变。

在兵团与新疆竞争力的对比上：在区域综合竞争力方面，兵团与新疆综合竞争力增速变化基本同步，新疆核心竞争力指数＞兵团，新疆核心竞争力贡献＜兵团；新疆基础竞争力指数＞兵团，新疆基础竞争力对总竞争力贡献＜兵团；新疆潜在竞争力指数＞兵团，新疆潜在竞争力对总竞争力贡献＞兵团。具体来看：①在区域综合竞争力上，兵团与新疆综合竞争力增速变化基本同步，在 2005～2012 年经历了"W"形的发展趋势，2012 年后增速变化有所分异。②在核心竞争力上，新疆核心竞争力指数高于兵团，兵团与新疆都处于核心竞争力不断上升状态。兵团以科技和经济分项竞争力为主，产业竞争力为其短板，新疆以产业竞争力为主，科技竞争力相较于其他竞争力属于薄弱环节。③在基础竞争力上，新疆基础竞争力指数高于兵团，兵团基础竞争力对总竞争力贡献上大于新疆。兵团以绿色竞争力和资源竞争力为主，公共服务竞争力为其短板，新疆以绿色竞争力和资源竞争力为主，公共服务竞争力相较于其他分项竞争力属于薄弱环节。④在潜在竞争力上，新疆潜在竞争力指数＞兵团，兵团潜在竞争力对总竞争力贡献＜新疆，兵团基础竞争力的构成较为均衡，新疆以贸易竞争力和文化竞争力为主，人才竞争力相较于其他分项竞争力属于薄弱环节。

第7章 西向开放视角下兵团区域竞争力的影响因素分析

　　前文梳理了区域竞争力的内涵与形成机理，以及兵团特殊区域情况下的资源条件、支撑环境、发展现状，并对西向开放的兵团区域竞争力进行纵向时间维度上的测评、横向内部师之间区域竞争力的综合评价，最后进行了兵团区域竞争力的时空分析。在此基础上，第7.1节从宏观、中观、微观不同角度总结了以往学者对区域竞争力影响因素的研究成果，并在前人的研究成果上归纳总结了不同空间范畴的区域竞争力影响因素；第7.2节结合西向开放的背景，并结合其自然环境、资源禀赋、地理位置的独特特点，从直接因素、间接因素、动力因素、制约因素四个层面对兵团区域竞争力的影响因素进行识别与分析；第7.3节在识别和分析了兵团区域竞争力影响因素的基础上，构建了具有兵团特征属性并包含四个层次的"直接—间接—动力—阻力"区域竞争力模型，为评价兵团区域综合竞争力提供理论基础；第7.4节从外资依存度、对外经济合作度、外贸依存度、国际旅游依存度四个方面，并下设八个指标，采用因子分析法测度了兵团的对外开放度；第7.5节沿用因子分析法测度了兵团经济竞争力、产业竞争力、企业竞争力，并采用格兰杰因果关系法探究了对外开放度与兵团区域竞争力的因果互动关系，为提升兵团区域竞争力的对策与保障措施提供理论依据。

7.1　区域竞争力影响因素的实证研究概述

　　一直以来，各科学者对区域的理解都有不同，地理学将区域理解为地球表面的一个地理单元；政治学将区域理解为国家实行行政管理的区域单元；而经济学将区域理解为经济上相对完整的经济单元。经济学家郝寿义和安虎森认为，区域是一个客观上存在的，又是抽象的人们观念上的空间概念，它往往没有严格的范畴和边界以及确切的方位，地球表面上的任何一部分，一个地区，一个国家乃至几个国家均可称为一个区域。各科学者侧重点不同，但具有两点共性：一是区域内某种事物的空间连续性；二是区域内某组事物的同类型或连续性。因此，区域划分以地理和经济特征为基础，并应该尊重行政区域的完整性。下文在讨论区域竞争力影响因素时，考虑区域所包含经济单元范围的大小，将区域划分为国家、区域（一国之内）、城市三个层面来研究。

7.1.1 国家竞争力影响因素的研究

世界经济论坛（World Economic Forum）是以研究和探讨世界经济领域存在的问题、促进国际经济合作与交流为宗旨的非官方国际性机构，作为一个智库研究论坛社区所关注的事务，并对此发表广泛的研究报告。尤其值得关注的是，论坛的"战略分析团队"，该团队致力于在国家竞争力评估、全球风险评估和预期模式规划和思考等相关领域撰写报告。在世界经济论坛发布的《2016～2017年全球竞争力报告》中，中国在全球竞争力排行榜保持第28位，领跑金砖国家，保持最具竞争力的新兴市场地位。而其竞争力的排名主要是依据世界经济论坛2005年推出的全球竞争力指数（GCI），该指数将竞争力定义为制度、政策，以及决定生产力水平的各种要素的综合，并根据各国12项指标上的表现进行打分，具体包括：制度建设、基础设施、宏观经济环境、卫生与初等教育、高等教育和培训、商品市场效率、劳动力市场效率、金融市场发展水平、技术就绪度、市场规模、商业成熟度以及创新水平。这12项指标是决定一国竞争力的主要依据，它们共同反映了一国竞争力的全貌。

瑞士洛桑国际管理学院（IMD）从1989年起每年发布世界竞争力年报，其国际竞争力分析主要从国际竞争力概念的定义出发，着力国家整体的现状水平、实力和发展潜力。在瑞士的全球顶尖商业管理学院2016年5月30日发布的《2016年世界竞争力年鉴》中，中国香港登榜首，成为全球最具竞争力经济体，中国列第25位，而IMD对国际竞争力指标的形成，是从20世纪80年代开始不断改进调整的。在80年代，IMD对国际竞争力的研究初步形成一个相对独立的体系，该体系将国际竞争力的影响因素归纳为经济活力、工业效率、市场趋向、金融活力、人力资源、国家干预、资源利用、国际化倾向、未来趋势和社会政治稳定性。从1991年开始，根据新的研究内容和定义将影响因素做了较大调整，归并为八类要素，即企业管理、经济实力、科技水平、国民素质、政府管理、国际化度、基础设施和金融体系。从2001年开始，瑞士国际管理发展学院提出了新的国际竞争力评价体系，由4个新的要素取代原有的8个要素，这4个要素便是现在采用的经济运行竞争力、政府效率竞争力、企业效率竞争力和基础设施竞争力，共包含 300 多个指标。

　　毫无疑问，无论是 IMD 还是 WEF 都是对一个国家竞争力的水平的评价。而且相关资料显示，从 1989 年到 2001 年，IMD 与 WEF 的国际竞争力评价体系采用的是一致的要素结构。1989 年共用 10 个要素（经济推动力、工业效率、市场导向、金融推动力、人力资源、政府影响、自然资源利用、国际化等），这 10 个要素均分别包含若干子要素。1992～2001 年，它们的国际竞争力评价体系共同调整为 8 个要素（国内经济实力、国际化、政府管理、金融体系、基础设施、企业管理、科学技术、国民素质），8 个要素也均包含若干子要素，表 7 - 1 和表7 - 2 是 GCI（WEF 的指数）与 WCI（IMD 的指数）指数构成对比，表 7 - 3 是两种核算指标方式下，国家竞争力排名的对比。

表 7 - 1　GCI 指数构成

类别	要素	子项目数
第一类：基本要素 Basic Requirements	制度建设	19
	基础设施	8
	宏观经济环境	5
	卫生与初等教育	11
第二类：效率增强因素 Efficiency Enhancers	高等教育和培训	8
	商品市场效率	15
	劳动力市场效率	9
	金融市场发展水平	9
	技术就绪度	8
	市场规模	2
第三类：创新与成熟度 Innovation Functions	商业成熟度	9
	创新水平	7

资料来源：WEF，Global Competitiveness Report 2016 - 2017.

表 7 - 2　WCI 指数构成

关键要素	二级要素	子项目数
经济绩效 Economic Performance	国内经济	28
	国际贸易	20
	国际投资	17
	就业	8
	物价水平	4

续表

关键要素	二级要素	子项目数
政府效率 Governmental Efficiency	公共融资	11
	财政政策	14
	制度框架	16
	商业立法	20
	社会框架	11
企业效率 Enterprise Efficiency	生产率	9
	劳动力市场	21
	融资	20
	管理实践	11
	态度与价值	7
基础设施 Base Installation	基本设施	22
	技术性基础设施	20
	科学基础设施	22
	健康与环境	17
	教育	14

资料来源：IMD，The World Competitiveness Yearbook 2016.

表 7-3   GCI 指数与 WCI 指数下 2016 年全球竞争力指数排名前十经济体

GCI 2016~2017 年	国家/经济体名称	WCI 2016~2017 年	国家/经济体名称
1	瑞士	1	中国香港
2	新加坡	2	瑞士
3	美国	3	美国
4	荷兰	4	新加坡
5	德国	5	瑞典
6	瑞典	6	丹麦
7	英国	7	爱尔兰
8	日本	8	荷兰

GCI 2016～2017 年	国家/经济体名称	WCI 2016～2017 年	国家/经济体名称
9	中国香港	9	挪威
10	芬兰	10	加拿大

资料来源：WEF, Global Competitiveness Report 2016 – 2017；IMD, The World Competitiveness Yearbook 2016.

7.1.2　区域竞争力影响因素的研究

关于经济和社会凝聚力的第二次报告认为区域竞争力最主要的影响因素如下：一是就业率和就业人员的生产力水平；二是行业就业集中度；三是人口统计特征；四是固定资产形成总额衡量的期间投资；五是对知识经济资产的投资；六是基础设施；七是教育水平和性质；八是创新和 RTD（研究和技术发展）。Barclays 银行 PLC/WDA/RDA "与世界竞争" 的报告把在每个区域都出现的成功因素总结为四个方面：①当地经济较强的国际化取向（以贸易和/或投资为尺度）；②建立在企业有意识地创造国际竞争优势基础上的专业化；③长期奠定和根植的文化、政府或区位因素；④公共和私营部门在连续一段时间内集中于小范围的用以加强区域内部实力和能力的经济发展活动。英国贸易和产业部（DTI, 2004）从五个方面建立了"区域竞争力指标体系"：整体竞争力、劳动力市场、教育和培训、资本以及土地和基础设施。米德兰东西部基本准则认为，竞争力取决于：知识密集型技能、创新能力、企业对固定资产和人力资源开发的投资水平、在高增加值产业活动中的就业集中度、坚实的财政和商业服务、较高的外国直接投资水平。在 ECORYS – NEI 对"区域竞争力影响因素的研究"中，认为区域竞争力的决定因素首先是生产要素，包括劳动力、资本和土地，然后是区域投资环境的主要因素，即基础设施和可达性、人力资源和生产性环境，这些主要因素又受到诸如制度、国际化、技术、人口特征、场所的质量和环境等软因素的影响。此外，还有大量文献分别从集群、人口、移民和场所、企业环境和网络、治理和制度能力、产业结构、创新/区域创新系统以及外国直接投资的角度研究了其对区域竞争力的影响。

近年来国内对区域竞争力研究也在不断推进。樊纲（1998）竞争力包含着制度（包括管理等软性技术）进步、技术进步、要素成本和比较优势三个环节。严于龙（1998）认为地区经济竞争力是一个地区（省、区、直辖市）国民经济在国内竞争中表现出来的综合实力的强度，国内外贸易、金融、投资的地位，强调一个地区提供基础设施所达到的科技水平、社会发展水平和经济发展状况。王秉安教授（2000）提出了三个直接竞争力因素即产业、企业和涉外竞争力和支撑它们的四个间接竞争力因素即经济综合实力、基础设施、国民素质和科技竞争力，并据此设计出由七大竞争力因素组成的一级指标，再进一步细分为24个二级指标和69个具体评价的三级指标。南京大学长江三角洲经济社会发展研究中心（2003）通过三维模型将区域综合竞争力分为核心竞争力、基础竞争力和辅助竞争力，其中核心竞争力包括经济水平、科技水平、金融实力；基础竞争力包括基础条件、教育及居民素质；辅助竞争力包括政府作用、生活环境。左继宏、胡树华（2005）根据区域竞争力的内涵将区域竞争力分解为八种竞争力：经济综合竞争力、产业竞争力、科技竞争力、金融竞争力、基础设施竞争力、政府作用力、国民素质竞争力及居民生活水平竞争力，构建了区域竞争力指标体系，通过多元统计理论的因子分析法评价组成区域竞争力的八个竞争力的评分，运用"拉开档次法"确定这八个竞争力在整个区域竞争力的权重，并认为其核心在于产业竞争力、经济综合竞争力。科技竞争力及国民素质竞争力是区域竞争力的潜力所在。全国经济综合竞争力研究中心福建师范大学分中心在2007年出版的《中国省域经济综合竞争力发展报告（2005～2006）》一书中建立了1个一级指标、8个二级指标、22个三级指标和184个四级指标构成的省域经济综合竞争力体系。国内区域经济竞争力指标评价体系一般都借鉴了国外的竞争力指标体系，虽然指标的设置不尽相同，但大体上都包含了产业竞争力、经济实力、企业竞争力、技术水平、人力资源、政府作用、金融财政、自然环境与资源等，同时对指标体系进行分级。在评价方法上，主要有因子分析法、层次分析法、聚类分析法等，借助相关的统计和计量软件对采集的数据进行相应的处理。

7.1.3 城市竞争力影响因素的研究

近年来，国内外很多学者从城市这一层面对区域竞争力的影响因素进行了研究。美国的Peter教授把城市竞争力的影响因素归纳为经济因素和战略因素两个方面。其中经济因素包括生产要素、基础设施、区位、经济结构和城市环境；战略因素包括政府效率、城市战略、公私部门合作和制度灵活性。国内学者倪鹏飞（1998）从"弓弦理论"出发，以硬力为弓，以软力为弦，以产业为箭，城市竞争力＝F（硬力竞争、软力竞争），其中硬力竞争包括劳动力、资本、科技、结构、设施、区位、环境和聚集等因素，软力竞争则包括秩序、文化、制度、管理和开放等因素。汪明峰（2002）根据"区位因子"将影响城市竞争力的因素分为了基本因子和非基本因子，其中基本因子包括人、基础设施、服务业、环境、管理等。

结合学者周群艳的观点和近几年区域竞争力研究的进展，表 7 - 4 从基础设施、人力资源和生产性环境三个方面将这些实证研究所表明的竞争力的关键影响因素进行了归纳和整理。

表 7 - 4　区域竞争力的影响因素总结

区域竞争力的影响因素总结	基础设施	基本基础设施	公路、铁路、航空
		技术基础设施	通信、网络
		知识基础设施	教育设施
		生活基础设施	住房、文化休闲设施
	人力资源	人口趋势	人口总量、年龄结构、性别比例、人口迁移
		工人技能	知识密集型技能
	生产性环境	部门集中度	就业集中度、产业集中度、高增加值活动
		国际化	出口、投资、FDI 性质
		创业文化	进入门槛低，敢于冒险的文化
		创新	专利、产学研结合、科研院校
		治理和制度能力	公司制度、激励策略
		专业化	人员的专业化、生产的专业化、销售与服务的专业化
		竞争的性质	寡头、垄断、完全竞争、垄断竞争
		资本的可获得性	技术提高、企业规模、性质

资料来源：笔者汇总所得。

7.2　兵团区域竞争力影响因素的识别与分析

在前文对区域竞争力影响因素进行理论推导和实证研究成果归纳的基础上，下文将结合兵团的具体社会经济情况，对区域竞争力的影响因素进行识别和分析。一个区域是一个极为复杂而又开放的有机体，因为影响区域经济发展的因素很多，影响区域竞争力的因素也是多方面的，几乎涉及经济、社会各个主要方面。这里既有来自主观因素的影响，也有来自客观因素的影响；既有总量方面的影响，也有速度、结构、效率方面的影响；既有体制方面的影响，也有管理方面的影响。这些影响因素广泛地存在于自然条件、经济发展、社会生活和政府行为之中，相互影响、相互渗透、密切交织，构成了影响区域竞争力的基本原因集合。以往学者对区域竞争力的各类因素没有进行系统的归纳，将难以深入到区域竞争力的来源本质。本章在参考学者周群艳《区域竞争力形成机理与测评研究》的基础上，对关于区域竞争力影响因素的观点进行了汇结，总结内容见表7-5。

表7-5　各理论对区域经济影响因素的观点

理论名	对区域竞争力影响因素的观点
古典区位理论	综合各种因素的单个经济个体的最优区位
古典经济学理论	要素的相对优势，包括土地、劳动、自然资源和资本等
发展经济学理论	技术性和制度性的后发优势
增长经济学理论	知识和专业化的人力资本积累
创新理论	新的生产要素的组合即创新
新制度经济学理论	制度结构与制度变迁
新贸易理论	规模经济，包括熟练劳动力、专业化的基础设施、供应商网络和本地化技术等因素
新金融理论	金融，包括储蓄率和资本配置效率
企业经济学理论	企业的状况，包括企业的技术水平和管理水平
竞争优势理论	钻石四要素，包括生产要素，需求条件，相关及支持产业，公司的战略、组织以及竞争
区域经济学理论	区位、产业、要素、创新

从表7-5可得，关于区域竞争力影响要素的观点主要包括了区位、生产要素（劳动、土地、自然资源、人力资本）、创新、制度、规模经济与专业化生产、金融、企业与产业状况等。但各个学派关于区域竞争力影响因素的见解，都是从静态和均衡的角度，从一个或几个层面来研究区域竞争力的条件因素的，没能系统、综合地考察区域竞争力的影响要素，没有将方方面面的影响要素归纳在一个整体体系中，没有建立一个系统的评价模型。经济的发展遵循事物发展的一般规律，事物的产生、发展、兴盛、衰亡与经济的发展周期又相辅相成，恰如历史学研究中，研究历史事件的发生，社会变迁的轨迹，常常涉及几个"原因"和"条件"，原因包括主要原因（因素）、根本原因（因素）、直接原因（因素）、间接原因（因素），条件又有推动条件和阻碍条件之分。王秉安（1999）最早提出了区域竞争力的直接—间接竞争力模型，认为区域竞争力由三个直接竞争力（产业竞争力、企业竞争力和涉外竞争力）和支撑它们的四个间接区域竞争力（经济综合实力竞争力、基础设施竞争力、国民素质竞争力和科学技术竞争力）构成。此后，韩国元（2004）对 MID 进行深化和发展，在区域竞争力模型

上沿用了王秉安的观点。本章在参考学者韩国元的观点下，沿用了直接—间接分析法，将区域竞争力分析的基本框架设定为：影响区域竞争力的直接因素、影响区域竞争力的间接因素、影响区域竞争力的动力因素和影响区域竞争力的制约因素四个层次。直接竞争力是指能直接影响、表征区域竞争力的因素，间接影响力是指能通过影响直接竞争力从而对区域竞争力产生影响的因素，而动力因素和阻力因素则是可以推动或制约直接竞争力和间接竞争力发展的因素。

7. 2. 1　影响兵团区域竞争力的直接因素

影响兵团区域竞争力的直接因素是指直接影响、表征兵团区域竞争力的因素，主要包括经济实力、产业竞争力、企业竞争力、开放竞争力四个方面。①经济对于区域的发展不言而喻，兵团区域经济实力是从规模、总量上衡量兵团在经济领域的总体和综合力量，它不仅是一个区域过去经济发展的成果以及目前经济发展的现状，也是该区域未来经济发展和竞争的基础和新起点，反映了未来区域竞争力的发展潜力。②经济的发展离不开产业的发展，产业的高级化程度是一国经济水平的象征。一方面，产业竞争力体现着经济实力，如果地区各产业、各生产部门在主产上相互衔接、紧密配合，并形成合理的比例，则地区资源在各部门之间将得到合理的配置，相应地为地区创造的财富就会越多，地区的经济实力就会越强，经济竞争力也会越强；另一方面，从某种程度上，产业竞争力就是国际（区域）竞争力。迈克尔·波特在《国家竞争优势》一书中曾提出了全球竞争的基本原则：要探究的不是为什么某个国家有竞争力，而是为什么某个国家在某个产业特别有竞争力。③将产业置于显微镜下观察，便可看到无数个类型相同、相互独立的产业执行者，即为企业，企业是组成产业的个体。一方面，产业竞争力离不开企业竞争力，企业竞争力是产业竞争力提升的基石；另一方面，企业，特别是具有一定规模的大企业是地区竞争优势的主要载体。④开放性竞争力直接影响着经济竞争力、产业竞争力和企业竞争力，进而作用于区域竞争力。首先，区域开放程度决定生产要素合理流动和合理配置的程度，从而通过贸易、合作提升经济竞争力。其次，对外开放加强了地区与地区和国际之间的联系，通过吸收和引进知识、技术、技能、制度、文化和管理，企业可以进行创新，增强自身企业的竞争力。最后，开放可以创造新资源，培养新优势，不仅可以扩大原有产业规模，提高产业层次，而且可发展高技术的创新产业，实现产业的高级化度，实现资源的合理配置，提高产业竞争力。

基于以上分析，本章对王秉安（1999）、韩国元（2004）区域竞争力的直接—间接竞争力模型进行改进，认为兵团直接竞争力应包含四个方面，即经济竞争力、产业竞争力、企业竞争力、开放竞争力，具体每个分项竞争力的指标如下：

（1）经济竞争力。经济实力是区域经济竞争力的核心所在，经济实力通常用 GDP、社会固定资产投资总额、社会消费品零售总额、二三产业产值、GDP 增长率、社会固定资产投资增长率、二三产业增长率、人均 GDP、城镇人均可支配收入、人均社会消费品零售总额 10 个子指标来衡量，分别从经济总量、增长速度、人均指标三个层面来衡量兵团经济实力。

（2）产业竞争力。产业竞争力的刻画主要从产业发展状况、产业结构高级化程度、产业创新能力三个角度来论述，指标包括规模以上工业企业全员平均劳动生产率、规模以上工业企业经济效益综合指数、规模以上企业单位总产值、兵团规模以上企业数量、二产对 GDP 贡献率、三产对 GDP 贡献率、二产占一产产值比重、三产占一产产值比重、规模以上企业科技活动经费、规模以上企业科技活动人员数 10 个子指标。

其中，规模以上工业企业经济效益综合指数是综合衡量工业经济效益各个方面在数量上总体水平的一种特殊相对数，是反映工业经济运行质量的总量指标，它可以用来考核和评价各地区各行业乃至各企业工业经济效益的实际水平和发展变化趋势，反映整个工业经济运行质量和效益状况的全貌。这一指标可以通过《兵团统计年鉴》直接得到。

规模以上工业企业全员平均劳动生产率指根据工业产品的价值量指标计算的平均每一个从业人员在单位时间内的产品生产量，是考核产业经济活动的重要指标，是某个产业的生产技术水平、经营管理水平、职工技术熟练程度和劳动积极性的综合表现。目前我国的全员平均劳动生产率是将工业企业的工业增加值除以同一时期全部从业人员的平均人数来计算的。计算公式为：全员平均劳动生产率 = 工业增加值/全部从业人员平均人数。

（3）企业竞争力。产业是企业集合而成的，产业竞争力归根结底要落实到企业竞争力上来，缺乏企业竞争力，产业就失去了根基。因为，企业竞争力是产业竞争力的基石。一方面，企业竞争力的增强有助于区域内产业竞争力整体的增强；另一方面，产业竞争力的提升反过来又会促进企业竞争力的进一步增强。如此，便可实现产业竞争力与企业竞争力的互动性循环。兵团企业的竞争力，可以通过兵团企业规模、企业效率、企业财务三个方面来考察，分别包括兵团规模以上企业数量、兵团上市企业数、规模以上独立核算企业经济效益综合指数、规模以上独立核算企业产品销售率、社会平均劳动生产率、规模以上独立核算企业成本费用利税率、规模以上独立核算企业主营业务收入、规模以上独立核算企业利润总额共 8 个子指标。

（4）开放竞争力。开放竞争力通常用区域对外开放度衡量，区域对外开放度指的是区域的国际化水平，主要反映区域与境外国家或地区的经济、社会和文化联系的紧密程度。兵团的对外开放度主要衡量的是兵团在西向开放中，与邻近国家的贸易往来，经济合作、资金融通、国际旅游、技术交流等方面的外向程度，它能反映出兵团融入国际的程度与对国际经济的依赖程度，其水平的高低对兵团当下与未来的经济发展、区域竞争力的提高具有重要影响。在"一带一路"大背景下，新疆作为西向开放的门户，紧紧抓住共建丝绸之路经济带的历史机遇，加强与丝路沿线国家之间的经贸合作与交流，连续多年在哈萨克斯坦举办中国商品展览会，与丝路沿线国家货物贸易稳定发展，与中亚及周边国家贸易额已占兵团外贸总额的70%，在中亚国家实施了一批涉及现代农业、工程建设等多个领域的经济技术合作项目，目前，兵团已与160多个国家和地区建立了经贸关系，与20多个国家和地区开展经济技术合作，对外贸易突破100亿美元，在国际竞争力上有着很大的发展潜力，因此对外开放度被单独列出，显示了兵团对外开放活动、发展外向型经济、争夺国际资源与市场的重要意义，它为兵团资源的优化配置提供了一个更为广阔的空间。兵团的对外开放度从国际旅游依存度、对外经济合作度、外贸依存度、外资依存度四个层面来衡量，包括境外旅游人数、境外旅游收入/旅游业总收入、对外承包工程额、对外劳务额、兵团外贸进出口总额、外贸依存度＝进出口额/GDP、实际利用外资额、外商总投资额共8个子指标。

四个直接影响因素的具体指标与子指标如表7－6所示。

表7－6 兵团竞争力直接影响因素分析

直接影响因素	指标	子指标
兵团经济竞争力	经济总量	GDP
		社会固定资产投资总额
		社会消费品零售总额
		二三产业产值
	增长速度	GDP 增长率
		社会固定资产投资增长率
		二三产业增长率
	人均指标	人均 GDP
		城乡人均可支配收入
		人均社会消费品总额

续表

直接影响因素	指标	子指标
兵团 产业 竞争力	产业发展状况	规模以上工业企业全员平均劳动生产率
		规模以上工业企业经济效益综合指数
		规模以上企业单位总产值
		兵团规模以上企业数量
	产业结构高级化程度	二产对 GDP 贡献率
		三产对 GDP 贡献率
		二产占一产产值比重
		三产占一产产值比重
	产业创新能力	规模以上企业科技活动经费
		规模以上企业科技活动人员数
兵团 企业 竞争力	企业规模	兵团规模以上企业数量
		兵团上市企业数
	企业效率	规模以上独立核算企业经济效益综合指数
		规模以上独立核算企业产品销售率
		社会平均劳动生产率
	企业财务	规模以上独立核算企业成本费用利税率
		规模以上独立核算企业主营业务收入
		规模以上独立核算企业利润总额
兵团 开放 竞争力	国际旅游依存度	境外旅游人数
		境外旅游收入/旅游业总收入
	对外经济合作度	对外承包工程额
		对外劳务额
	外贸依存度	兵团外贸进出口总额
		外贸依存度＝进出口额/GDP
	外资依存度	实际利用外资额
		外商总投资额

7.2.2 影响兵团区域竞争力的间接因素

影响兵团区域竞争力的间接因素是兵团竞争力形成中不起主导作用，而起到间接作用的因素，是直接竞争力的外部支撑因素。包括人力资本竞争力、金融与投资环境竞争力、基础设施竞争力、科技竞争力、资源环境竞争力与政府作用力六个方面。①人是社会的主体，人是企业的领导者，也是产业的组织者，任何先进的管理、合理的决策、优秀的发展模式都是基于一定的人力资本，都依赖于人的智力活动。②投资、金融行业的发展水平是一个国家经济运行情况的反映。一方面，根据凯恩斯的投资乘数理论，新增加的投资可导致收入、就业量、GDP 数倍增加；另一方面，金融与投资环境的改善，对"一带一路"下我国过剩产能的转移、推进人民币的国际化都有着积极作用。③基础设施竞争力是区域内产业、企业、涉外竞争力发展的环境条件。基础设施竞争力越强，说明区域内部环境状况越好，越有利于吸引大区域的生产要素的流入。④科学技术是第一生产力，它是贯穿区域内产业、企业、对外竞争力发展的强大动力，同时科学技术发达的区域又能有效地吸引区域外的资本、人才等生产要素的流入。⑤资源环境体现了一个区域的要素禀赋，充分发挥一个地区的资源优势，是各区域发展战略的重要内容。资源与环境因素是工业化的基础条件，是对外贸易的比较优势。⑥政府的决策和管理行为会对区域政治、经济、文化、环境等产生短期和长远的影响和效果，合理的制度设计和激励性的政策能带动一个区域经济的发展，是经济发展、产业企业的提升、对外贸易发展的外部保障。

（1）人力资本竞争力。人组成社会总体，人才作为知识的载体和经济建设的主体，其素质的高低成为区域竞争力的关键因素。本章从人口健康素质和人口文化素质两个方面来对人力资本竞争力进行分析，包括出生率，死亡率，千人医生数，万人医院床位数，文盲、半文盲占 15 岁以上人口比例，大专以上教育程度人口比例，普通高校在校学生数，高等学校数共 8 个子指标。

（2）金融与投资环境竞争力。金融投资活动是现代投资活动的主要内容之一。中国正处于金融经济阶段，改善金融投资环境引进资金进入，对新疆构建开放、畅通、便捷、高效的金融政策环境，提高金融服务实体经济的水平，服务国家"一带一路"建设有着重要意义。本章将从金融发展和投资环境两个方面来考察，包括金融相关比率，金融企业数量、种类，兵团吸引外来投资总额 3 个子指标。

（3）基础设施竞争力。基础设施竞争力是区域加快经济发展速度和提高经济效益的关键因素，是区域经济社会发展水平的重要标志之一。本章从兵团的电信指标、能源指标、交通运输指标方面对基础设施竞争力进行比较分析，包括邮电业务总量，互联网用户数量，发电总量，旅客周转量，货物周转量，铁路、公路干线数目，飞机场数目共 8 个子指标。

（4）科技竞争力。在知识经济时代，科学技术在区域经济中的地位越来越重要，科技竞争力已成为区域竞争中取胜的一个重要组成部分，同时也反映了区域创新水平。本章从兵团科技队伍、科技投入、科技成果、科技转化四个方面对科技竞争力进行比较分析。包括各类科技人员总数、科研活动人员总数、万人科技人员数、科技投入经费总额、万人科技经费数、专利受理量、专利授权量、成交技术合同数、成交技术合同金额共9个具体指标。

（5）资源环境竞争力。资源环境能力是区域经济综合竞争力的基石，一个地区的经济发展在很大程度上依赖其资源存量与环境状况。本章将从兵团农业与林业用地出发，用耕地资源面积、粮食作物产量、当年造林面积3个子指标来反映兵团的资源环境状况。

（6）政府作用力。政府通过地方经济发展计划确定本地区发展的先导工业和产业，通过优惠政策从国内外积累资本进而创造经济增长的初始条件，通过制定适宜的财政金融政策维护经济的稳定发展。用经济指标（管理项目中占用资源的水准）、效率（行政经费占财政支出的比重）、效果（公共服务实现标的程度、信息公开度、公民满意度）、行政能力（财政收支状况、城镇登记失业率）、公正（地区内部收入差距、恩格尔系数、腐败案件涉案人数占行政人员比例）共10个子指标来衡量兵团政府管理效能。

六个间接因素的具体指标与子指标如表7-7所示。

表7-7　兵团竞争力间接影响因素分析

间接影响因素	指标	子指标
兵团 人力 资本	人口健康素质	出生率
		死亡率
		千人医生数
		万人医院床位数
	人口文化素质	文盲、半文盲占15岁以上人口比例
		大专以上教育程度人口比例
		普通高校在校学生数
		高等学校数
兵团 金融与 投资环境	金融发展	金融相关比率
		金融企业数量、种类
	投资环境	兵团吸引外来投资总额
兵团 基础 设施	电信	邮电业务总量
		互联网用户数量
	能源	发电总量
	交通运输	旅客周转量
		货物周转量
		铁路、公路干线数目
		飞机场数目

续表

间接影响因素	指标	子指标
兵团科技	科技队伍	各类科技人员总数
		科研活动人员总数
		万人科技人员数
	科技投入	科技投入经费总额
		万人科技经费数
	科技成果	专利受理量
		专利授权量
	科技转化	成交技术合同数
		成交技术合同金额
兵团资源环境	农业	耕地资源面积
		粮食作物产量
	林业	当年造林面积
兵团政府作用力	经济指标	管理项目中占用资源的水准
	效率	行政经费占财政支出的比重
	效果	公共服务实现标的程度
		信息公开度
		公民满意度
	行政能力	财政收支状况
		城镇登记失业率
	公正	地区内部收入差距
		恩格尔系数
		腐败案件涉案人数占行政人员比例

7.2.3 影响兵团区域竞争力的动力因素

影响兵团区域竞争力的动力因素是指在现有的社会与经济背景下，引导和推动兵团发展的有利条件，它并不是直接作用于兵团区域竞争力的核心因素，也不是起到间接作用的因素或提供外部支撑的因素，而是兵团自身所具备的可观条件。主要包括市场吸引力因素、政策推动力因素、产业转型与升级动力因素、科教推动因素。

（1）市场吸引力因素。在地理位置上，新疆毗邻蒙古国、哈萨克斯坦、吉尔吉斯斯坦、塔吉克斯坦、阿富汗、印度等八个国家，是我国边境线最长，邻国最多的省份，具有很好的西向开放的地缘优势；在政策上，"一带一路"建设中丝绸之路经济带建设的开展，给兵团带来了巨大的市场机遇。随着在交通、贸易、金融、民生等基础设施建设方面的开展，兵团周边领国的市场将进一步被打开。具体的市场吸引力又包含了外部市场吸引力与内部市场推动力两个方面。

在中亚和俄罗斯等国的外部市场吸引力上，可从经济增速、市场容量、购买力水平、贸易相关度四个层面来分析。在经济增速上，中亚等国家尚处于发展阶段，俄罗斯尚处于发展中国家向发达国家转型阶段，它们都具有经济增长迅速的特征，如图 7-1 所示，2001~2015 年俄罗斯与中亚五国的 GDP 增速大都为正数，且集中在 5%~10% 的增速之间，这些国家市场扩张迅速，市场潜力大。在市场容量上，中亚五国与俄罗斯人口增长速度快。如图 7-2 所示，年增长速度集中在 0~5%，其中乌兹别克斯坦年均人口增长率为 1.59%、吉尔吉斯斯坦年均人口增长率为 1.30%、塔吉克斯坦年均人口增长率为 2.10%、土库曼斯坦年均人口增长率为 1.18%、哈萨克斯坦年均人口增长率为 1.37%、俄罗斯年均人口增长率为 0.60%，新增消费人群不断增加，市场容量大。在购买力水平上，居民平均工资收入水平稳步提升，购买力增加，社会最终消费水平均处于上升趋势，其中乌兹别克斯坦年均增长率达到 12.81%、吉尔吉斯斯坦达到 16.22%、塔吉克斯坦达到 20.20%、哈萨克斯坦达到 18.45%、土库曼斯坦达到 23.95%、俄罗斯为 16.54%。由图 7-3 可知，土库曼斯坦消费增长速度最快，但波动幅度较大，哈萨克斯坦、吉尔吉斯斯坦与俄罗斯增长幅度相近且波动较小，但年均消费增速均在 10% 以上，市场消费需求大。在贸易互补性上，中亚各国消费市场

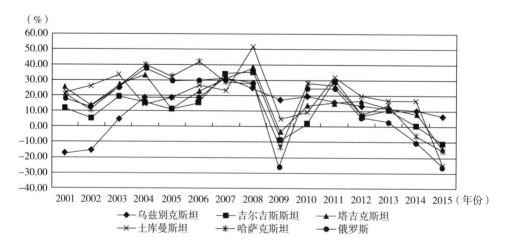

图 7-1　2001~2015 年中亚五国与俄罗斯 GDP 增长率

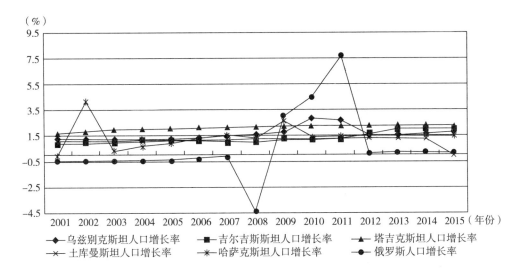

图 7-2 2001~2015 年中亚五国与俄罗斯年人口增长率

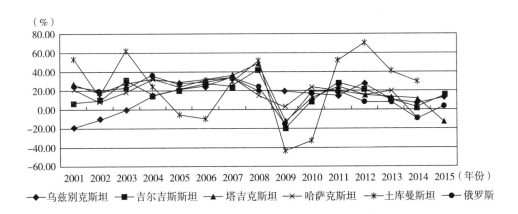

图 7-3 2001~2015 年中亚五国与俄罗斯社会最终消费支出总额增长率

80% 左右的家电、轻纺依赖进口,而当前兵团的外贸出口发展主要是以农产品加工、轻工业品制造等产品出口为主,兵团与外贸伙伴国在外贸结构上有很强的互补性,中亚等国的外部市场对兵团的贸易有很强的吸引力,双方合作具有无限商机。

本国市场的推动力上,出口贸易发展迅速,进口贸易缓步提升,贸易依存度呈倒 "V" 形趋势发展(见图 7-4)。①在出口贸易上,兵团的轻工业品由于距离中国内地较远,运输成本高,且制成品与内地企业相比并不具备竞争优势。兵团轻工业,如纺织行业,长期产能过剩,而兵团自身消费总量又有限,所以本地市场生产大于需求的现实推动着兵团的企业向外开拓国际市场，自 2004 年以来兵团出口贸易发展迅速，出口贸易额度不断增长，16 年年均环比增速达到 35.22%，2005~2008 年增速迅猛，2008 年遭受国际金融危机开始下降，2009 年后又缓慢提升，到 2014 年出口贸易总额达到一个峰值，达 1095455 万美元。②在进口贸易上，进口贸易总额自 2004 年为分水岭开始落后于出口贸易额，保持了一个平缓的速度增长，16 年年均环比增速达到 17.2%，2014 年相比于 2000 年增长 241.10%，2015 年相比于 2000 年增长 107.10%，兵团进口产品主要为农产品、机电产品、钢材以及废金属等，而兵团主要外贸伙伴都是以重工业或工业原材料为出口，因而兵团本地市场也需要进口贸易来推动企业发展。③兵团的贸易依存度大小与全国水平相似，处于全国居中水平，兵团与全国和中国其他省域外贸依存度对比如图 7-5 所示，虽低于东南沿海的发达省份，但高于新疆平均水平和中部一些省份。外贸依存度呈倒"V"形趋势发展，以 2008 年国际金融危机为分水岭，2000~2008 年有上升趋势，2008~2009 年大幅下降，2009 年后保持平稳趋势。可以看出，2008 年后，外贸依存度呈下降趋势，但外贸依存度仍保持 40% 以上，2012 年为 50.88%，2013 年为 47.86%，2014 年达到了 42.35%，说明对外贸易对兵团经济影响较大，在兵团经济中占据重要地位，本地市场需要外贸合作。

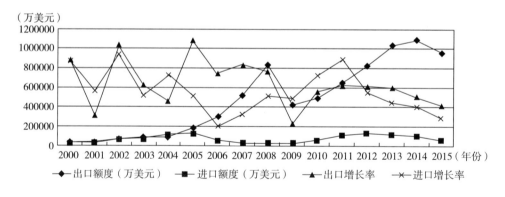

图 7-4　2000~2015 年兵团外贸发展情况

（2）政策推动力因素。为推进兵团区域竞争力的提升，中央政府和兵团自身都先后推出一系列政策。

在中央政策上：①"西部大开发"政策。为了缩小与东中部地区的发展差距，党中央、国务院提出了西部大开发战略，先后出台了《关于实施西部大开发若干政策措施的通知》（2000 年）和《国务院关于进一步推进西部大开发的若干

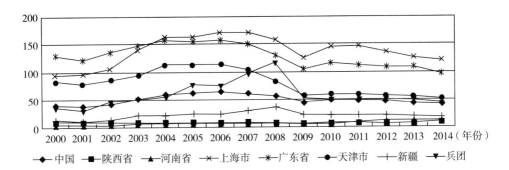

图7-5 兵团、中国与部分省市外贸依存度对比

意见》(2004年),并制定实施了《"十五"西部开发总体规划》《西部地区人才开发十年规划》《西部大开发"十一五"规划》《西部大开发"十二五"规划》等专项规划。②对外开放政策。为了进一步深化新疆的对外开放,2007年,国务院下发了《关于进一步促进新疆经济社会发展的若干意见》(国发〔2007〕32号),提出了新疆要实施面向中亚的扩大对外开放战略;2011年,国务院印发《关于支持喀什、霍尔果斯经济开发区建设的若干意见》,推动新疆与兵团对外开放,实现优势互补、互惠互利、共同发展的中亚、西亚、南亚、东欧的关系,喀什、霍尔果斯成为西向开放的门户。

在自治区政策上:①在行政政策上,2014年7月10日,中吉政府间经贸合作委员会中国新疆—吉尔吉斯斯坦共和国工作组会议在乌鲁木齐举行,双方围绕经贸、交通、农业、卫生、金融以及旅游等领域合作深入交流意见,并签署会议纪要。2015年自治区下发了《关于成立自治区对外开放领导小组及办公室的通知》(新党厅字〔2015〕53号),成立自治区对外领导小组办公室,用以提升和加快商务领域对外开放整体水平。②在开发区和园区政策上,新疆正积极推动中国—中亚自由贸易园区的设立与建设,在中国与中亚国家FTA(双边或多边自贸协定,也称自贸区),先后建立了喀什中亚南亚工业园区、乌鲁木齐出口加工区及喀什、霍尔果斯经济开发区。③在贸易平台建设政策上,乌洽会、塔吉克斯坦—中国新疆出口商品展洽会、吉尔吉斯斯坦—国际矿业投资与基建工程合作推介会建设如火如荼。2010年中央下发了《关于深入实施西部大开发战略的若干意见》(中发〔2010〕11号)并明确指出要提升乌洽会的功能,国家给予一定资金支持。根据自治区商务工作会议部署和自治区商务厅2015年度境外展会计划,第八届塔吉克斯坦—中国新疆出口商品展洽会于2015年9月17~19日在塔吉克斯坦首都杜尚别顺利举办。④民生政策,2017年自治区党委实施重大惠民工程,安排补助资金138.9亿元,建设安居富民工程30万户,开工保障性住房19.1万套；投资 65 亿元，建设农村公路 1.1 万公里；2018 年 5 月，国家发改委下达 2018 年中央预算内投资计划，支持新疆教育现代化推进工程、全民健康保障工程和文化旅游提升工程等民生建设。

（3）产业转型与升级动力因素。国家对新疆丝绸之路经济带核心区的定位给新疆经济发展提供了巨大的市场支撑，结合之前的西部大开发等带来的政策支持，将形成合力推动新疆产业结构升级，为加快承接东部优质产业的转移提供动力。

第一，新疆制造业产业集群推动力。新疆维吾尔自治区经济和信息化委员会主任胡开在构思西向开放的制造业基地方案时指出，新疆将瞄准输变电装备、农牧业装备、石油及石化装备、新能源和节能环保装备、矿山和工程机械装备、轻工制造、纺织和服装制造、新材料、电子信息、生物和医药 10 个战略重点，通过两个阶段用十年时间，打造 6 个超千亿、各具特色的制造业产业集群，规模以上制造业研发经费占主营业务收入比重达到全国平均水平；在战略性新兴产业中培育营业收入超 100 亿元的企业 10 家，50 亿元的企业 20 家。在未来的 10 年内，新疆的产业结构将得到进一步的转型与升级，从而形成对新疆以及兵团经济腾飞、区域竞争力提升的强大推动力。

第二，兵团自身在产业上的优势条件推动力。兵团具有组织化程度高的优势，兵团有数十个边境团场分布在 11 个国家一类开放口岸地区，边境旅游、屯垦文化旅游和自然风光等特色旅游资源丰富，经济聚集优势明显，具有口岸、地缘和资源集成的区位优势，工业门类齐全，食品医药、纺织服装、碌碱化工和煤化工、特色矿产资源加工、石油天然气化工、新型建材和装备制造等支柱产业快速发展，具有产业优势。为了充分发挥新疆、兵团在丝绸之路经济带核心区建设中的作用，兵团正在着力于做实中新建集团，大企业、大集团是一个产业或区域经济增长的重要支撑和区域资源、资本结构优化的重要载体和平台。兵团做实中新建集团，能够使兵团作为一个整体，提升竞争优势，增强兵团经济发展的核心竞争力，发挥兵团排头兵作用。

（4）科教推动因素。区域科教水平的内涵体现在以下两个方面，一是通过基础研究人力和财力的投入，不断积累和增加科学技术与教育资源的过程；二是通过研究和开发活动将科学技术与教育资源转化为实用技术或专利以及新产品的过程。科技强国，人才固国，科学技术与教育通过"示范效应""学习效应""正向溢出效应"对企业竞争力、产业竞争力的提升有着至关重要的作用，企业和产业的壮大，是推动对外贸易提升的基石，是我国在世界贸易竞争格局中占有核心品牌、核心技术一席之地的必然要求。

1991 年兵团提出"科技振兴兵团"战略，1996 年中共兵团第四次党代会着重讨论了"科教振兴兵团"战略,并提出了执行这一战略的措施,先后颁布了《兵团重大科技效益奖的暂行办法》《新疆生产建设兵团科学技术进步奖励办法》,越来越多的人认识到,再造兵团辉煌,科教是关键。进入 21 世纪以来,兵团大力推进科教进步,2002 年兵团办公厅转发了《兵团科委关于深化兵团科研机构管理体制改革的实施意见》。本节搜集了 2000 年以来兵团 R&D(研究与试验发展活动)的数目、R&D 经费投入(见图 7-6)及发表论文数量、专利申请受理数目(见图 7-7),来反映 21 世纪以来兵团科教投入与产出的变化。

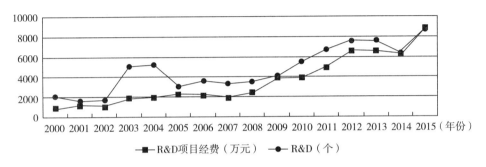

图 7-6　2000～2015 年兵团 R&D 与经费状况

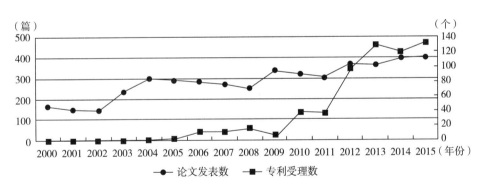

图 7-7　2000～2015 年兵团专利受理数量与论文发表数量

第一,在 R&D 发展水平上,自 2000 年以来,兵团 R&D 数目与 R&D 经费投入总体上呈现出上升趋势,并且分别在 2007 年和 2008 年以后呈现高速发展的状态。具体来看:①2007 年兵团党委提出建设创新型兵团的战略构想,创新型兵团的概念开始出现。在创新型兵团指引下,2008 年兵团科教工作取得了显著成绩,科技部加强了对兵团科技工作的指导和支持,将兵团纳入部区会商机制并召开第二次会商会议;科技支疆工作会议成功召开,首批科技支疆项目初见成效,进一步深化了兵团与内地发达省(区、市)的科技合作与交流,为兵团日后科教的长足进步打下了坚实基础。②自 2008 年开始到 2015 年兵团 R&D 数目上涨了 149.15%，R&D 经费投入上涨了 266.72%，全年兵团争取各类国家科技计划项目批准立项 185 项，国拨经费到位资金 1.17 亿元。兵团本级科技计划项目立项 320 项，兵团本级财务科技拨款 1.58 亿元，同比增长 11.3%。

第二，在发表论文数量、专利申请受理数目上，2002 年前后和 2008 年前后是兵团科教产出的两个拐点。具体来看：①2002 年、2003 年以后，兵团发表科技论文数量快速上升，专利受理数目开始增长，在 2002 年兵团发布《兵团科委关于深化兵团科研机构管理体制改革的实施意见》之后，兵团的科研机构实行了企业化转制、进入企业或与企业合并重组，到 2003 年改制科研所均实现了平稳过渡和发展，公益型科研机构改革也已开始起步。②2008 年、2009 年前后，兵团论文发表与专利受理数量在整体趋势上又迎来了一个发展高速时期。2008 年与 2009 年，创新型兵团开始构建，科教产出迎来新的高峰，专利受理数量得到了迅速提升，论文的发表量也在波动中上升。截至 2015 年（自 2000 年）兵团发表的论文数量已经有 4613 篇，专利受理数量 607 个，其中发表论文数量由 2000 年的 166 个上升到 2015 年的 405 个，专利受理数由 2000 年的 0 个上升到 2015 年的 166 个，普通高等学校由 2000 年的 2 所增加到了 2015 年的 6 所，包括石河子大学、塔里木大学、石河子大学科技学院、石河子职业技术学院、兵团新型职业技术学院、兵团警官高等专科学校，兵团国有科学研究与开发机构由 2000 年的 2 个增加到 2015 年的 18 个，万名职工拥有科技人员达到 1720 人，拥有教授 252 名，副教授 947 名，讲师 1481 名。科教能力在这 15 年中有了显著提高，这为兵团创新能力的提高和区域竞争力的提高提供了技术保障和动力支持。

7.2.4 影响兵团区域竞争力的制约因素

影响兵团区域竞争力的制约因素是指在现有的社会与经济背景下，阻碍和限制兵团发展的不利因素。影响兵团区域竞争力的因素非常多，也是诸多因素共同作用的结果。全疆的经济发展存在很大的差距，北疆、南疆、东疆在地理环境、历史环境、自然禀赋、人才资源、技术水平、政策措施等因素上存在明显的差异。兵团区域竞争力在这些因素的共同作用下也会出现明显的差异。本章结合兵团的不同区域实际状况与存在的主要问题，主要从以下几方面进行分析：

（1）自然禀赋制约因素。从自然环境上看，恶劣的自然环境对于外来人才的引入是非常大的障碍。北疆沿天山一带的第六师、第七师、第八师、第十二师和建工师的自然条件相对较好，降水比较多，年平均降水 200 ~ 300 毫米，各师年平均气温在 6 ~ 8℃。在南疆的西部沙漠边缘地区的第十三师、第十四师的生态环境相对脆弱，自然条件艰苦，干旱少雨，年平均降水 70 ~ 80 毫米，并且蒸发比较大，各师年平均气温 10℃以上。

从资源上看，稀缺的资源分布不均，丰裕的资源开发不足。①在水资源上，总量不足、分布不均且具有明显的地域特征，北疆优于南疆，西部优于东部。兵团水资源主要有地下水、天山雪融水与水库水，地下水 690 亿立方米，水库存水 30 亿立方米，河流水季节变化大，年内分布极不均衡。水资源的不足极大地制约了兵团工业和农业发展的能力。②在土地资源上，截止到 2014 年，兵团土地总面积约为 7057.94 千公顷，其中农业用地 4309.39 千公顷，建筑用地 278.36 千公顷，流动、半流动沙漠及戈壁、裸岩倒石堆、高山寒漠等不可利用或难以利用的土地面积达到 2470.19 千公顷，占兵团土地总面积的 35%。③在矿产资源和能源上，兵团矿产资源极为丰富，煤炭、膨润土、石棉、铜、石灰石等储量丰富，在新能源上也具有明显优势，但开放和利用的技术手段落后，存在开采方式粗放等问题。

（2）地理位置制约因素。新疆位于我国西北部，地处欧亚大陆中心。在国内方面，除了与青海、甘肃、西藏连接外，与其他省份进行物资往来都必须经过狭长的河西走廊，乌鲁木齐与我国其他省会平均距离为 3000 公里。疆内方面，新疆广袤的面积造成疆内各地州之间的距离也非常远，各地州到乌鲁木齐的平均距离为 700 多公里，相当于内地省际之间的距离。兵团散布在新疆各地州，同新疆整体面临着同样的区位地理条件。偏远的地理位置，降低了新疆和兵团对资金、技术和人才的吸引力。

一方面，地理位置偏远制约了兵团和新疆对内地资金、技术与人才等生产要素的引入。由于新疆和兵团整体上人口稀少，经济总量小，对商品的吸收和提供能力有限，疆内企业想要取得大的收益和增长必须与内地进行商业贸易，但狭长的河西走廊造成新疆与内地的超远距离，大大提高了新疆和兵团与内地进行商业往来的运输成本，严重降低了自身商品竞争力。新疆地区多山脉、沙漠、戈壁，地理条件，加之兵团和地方的各自为政，使得市场无法形成区域化连片发展。这些因素大大降低了兵团和新疆对内地资金和技术的吸引力，并使新疆和兵团经济难以形成市场规模效益，极大地制约了产业发展，制约了就业岗位的增加，没有充足的新增就业岗位。加之与内地超远的平均距离，造成了内地人进入新疆工作或投资，都会面临远离故土、远离父母、探亲困难的问题，从而给人才入疆造成了极大的障碍，因而导致人才不愿意留在兵团，甚至有一定程度的智力外流现象。这些因素毋庸置疑都会制约兵团竞争力的提升。

另一方面，地理位置偏远制约了兵团和新疆的经济活力和市场规模。兵团和新疆与内地交流受限于高昂的运输成本，如果想要在特有的区位条件下较好地发展自身经济，就要更多地依靠毗邻中亚的地缘优势，通过对外贸易提升自身的经济实力，但目前的进出口水平相较于全国仍处于初级阶段。①从进出口总额来看（见图7-8），兵团远低东部省份，2015年兵团进出口贸易总额70760亿美元，仅占上海市的1.58%，仅占广东省的0.69%，占天津市6.19%。2000~2015年与中部省份的差距不断拉大，兵团进出口总额占陕西省比例由2000年的35.18%下降到2015年的23.20%，占河南省的比例由2000年的33.09%下降到2000年的9.59%。占新疆的比例16年来变化不大，稳定在35%左右的水平，进出口规模仍然有很大拓展空间。②从进出口增速上看，2015年兵团进出口总额相比于2000年增长了7.4倍，高于全疆水平（增长6.7倍），16年环比年均增速22.35%，增速高于陕西省（20.19%）、上海市（16.33%）、广东省（13.39%）、天津市（14.72%）。对外开放程度与新疆的地缘优势不符，对外开放程度的低下，使兵团和新疆极大的地缘优势无法发挥应有的作用，进一步制约了资本和技术的注入，也制约了兵团和新疆的经济和市场规模，制约了兵团竞争力的提升。

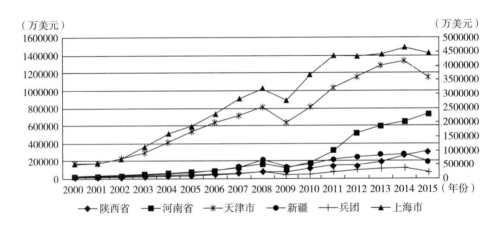

图7-8　2000~2015年兵团与其他省份的进出口总额对比（其他省为左侧坐标轴）

（3）人力资本制约因素。当前，兵团人力资源储备呈现出上升趋势，但仍面临总量不足、素质不高、人才结构与分布上不合理的问题。

第一，兵团人力资源储备不断上升，各类高素质人才呈现增长趋势。截至2013年底，兵团人才总量30.1万人，占总人口的11.3%，其中，党政人才3.5万人，专业技术人才14.5万人，企业经营管理人才1.8万人，高技能人才10.3万人，分别增加2.9%、5.1%、12.5%和8.4%。截至2015年，增加中国工程院院士一位，获批科技部中青年领军人才2人，科技创新创业人才4人，长江学者特聘教授2人，千人计划专家项目5人，教育部创新团队2个，兵团现有中国工程院院士 2 人，新世纪百千万人才工程国家级人选 3 人，兵团管理的专家 357 人，其中享受国务院特殊津贴人员 283 人。

第二，人才总量不足、素质不高，且伴随一定程度的智力外流现象。兵团正处于高速发展的时期，对人才的需求总量远大于人才的供给总量。截至 2013 年底，兵团人才总量仅为西部五省份平均水平的 87%，仅为东部沿海区域平均水平的 56%，专业技术人才与新疆平均水平持平，企业经营管理人才仅为西部五省份平均水平的 41%，为东部沿海区域平均水平的 22%，高技能人才低于全国平均水平，人才的缺乏和人力资源素质的低水平将极大地制约产业产出的增加，从而制约兵团竞争力的提高。

第三，在人才结构与分布上也存在不合理，人才结构的供给失衡将无法满足兵团企业对人才的需求，形成结构性失业，影响兵团企业的发展与产业的转型升级。主要表现为：农业人才多，二三产业人才少；党政机关、教育、卫生单位人才较多，团场、企业等基层人才严重缺乏；北疆人才相对较多，南疆人才相对较少；条件好的腹心师团人才相对较多，条件较差的边境、贫困团场人才少；成人教育人才较多，国民教育人才较少；45 岁以上的中高层管理者多，35 岁以下的青年人才少；传统专业人才较多，企业经营管理人才、掌握核心技术人才和高层次创新人才太少。人才分布的不合理将使兵团内部条件好的团场和条件不好的团场，以及南北疆的收入差距进一步拉大，收入不足，投资不足，形成贫困恶性循环，区域的不协调发展也会制约兵团区域竞争力的提升。

（4）非市场风险。兵团企业在对外投资或者与外商合作时可能遭遇到由市场机制以外的因素而导致的风险，这些风险是超"经济"的，一旦发生，企业往往处于被动且难以抵御。具体表现在两方面：①合作对象中亚国家政策风险：中亚国家尽管资源丰富，但政局变化太大，产业政策连续性很差，且当地的社会政局、法律法规和行政效率等软环境对兵团来说不尽良好，如在劳务卡发放、投资比例和签证期限等方面都有严格规定，不利于我国相关工作的开展。兵团企业"走出去"的过程中，可能会遭遇贸易壁垒，由于近年来的美加墨自由贸易区和欧洲统一市场采取广泛的对外贸易保护政策，也在某种程度上使兵团在西向开放、对外贸易中存在一定困难。②兵团配套法律和制度体系不够完善。一是对兵团对外投资保险险种少，企业经营者的对外投资被没收、征用造成的风险，东道国因外汇不足而限制外汇兑换、拖延付款等都可能造成经济性风险。此外，产品出口特别险承保范围还比较窄，难以最大限度帮助企业规避风险。二是缺乏兵团企业"走出去"的法律保障。从国家层面看，尚未形成支持兵团企业"走出去"的法律、政策体系，缺乏具体引导企业"走出去"的产业政策、技术政策、金融政策及税收政策等。从兵团情况看，兵团政策的作用受制于国家政策和法律，存在较大的局限性，难以解决现实中存在的限制过严、对企业不平等、部门之间政策相互冲突等问题。

7.3 兵团区域竞争力影响要素模型的构建

7.3.1 现有的区域竞争力要素模型

区域竞争力从区域的范围大小上可以分为国家与国家间的区域竞争力、一国以内区域与区域间的竞争力，以及城市之间竞争力三个层次。区域竞争力的要素模型涉及区域竞争力与其不同重要程度影响因素之间的关系，是研究区域竞争力的重点。Porter（1990）认为一个国家的竞争力取决于四个关键因素，即生产要素、需求条件、相关产业和支持性产业的表现，企业的战略、结构和竞争状况。此外，政府的作用以及机遇因素也具有相当的影响力。IMD（1997）将区域竞争力分解为八个方面，包括企业管理、经济实力、科学技术、国民素质、政府作用、国际化度、基础设施和金融环境，2003 年 IMD 对原有模型进行了改善，用四个要素代替了原来的八个要素，分别是经济表现、商务效率、政府效率与基础设施。近年来，学者们对区域竞争力发展的研究在 Porter 和 IMD 的基础上不断深入，本书从国家、区域、城市进行分类探讨，汇总出的其他区域竞争力模型结果如表 7 - 8 所示。

表 7 - 8 区域竞争力模型

	作者	模型名称	观点描述
1	狄昂照	国家竞争力模型	国家的竞争力取决于经济活力、工业效能、财政活力、人力资源、自然资源、对外经济活动活力、创新能力、国家干预八大方面的因素
2	张金昌	国家竞争力模型	国家的国际竞争力来源于四个方面：稳定的政治、经济、国际环境及积极的文化、法律和社会制度环境；政府政策、企业竞争力和产业竞争力
3	曹远征、赵彦云	国际竞争力模型"三力体系"	国际竞争力 = 核心竞争力 + 基础竞争力 + 环境竞争力
4	王于君	国际竞争力模型"1122"	国际竞争力 = 竞争力资产 × 竞争力过程

续表

	作者	模型名称	观点描述
5	王秉安	区域竞争力模型	区域竞争力的七大要素：产业竞争力、企业竞争力、涉外竞争力、经济综合实力竞争力、基础设施竞争力、国民素质竞争力、科技竞争力
6	龚发金	区域竞争力模型"直接—间接竞争力"模型	区域竞争力由直接竞争力和间接竞争力模型构成，直接竞争力由企业竞争力、产业竞争力、国际竞争力构成；间接竞争力由经济综合竞争力、基础设施竞争力、国民素质竞争力和科学发展竞争力构成
7	张辉	区域竞争力模型"三要素静态—动态"	区域竞争力是由区域网络、区域内部流和区域外部流三大要素构成，三要素都会随时间推移而发生变化，它们有机地统一于区域之中，密不可分
8	Peter	城市竞争力模型	城市竞争力的影响因素分为经济因素和战略因素两大类。其中经济因素包括生产要素、基础设施、区位、经济结构和城市环境；战略因素包括政府效率、城市战略、公私部门合作和制度灵活性
9	Douglas Webster	城市竞争力模型	将城市竞争力的决定要素划分为四个方面：经济结构、区域性禀赋、人力资源和制度环境。其中经济结构属于"活动"要素，其他属于"地点"要素，"地点"要素决定"活动"要素发挥作用的空间和方式
10	Linnamaa	城市竞争力模型	全球和地区的各类功能和活动都是以网络的方式来组织。城市竞争力主要由6个要素决定，即基础设施、企业、人力资源、生活环境的质量、制度和政策体系、网络中的成员，该模型强调合作和网络
11	IainBegg	城市竞争力模型"迷宫"模型	城市竞争力来源于三个层面：一是直接影响企业运营成本的因素；二是间接成本因素；三是政府政策和治理因素。该模型通过一个复杂的"迷宫"来说明城市绩效的"投入"和"产出"的关系，将城市竞争力的显性要素和决定要素的分析结合了起来
12	倪鹏飞	城市竞争力模型"弓弦箭"模型	城市竞争力由硬分力和软分力构成，同时又等于城市产业竞争力之和。其中，硬分力包括劳动力、资本力、科技力、结构力、设施力、区位力、环境力和聚集力，软分力包括秩序力、文化力、制度力、管理力和开放力
13	宁越敏	城市竞争力模型"核心—外围"因素	该模型认为综合经济实力、产业竞争力、企业竞争力和科技竞争力是构成城市竞争力的核心因素，并且受金融环境、政府作用、基础设施、国民素质、对内对外开放和城市环境质量等因素的影响

	作者	模型名称	观点描述
14	倪鹏飞	城市竞争力模型"飞轮"模型	城市竞争力系统从内外系统层次分为：本体竞争力包括企业本体竞争力和市民本体竞争力；城市内部环境竞争力包括生活环境竞争力和商务环境竞争力；城市外部环境竞争力包括城市所在的区域、国家的竞争力和国际环境
15	汪明峰	城市竞争力模型"区位因子"	基本因子（人、基础设施、服务业、环境、管理）和非基本因子
16	朱铁臻	城市竞争力模型"两个成本"	城市竞争力 = 生产要素成本 + 交易成本

在国家竞争力的研究上，大部分学者是从经济实力、企业产业、政治制度、文化创新、资源禀赋、国际环境、对外贸易七个方面进行探讨，主要从经济学和管理学的角度分析区域竞争力的影响因素，并且集中于区域竞争力的外在表现形式，没有考虑被评价对象主体本身所具有的系统特征与本质属性，没有研究其内在机理，没有对竞争力进行分类和提炼，所以往往不能把握区域竞争力的本质。曹远征、赵彦云（2007），王于君（2013）分别提出的"三力体系"和"1122"模型在原有的表层分析上有了突破进步，将国家竞争力囊括到一个系统的体系中，在体系中将影响因素分类，使区域竞争力形成了一个综合性的整体概念，具有了系统的一般特征。

区域竞争力的研究和国家竞争力的研究既有着联系又有着区别。在联系上，首先，表7-8中文献在继承了国家竞争力研究中又有所突破，基于整体与系统的角度，先根据竞争力的本质属性进行分类提炼，再在体系下细分影响因素，代表观点有"直接—间接竞争力""三要素静态—动态"模型。其次，国家与区域竞争力都涉及经济实力、企业产业、对外贸易、文化创新四个方面，都将经济与产业作为核心的研究对象。在区别上，由于研究对象由国家变为区域，而国家竞争力与国家内不同区域竞争力的所处环境、内部构成和影响因素等方面都存在很大的差异，所以学者们在对区域竞争力模型构建时将类似的"政府作用"与"金融环境"这种在一个国家内不同区域竞争力比较中差异较小的因素舍弃，并加入了一些体现区域差距的类似科技竞争力与对外（国外与区域外）竞争力的因素。

在城市竞争力的研究上，其影响因素的选取相较于国家竞争力与区域竞争力更加微观具体，除城市的经济实力之外，更注重人力资本、基础设施、制度管理、社会秩序等因素；在模型的构建上，与区域竞争力研究相似，分别从作用于城市竞争力的方式和区域网络的方式对影响因素进行提炼分类。基于作用方式进行分类的代表模型有"弓弦箭"模型、"核心—外围"因素、"区位因子"模型，基于区域网络方式进行分类的代表模型有"飞轮"模型。

7.3.2 现有区域竞争力要素模型的兵团不适用性

从表7-8中不难看出，现有的区域竞争力模型主要是对国家竞争力和城市竞争力的描述，而对介于国家和城市之间的区域（或都市圈域）竞争力的研究则较少，并没有广泛适用的公认模型，有待新的挖掘。

从兵团的组成形式上来讲，兵团不属于严格意义上的区域，组织形式分散，区域内部经济、文化、环境相去甚远。兵团散布在面积辽阔的新疆各地州，各师、团场区间相隔甚远，南北疆在地理环境、资源禀赋、发展程度方面相去甚远。北疆西北部的中温带半干旱区气候、北疆准噶尔盆地的中温带干旱区气候和南疆（包括东疆）暖温带干旱区气候，北疆植物生长期平均180多天，南疆200天以上，西北疆160多天；北疆经济发展程度好，人力资源充沛，基础设施完善，南疆则经济落后，居民受教育程度低，医疗卫生条件相对较差。学者们在对区域研究时，对于区域的概念阐述虽各有不同，但基本的共性之一却是某种事物空间上的连续性，比如行政区权利延伸上的连续性。兵团各师、团这种全疆区域内的零散分布，既不是完整意义上的国内区域，也不是一个城市。其与现有的区域竞争力在所处环境和内部构成以及影响因素上都有不同，所以直接参考原有的区域经济模型或城市竞争力模型总有偏颇。

在经济形式上，兵团计划与集中色彩较重，市场空间有限，尤其是团场政企不分的组织与职能特性对团场的经济发展有一定影响，可能会制约兵团经济实力的提升。非建制市、非建制镇及团场缺乏工商、税收等权限，致使有些团场发展第三产业、民营企业等经济活动的积极性不高。在各种不利因素的共同作用下，兵团经济社会事业发展的活力明显不足，发展相对缓慢。在经济职能之外，兵团还有三大功能——安边固疆的稳定器、凝聚各族群众的大熔炉、先进生产力和先进文化的示范区，四大作用——调节社会结构、推动文化交流、促进区域协调、优化人口资源，五大任务——壮大兵团综合实力、提高维稳戍边能力、促进兵地融合发展、全面深化兵团改革、建设高素质兵团队伍，从而决定了兵团与普通的区域或城市依然不一样，所以现有竞争力框架或模型并不具有广泛代表性。

从文化属性上讲，兵团作为一个由移民构成的区域性社会体系，人口迁移具有的开放性和流动性，深刻影响到兵团文化的生成和发展。一是文化具有多元性。来自五湖四海的兵团人，将原地域文化带入兵团，用歌谣、诗歌、小说、报告文学、影视作品、戏剧等多种文艺作品形式，创造出独具特色的军垦文化；在与其他地方文化的互动碰撞中，彼此渗透、交融，形成了独具特色的兵团文化。二是文化具有开放性。兵团人口来源地较广，包括江苏、安徽、湖南、湖北、上海、北京、浙江、江苏、天津、河南、四川、甘肃、山东、河北等地。移民人口的教育水平、文化背景各异，有着极强的包容性。文化是区域软实力的基础，文化的不同会带来经济、制度等多方面的区域特性，因此，特殊的区域文化背景也表明现有区域竞争力要素模型并不适用于兵团。

7.3.3 兵团区域竞争力要素模型

基于上述分析，国家竞争力、区域竞争力、城市竞争力研究，许多理论可以借鉴，但不能照搬，本书参考学者龚发金的直接—间接竞争力模型，结合兵团在新的时代背景下面临的机遇和其在行政体制、自然环境、资源禀赋、地理位置的独特特点，引入了不同的影响因素，构建了"直接—间接—动力—阻力"区域竞争力模型，如图7-9所示。

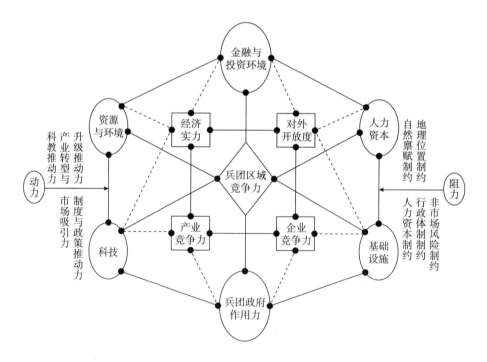

图7-9 兵团区域竞争力的要素模型

"直接—间接—动力—阻力"区域竞争力模型包含了四个层次，每个层次受力和着力的对象都有不同，每个层次作用于区域竞争力的程度也各有不同。具体来看：①兵团区域竞争力主要是由内环的兵团经济实力、企业竞争力、产业竞争力、开放竞争力等直接影响要素共同作用而形成的，四个直接影响因素之间相互影响，相互作用，同时又共同直接作用于兵团的区域竞争力。②"五星"型虚线外环的兵团科技与教育、资源与环境、人力资本、基础设施对兵团的区域竞争力有间接的作用[1]，它们并没有直接影响兵团区域竞争力，在兵团竞争力形成中不起主导作用，而起到间接作用，是直接竞争力的外部支撑因素。③"六棱型"实线外展现的是间接影响因素，它们之间也相互影响、相互作用。并且构成了内环直接影响因素的依托。④内环外环之外的左侧是推动兵团区域竞争力前进的动力因素，包括市场吸引力、政策推动力、科教推动力、产业转型与升级推动力。这些动力因素是指现有的社会与经济背景条件下，引导和推动兵团发展的有利条件，它并不是直接作用于兵团区域竞争力的核心因素，也不是起到间接作用的因素或提供外部支撑的因素，而是兵团自身所具备的可观条件。⑤内环外环之外的右侧是影响兵团区域竞争力的制约因素，是指在现有的社会与经济背景条件下，阻碍和制约兵团发展的不利因素，如自然禀赋因素、地理位置因素、人力资本因素、非市场风险。该模型以介于国家与城市之间的兵团区域为基础，以兵团这种地域分布分散、经济分散的区域为研究对象，系统详细描述了区域竞争力的影响因素及其相互之间的关系，弥补了现有区域竞争力要素模型对兵团区域竞争力解释的不足，对于兵团区域竞争力的分析和评价，以及提升措施的探讨具有切实可行的指导意义。

7.4 兵团对外开放度的测度

7.4.1 现有区域对外开放度的观点、指标构建与评价方法

区域对外开放度，指的是区域的国际化水平，主要反映区域与境外国家或地区的经济、社会和文化联系的紧密程度。兵团的对外开放度主要衡量的是兵团在西向开放中，与邻近国家的贸易往来，经济合作、资金融通、国际旅游、技术交

---

① 本研究将人才竞争力作为区域竞争力的间接因素，不仅有大量的文献考证，也有兵团特殊性考量，还反映"人力资本竞争力"作用的间接、长期、缓慢特性；人力资本在本章构建的"直接—间接—动力—阻力"区域竞争力模型中与科技与教育、资源与环境、基础设施是"五星"型虚线外环，对兵团的区域竞争力起着间接的作用，在兵团竞争力形成中起到间接作用的因素，是直接竞争力的外部支撑因素。

流等方面的外向程度，它能反映出兵团融入国际的程度与对国际经济的依赖程度，其水平的高低对兵团当下与未来的经济发展具有重要影响。

许多研究与学术报告采用外贸依存度来简单地判断一国或者一个区域的经济开放程度。随着研究的深入，单一的外贸依存度已经不能全面地反映一国或一区域的经济开放水平。由于一国的对外开放度不仅包括对外贸易，还应该包括外商投资、对外劳务合作、技术交流与合作、国际旅游等方面，因此，应该综合多因素建立一个综合评价的指标。从 20 世纪末开始，国内学者逐步开始了开放度指标体系的研究，研究成果如表 7-9 所示。

表 7-9　关于对外开放度的观点、测度及方法

作者	主要观点	指标构建	评价方法
李翀 (1998)	认为要衡量一国对外开放程度，需从国际贸易、国际金融、国际投资等多方面着手，并以不同的权数对对外贸易比率、对外金融比率和对外投资比率加权求和来建立指标体系	对外贸易额/GDP (0.4) 对外资产与债务总额/GDP (0.3) 对外投资总额/GDP (0.3)	主观赋权法
李雪芳 (1998)	提出用进出口总额国土面积、非贸易往来国土面积和长期资本国土面积三个指标度量我国经济的对外开放度	进出口总额/国土面积 (1) 非贸易往来/国土面积 (1) 长期资本/国土面积 (1)	主观赋权法
吴园一 (1998)	采用了出口依存度、制成品依存度、利用外资投资率、实际到位外资占协议外资比率等多维指标，构建了开放度测算指标	出口依存度 (0.1) 制成品依存度 (0.35) 利用外资率 (0.2) 实际利用外资占协议外资的比率 (0.15) 国内资金供求 (0.2)	主观赋权法
刘朝明等 (2001)	采用了商品贸易的开放程度、服务贸易的开场程度、投资于金融情况等多维指标，构建了开放度测算指标	商品贸易开放度 投资开放度 金融开放度 贸易服务开放度	聚类分析法
黄繁华 (2001)	通过构建对外贸易开放度、国际投资开放度两个指标对中国经济开放度进行了测算及分析	商品贸易额/GDP (1) 服务贸易额/GDP (1) 直接投资额/GDP (1) 间接投资额/GDP (1)	主观赋权法

续表

作者	主要观点	指标构建	评价方法
胡智等 （2005）	采用贸易开放度、实际关税率、对外金融比率、投资开放度及生产开放度 5 个指标，并采用因子分析法对中国经济开放度进行了测算	贸易开放度 实际关税率 金融开放度 投资开发度 生产开放度	因子分析法
何智恒 （2008）	基于货物贸易水平、利用外资水平和服务贸易水平 3 个维度构建并测度了中国中部 6 省经济开放度的指标情况	货物贸易水平指标（出口额、进口额、贸易依存度） 利用外资水平指标（实际利用外资投资额、当年三资企业数、外资依存度） 服务贸易水平指标（旅游外汇收入、外国游客数、对外承包工程与劳务合作完成营业额）	因子分析法

　　从表 7-9 可以发现，在指标体系的构建上，学者们虽然对体系的分类提炼各不相同，指标的命名略有出入，但指标都涉及了进出口贸易额、外资利用水平、服务贸易额、金融开放程度等因素，而对于兵团来说，金融发展缓慢，金融对外开放程度十分有限，因此本书不予考虑。在竞争力评价的实证方法上，现有研究中主要使用综合评价法对区域竞争力进行定量评价。综合评价法将区域竞争力视为一个包含多层次、多因素的综合体系，先建立区域竞争力评价指标体系，再采用各种评价方法综合考虑多个指标对区域竞争力进行评价。本章认为在实际运用中，综合评价法是一种比较可取的方法。一是这类方法可以考虑影响竞争力的各因素，对这些因素的评价可以直接用于指导区域竞争力的提升。二是这类方法所需的数据资料大多数可以从各种统计资料中取得。三是各种综合评价法在学术上研究比较成熟，在实际运用中也比较多。应用于区域竞争力评价中的综合评价法归纳起来主要有以下两类：

　　（1）层次分析法。层次分析法在区域竞争力的评价中用得比较多。该方法针对多层次结构的系统，用相对量的比较，确定多个判断矩阵，取其特征根所对应的特征向量作为权重，最后综合出总权重并且排序。它是对专家简单确定权数方法的改进，可靠度比较高，误差较小。但在实际操作中，由于受到评估对象因素多样性，以及评估主体专业水平、素质、偏好的影响，评估主体难以准确地判断各因素之间的相对重要程度，构造的判断矩阵往往一致性较差。此外，层次分析法的核心是将系统划分为层次，且只考虑上一层次元素对下一层次元素的支配和影响，同时假设同一层次的元素之间是相互独立的，不存在相互依存的关系。这种假设在简化了系统内部元素关系的同时，也限制了其在复杂系统中的应用。

所以很大程度上影响了层次分析法的科学性。层次分析法的操作需要多方面专家参与，运用时成本较高。

（2）统计分析方法。主要有聚类分析法、因子分析法和由其产生的因子分析法等。由于相关的经济变量间存在着起支配作用的共同因素，因子分析通过对原始变量相关矩阵内部结构的研究，找出影响某个经济过程的几个不相关的综合指标来线性表示原来变量。该方法充分利用评价对象数据提供的信息，客观地赋予各指标的权重系数，既具科学性又具可操作性。另外，它们可以解决指标与指标之间存在的相关关系，而且无须主观地确定指标的权重，但必须有大样本量的支持。

对比分析可以发现，现有的评价方法均有各自的适用范围和相对的优缺点，兵团应根据具体情况选择使用。

7.4.2 兵团区域开放度指标的构建与评价方法的选择

综上所述，很多学者在对外开放度指标构成上做了很多有益的探索。在定权方法上，不少学者采用的是主观定权法，如层次分析法，主观定权的方法简洁方便，但其最明显的缺点就在于在确定各指标在综合指标中的权重时，依赖的是主观判断，没有科学理论依据。因此，本章采用客观定权的方法，用数值和数值之间的关系来确定主要影响因素的权重，更加真实、客观地反映兵团对外开放度情况。

因子分析法是客观定权分析方法中一种很好的降维方法，是对多变量的平面数据进行最佳综合和简化，即在保证数据信息丢失最少的原则下，对高维变量空间进行降维处理的一种有效的统计学方法。其基本思路是：通过对原有变量的相关关系分析，找出代表兵团开放竞争力的公共因子，并对公共因子进行命名，再通过计算因子得分对各样本兵团开放竞争力进行排序。因子分析模型描述如下：

（1）$X = (x1, x2, \cdots, xp)\not{c}$ 是可观测随机向量，均值向量 $E(X) = 0$，协方差矩阵 $\mathrm{Cov}(X) = \sum$，且协方差矩阵 $\sum$ 与相关矩阵 R 相等（只要将变量标准化即可实现）。

（2）$F = (F1, F2, \cdots, Fm)\not{c}$ $(m < p)$ 是不可测的向量，其均值向量 $E(F) = 0$，协方差矩阵 $\mathrm{Cov}(F) = I$，即向量的各分量是相互独立的。

（3）$e = (e1, e2, \cdots, ep)\not{c}$ 与 F 相互独立，且 $E(e) = 0$，e 的协方差矩阵 $\sum$ 是对角阵，即各分量 e 之间是相互独立的，则式（7-1）称为因子分析模型：

$$x1 = a11F1 + a12F2 + \cdots + a1mFm + e1$$
$$x2 = a21F1 + a22F2 + \cdots + a2mFm + e2$$

$$xp = ap1F1 + ap2F2 + \cdots + apmFm + ep \qquad (7-1)$$

由于该模型是针对变量进行的，各因子又是正交的，所以也称为 R 型正交因子模型。研究把 F 称为 X 的公共因子或潜因子，矩阵 A 称为因子载荷矩阵，e 称为 X 的特殊因子。$A = (a_{ij})$，a_{ij} 为因子载荷。数学上可以证明，因子载荷 a_{ij} 就是第 i 变量与第 j 因子的相关系数，反映了第 i 变量在第 j 因子上的重要性。

在指标的选取上，本章综合以往学者的研究成果，从资本、经济合作、国际贸易、国际旅游四个层次上来考察兵团对外开放程度，包括外资依存度、国际旅游依存度、对外经济合作度、外贸依存度，下设 8 个指标，指标体系构建与其数据收集如表 7 – 10 所示。

表 7 – 10 兵团对外开放度指标体系

	因素	指标
兵团开放竞争力（兵团对外开放度）	外资依存度	实际利用外资额
		外商直接投资总额
	国际旅游依存度	境外旅游人数
		境外旅游收入
	对外经济合作度	对外承包工程额
		对外劳务额
	外贸依存度	兵团外贸进出口总额
		外贸依存度 = 进出口总额/GDP

7.4.3 兵团对外开放度的测算结果

在外资依存度、国际旅游依存度、对外经济合作度、外贸依存度四个因素与其下设的 8 个指标基础上，本章用对外开放度总指标得分来度量 2000 ~ 2015 年兵团区域对外开放的综合水平，主要利用《兵团统计年鉴》官方公开数据。各指标数据查询结果如表 7 – 11 所示。

表 7 – 11 2000 ~ 2015 年兵团区域对外开放的指标数据

年份	实际利用外资（万美元）	外商总投资（万元）	对外承包工程合同金额（万美元）	外派劳务人员（人）	进出口额（万美元）	进出口总额占兵团 GDP 比重（%）	境外旅游人数（万人次）	国际旅游收入（万美元）
2000	363	93	0	0	75280	35.33	2	2225

续表

年份	实际利用外资（万美元）	外商总投资（万元）	对外承包工程合同金额（万美元）	外派劳务人员（人）	进出口额（万美元）	进出口总额占兵团GDP比重（%）	境外旅游人数（万人次）	国际旅游收入（万美元）
2001	1074	0	0	0	65380	28.53	7	3363
2002	4083	2314	3100	0	124900	48.28	7	3882
2003	3108	1828	434	221	161838	51.97	8	7091
2004	4066	3222	6739	740	197235	56.52	8	8332
2005	3137	634	858	603	310586	76.84	8	5477
2006	6100	3379	35227	1386	350529	74.31	14	6071
2007	7007	2847	2260	2697	556529	95.91	17	6557
2008	6139	2482	54719	3422	881951	117.05	13	5114
2009	4170	1224	27226	3126	466030	52.13	10	3837
2010	3845	3845	18253	3813	558874	49.09	13	4793
2011	7905	7054	38268	2712	763697	51.08	5	5750
2012	12864	4966	63638	2544	964981	50.88	7	5769
2013	11635	11635	31210	2656	1159111	47.86	9	7500
2014	6232	6232	29420	2663	1198773	42.35	12	9800
2015	26785	4789	115325	2064	1024806	32.99	16	13700

资料来源：《兵团统计年鉴》（2000~2016）。

运用 SPSS19.0 统计分析软件包，对 14 个年份兵团的实际利用外资额、外商总投资、旅游外汇收入、境外旅游人数、对外承包工程合同金额、外派劳务人员、进出口总额、进出口总额占兵团比重 8 个指标，进行影响因素分析并计算出兵团区域对外开放度的总得分与排名。

运用 SPSS19.0 进行因子分析，得到：KMO 的度量 >0.6，Sig.（Bartlett）< 0.05，说明拒绝原假设相关系数矩阵为单位矩阵，说明 8 个指标变量之间存在相关关系，可以做因子分析（见表 7 - 12）。

表 7 - 12　对外开放度的 KMO 和 Bartlett 的球形度检验

取样足够度的 Kaiser - Meyer - Olkin 度量		0.642
Bartlett 的球形度检验	近似卡方	85.785
	df	28.000
	Sig.	0.000

资料来源：根据 SPSS19.0 因子分析结果整理所得。

表 7 - 13 的结果显示,每一个变量的共性方差均在 0.5 以上,而且大多数集中在 0.8 以上,这说明提取的公因子能够很好地反映和解释原有 8 个指标变量的大部分信息。

由图 7 - 10 可以看出,有三个变量的特征值大于 1,而且从第四个变量开始折线的趋势开始平缓,从表 7 - 14 中可以看出这三个变量的累计贡献率达到了85.770%,大于 80%,说明提取的公因子有很好的代表性。

表 7 - 13 对外开放度的公因子方差

变量	初始	提取
实际利用外资（万美元）	1.000	0.924
外商直接投资（万元）	1.000	0.838
对外承包工程合同金额（万美元）	1.000	0.792
外派劳务人员（人）	1.000	0.865
进出口额（万美元）	1.000	0.933
进出口总额占兵团 GDP 比重（%）	1.000	0.835
境外旅游人数（万人次）	1.000	0.855
国际旅游收入（万美元）	1.000	0.819

注:提取方法:主成分分析法。

资料来源:根据 SPSS19.0 因子分析结果整理所得。

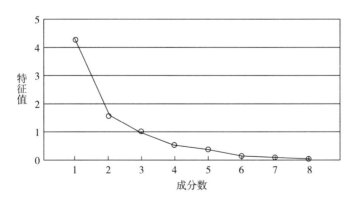

图 7 - 10 对外开放度碎石图

表 7 - 14　解释的总方差

成分	初始特征值			提取平方和载入			旋转平方和载入		
	合计	方差百分比	累计百分比	合计	方差百分比	累计百分比	合计	方差百分比	累计百分比
1	4.288	53.602	53.602	4.288	53.602	53.602	2.893	36.159	36.159
2	1.570	19.619	73.221	1.570	19.619	73.221	2.285	28.557	64.715
3	1.004	12.549	85.770	1.004	12.549	85.770	1.684	21.055	85.770
4	0.517	6.457	92.227	—	—	—	—	—	—
5	0.361	4.513	96.741	—	—	—	—	—	—
6	0.146	1.821	98.561	—	—	—	—	—	—
7	0.071	0.884	99.445	—	—	—	—	—	—
8	0.044	0.555	100.000	—	—	—	—	—	—

注：提取方法：主成分分析法。

表 7 - 15　旋转成分矩阵 a

变量	成分		
	1	2	3
实际利用外资（万美元）	0.909	0.312	-0.020
外商直接投资（万元）	0.283	0.854	-0.169
对外承包工程合同金额（万美元）	0.808	0.364	0.083
外派劳务人员（人）	0.131	0.774	0.499
进出口额（万美元）	0.477	0.827	0.147
进出口总额占兵团 GDP 比重（%）	-0.176	0.024	0.896
境外旅游人数（万人次）	0.519	0.111	0.757
国际旅游收入（万美元）	0.888	0.172	0.024

注：提取方法：主成分分析法。旋转法：具有 Kaiser 标准化的正交旋转法，旋转在 5 次迭代后收敛。

通过 5 次迭代后，得到了 8 个指标在 3 个公因子上的新的因子负荷，其中

$$F_1 = 0.909X_1 + 0.283X_2 + 0.808X_3 + 0.131X_4 + 0.477X_5 - 0.176X_6 +$$
$$0.519X_7 + 0.888X_8 \qquad (7-2)$$

$$F_2 = 0.312X_1 + 0.854X_2 + 0.364X_3 + 0.774X_4 + 0.827X_5 + 0.024X_6 +$$
$$0.111X_7 + 0.172X_8 \qquad (7-3)$$

$$F_3 = -0.020X_1 - 0.169X_2 + 0.083X_3 + 0.499X_4 + 0.147X_5 + 0.896X_6 +$$
$$0.757X_7 + 0.024X_8 \qquad (7-4)$$

根据上面的公式可以计算出 2000 ~ 2014 年兵团两个主因子的得分，然后把

这两个因子方差的贡献率作为权重，再将两个因子的得分分别代入式（7-5）。

$$F = \alpha F_1 + \beta F_2 + \lambda F_3 \tag{7-5}$$

$$F = 0.53602 F_1 + 0.19619 F_2 + 0.12549 F_3 \tag{7-6}$$

根据 α、β 进行加权求和，计算出 2000~2015 年的兵团对外开放度的综合得分与排名，如表 7-16 所示。

表 7-16 对外开放度的综合得分与排名

年份	F1		F2		F3		F	
	得分	排名	得分	排名	得分	排名	得分	排名
2000	-1.04	16	-0.83	12	-1.28	16	-0.88	16
2001	-0.55	13	-1.15	16	-0.96	15	-0.64	15
2002	-0.45	12	-0.83	13	-0.64	12	-0.49	14
2003	-0.06	7	-1.05	15	-0.43	10	-0.29	12
2004	0.10	5	-0.75	11	-0.29	8	-0.13	10
2005	-0.42	10	-0.93	14	0.38	5	-0.36	13
2006	0.26	4	-0.59	10	0.88	3	0.14	7
2007	-0.09	8	-0.23	8	1.95	2	0.15	6
2008	-0.28	9	0.45	6	2.21	1	0.22	5
2009	-0.55	14	0.14	7	0.35	6	-0.23	11
2010	-0.59	15	0.72	5	0.52	4	-0.11	9
2011	-0.45	11	1.36	2	-0.81	13	-0.08	8
2012	0.32	3	0.92	4	-0.51	11	0.29	4
2013	-0.05	6	2.15	1	-0.84	14	0.29	3
2014	0.39	2	1.05	3	-0.22	7	0.39	2
2015	3.46	1	-0.43	9	-0.31	9	1.73	1

资料来源：根据 SPSS19.0 因子分析结果整理所得。

从表 7-16 中可以看出，综合因子得分、排名和 F1、F2、F3 之间差异明显，其上升与下滑期各有不同。对外开放竞争力综合得分与排名 2000~2015 年呈波动上升趋势，2004 年、2006 年有较大提升，2009~2011 年有较大下滑，2012 年恢复稳定；F1 因子在 2003~2004 年得分和排名有较大提升，2009~2011 年下滑明显，2013 年小幅下滑；F2 因子发展较为平缓，2015 年有明显下滑。F3 因子在 2006~2008 年得分和排名有较大提升，2011 年以后开始大幅下滑。

7.5 对外开放度与兵团区域竞争力影响要素的因果关联分析

7.5.1 兵团区域竞争力影响要素的选取与指标构建

根据第 7.3 节构建的兵团区域竞争力的要素模型，在兵团区域竞争力影响要素中，最直接、最关键的因素就是兵团的经济实力、产业竞争力、企业竞争力以及对外开放度，并且这四个因素相互关联、相互影响。因此，选取了除兵团对外开放度外剩下三个因素——经济实力、产业竞争力、企业竞争力，来考察对外开放度与这三个因素之间的因果关联。

本书沿用上节对对外开放度指标的构建方法，采用因子分析法，依照第 7.3 节中对兵团区域竞争力直接影响要素中的分析，构建出兵团经济实力、产业竞争力、企业竞争力指标（见表 7-17）。其中，经济实力从三个层面——经济总量、增长速度、人均指标上来考察；产业竞争力从产业发展状况、产业结构高级化程度、产业创新能力三个方面来考察；企业竞争力从企业规模、企业效率、企业财务三个方面来考察。

表 7-17 经济实力、产业竞争力、企业竞争力指标体系

影响因素	指标	子指标
兵团经济实力	经济总量	GDP
		社会固定资产投资总额
		社会消费品零售总额
		二三产业产值
	增长速度	GDP 增长率
		社会固定资产投资增长率
		二三产业增长率
	人均指标	人均 GDP
		城乡人均可支配收入
		人均社会消费品零售总额

续表

影响因素	指标	子指标
兵团产业竞争力	产业发展状况	规模以上工业全员平均劳动生产率
		规模以上工业企业经济效益综合指数
		规模以上企业单位总产值
		兵团规模以上企业数量
	产业结构高级化程度	二产对 GDP 贡献率
		三产对 GDP 贡献率
		二产占一产产值比重
		三产占一产产值比重
	产业创新能力	规模以上企业科技活动经费
		规模以上企业科技活动人员数
兵团企业竞争力	企业规模	兵团规模以上企业数量
		兵团上司企业数
	企业效率	规模以上独立核算企业经济效益综合指数
		规模以上独立核算企业产品销售率
		社会平均劳动生产率
	企业财务	规模以上独立核算企业成本费用利税率
		规模以上独立核算企业主营业务收入
		规模以上独立核算企业利润总额

7.5.2　对外开放度与兵团经济实力、产业竞争力、企业竞争力的相关分析

　　依据上节指标体系，首先，采用层次分析法测算了兵团从 2000 年到 2015 年的对外开放度、经济实力、产业竞争力、企业竞争力的总得分与总排名。其次，将以上数据代入 SPSS19.0 软件包，进行相关分析，得到对外开放度总得分、经济实力总得分、产业竞争力总得分、企业竞争力总得分、总排名的相关性结果（见表 7 - 18）。

表 7 - 18　对外开放度、经济实力、产业竞争力、企业竞争力总得分与总排名

年份	对外开放度		经济实力		产业竞争力		企业竞争力	
	总得分	总排名	总得分	总排名	总得分	总排名	总得分	总排名
2000	- 0.8818	16	- 0.6314	14	- 0.2967	10	- 1.0566	16

续表

年份	对外开放度		经济实力		产业竞争力		企业竞争力	
	总得分	总排名	总得分	总排名	总得分	总排名	总得分	总排名
2001	- 0.6411	15	- 0.6970	15	- 1.4338	16	- 0.9457	15
2002	- 0.4869	14	- 0.6211	13	- 0.8429	14	- 0.8585	14
2003	- 0.2920	12	- 0.6075	11	- 0.6639	13	- 0.5408	12
2004	- 0.1303	10	- 0.6993	16	- 0.9594	15	- 0.7685	13
2005	- 0.3584	13	- 0.6078	12	- 0.5555	12	- 0.5007	11
2006	0.1350	7	- 0.4907	10	- 0.3345	11	0.1160	7
2007	0.1532	6	- 0.3097	9	- 0.0755	9	- 0.0247	10
2008	0.2163	5	- 0.2234	8	- 0.0003	8	0.0626	8
2009	- 0.2253	11	0.1940	6	0.3068	7	0.0369	9
2010	- 0.1075	9	0.1263	7	0.5452	6	0.6560	3
2011	- 0.0788	8	0.4694	5	0.8271	3	0.6323	5
2012	0.2879	4	0.7626	4	0.7850	4	0.6413	4
2013	0.2915	3	1.0228	3	0.8736	2	0.5522	6
2014	0.3888	2	1.2186	1	1.1776	1	0.8676	2
2015	1.7294	1	1.0942	2	0.6471	5	1.1308	1

资料来源：根据 SPSS19.0 因子分析结果整理所得。

兵团对外开放度与经济实力、产业竞争力、企业竞争力在总得分与总排名上的相关系数均为正数并且大都在 0.7 以上（除对外开放度得分与产业竞争力得分），可以认为兵团对外开放度与经济实力、产业竞争力、企业竞争力在总得分与总排名上具有高度的正向线性相关（见表 7 - 19、表 7 - 20）。在统计学中，如果两个变量总体之间相关系数 0.7 < | r | <1，则认为两者为高度线性相关，所以表中的显著性水平均小于 0.01，则可拒绝原假设，认为兵团对外开放度与经济实力、产业竞争力、企业竞争力在总得分与总排名上有着显著的线性相关性。在 2000～2015 年各因素的总得分上，兵团对外开放度总得分与企业竞争力的总得分相关系数最高，达到 0.796；与兵团产业竞争力总得分的相关性较低，达到 0.580。而在 2000～2015 年各因素总得分的排名上，兵团对外开放度总得分的排名与企业竞争力总得分的排名的相关系数最高，为 0.859；与兵团产业竞争力总得分的排名的相关性较低，达到 0.756。

表 7 – 19　对外开放度总得分、经济实力总得分、产业
竞争力总得分、企业竞争力总得分的相关性

		对外开放度总得分	经济实力总得分	产业竞争力总得分	企业竞争力总得分
对外开放度总得分	Pearson 相关性	1	0.715 **	0.580 *	0.796 **
	显著性（双侧）	—	0.002	0.019	0.000
经济实力总得分	Pearson 相关性	0.715 **	1	0.915 **	0.897 **
	显著性（双侧）	0.002	—	0.000	0.000
产业竞争力总得分	Pearson 相关性	0.580 *	0.915 **	1	0.902 **
	显著性（双侧）	0.019	0.000	—	0.000
企业竞争力总得分	Pearson 相关性	0.796 **	0.897 **	0.902 **	1
	显著性（双侧）	0.000	0.000	0.000	—

注：＊＊表示在 0.01 水平（双侧）上显著相关；＊表示在 0.05 水平（双侧）上显著相关。

表 7 – 20　对外开放度总排名、经济实力总排名、产业竞争力
总排名、企业竞争力总排名的相关性

		对外开放度总排名	经济实力总排名	产业竞争力总排名	企业竞争力总排名
对外开放度总排名	Pearson 相关性	1	0.838 **	0.756 **	0.859 **
	显著性（双侧）	—	0.000	0.001	0.000
经济实力总排名	Pearson 相关性	0.838 **	1	0.941 **	0.909 **
	显著性（双侧）	0.000	—	0.000	0.000
产业竞争力总排名	Pearson 相关性	0.756 **	0.941 **	1	0.838 **
	显著性（双侧）	0.001	0.000	—	0.000
企业竞争力总排名	Pearson 相关性	0.859 **	0.909 **	0.838 **	1
	显著性（双侧）	0.000	0.000	0.000	—

注：＊＊表示在 0.01 水平（双侧）上显著相关。

2000 ~ 2015 年的对外开放度排名围绕经济实力排名波动，两者排名在整体趋势上都是随着时间的推移而上升的（见图 7 – 11），可以看出对外开放度与经济实力可能存在着一定程度上的因果关系。在 2001 年经济实力排名显著上升，促进了 2001 ~ 2002 年对外开放度排名的上升幅度增加；2004 年经济实力排名显著下滑，使对外开放度的排名增速减缓；2008 年对外开放度的排名较以往明显上升，而经济实力的排名依然以平稳的速度上涨；2009 年对外开放度又明显下

滑，2011 年重新向经济实力排名靠近。在总得分上，对外开放度得分与经济实力得分基本同步，对外开放度得分在 2008~2009 年有下降趋势，而经济实力总得分在 2009~2010 年有缓慢下降趋势，之后逐步上升。

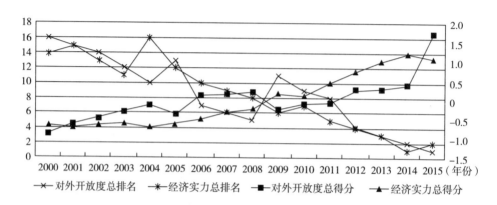

图 7-11　2000~2015 年兵团对外开放度与经济实力总得分、总排名对比

2000~2015 年对外开放度和产业竞争力在排名总体趋势上都在上升；在两者的总得分上分差比较小、趋势相同，且有 8 年的得分基本达到一致。如图 7-12 所示，可以看出产业竞争力排名在 2000~2001 年显著下降，2004~2011 年稳步上升；对外开放度排名在 2000~2004 年小幅上升，2004~2005 年下降，2005~2008 年上升，2008~2009 年显著下降，之后稳步上升。值得注意的是，2004 年产业竞争力排名小幅下降，2005 年对外开放度排名也小幅下降，2012 年产业竞争力排名下降，高速提升的对外竞争力在 2012~2015 年排名增速放缓。

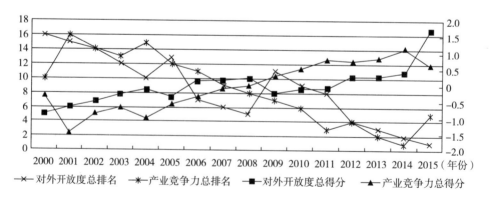

图 7-12　2000~2015 年兵团对外开放度与产业竞争力总得分、总排名对比

2000~2015 年, 对外开放度与企业竞争力在总排名和总得分上总体趋势相同, 都呈现出上升的趋势, 表明对外开放度与企业竞争力在得分上存在着一定的相互关联。由图 7-13 可以看出, 在排名上两者有 6 年排名相同, 2004 年企业竞争力排名大幅下滑, 一定程度上造成了 2004 年对外竞争力排名的下滑, 2008~2009 年对外开放排名的大幅下降, 导致了 2009~2010 年企业竞争力排名的小幅下降; 说明两者之间可能存在着滞后一期或滞后二期的因果关系。在得分上, 2000~2003 年对外开放度与企业竞争力总得分同步增长, 2004 年企业竞争力得分略有下降, 随即 2005 年对外开放度得分也轻微下降, 2005~2008 年两者得分基本重合, 2008~2009 年对外开放度得分下降, 企业竞争力得分持平, 2012~2013 年企业竞争力得分下降, 对外开放度得分基本持平, 2013 年后两者均逐步提升, 说明对外开放度与企业竞争力在得分上存在着一定的相互关联。

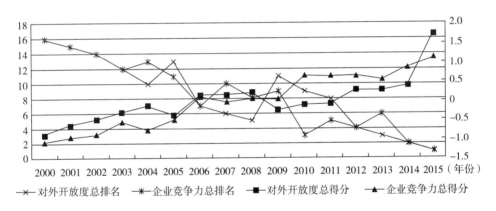

图 7-13　2000~2015 年兵团对外开放度与企业竞争力总得分、总排名对比

7.5.3　对外开放度与经济实力、产业竞争力、企业竞争力的因果关系检验

在上一小节的相关分析中, 发现兵团对外开放度的总得分、总排名与兵团经济实力、产业竞争力、企业竞争力总得分、总排名之间有着很强的相关关系, 相关系数均在 0.70 以上, 为进一步考虑对外开放度与经济实力、产业竞争力、企业竞争力之间可能存在的因果关系或双向因果关系, 即兵团对外开放程度的提高对经济实力、产业竞争力、企业竞争力起到的作用, 或者经济实力、产业竞争力、企业竞争力的进一步提高会扩大对外开放的程度, 本节拟采用格兰杰因果关系检验来探究这一关系。Granger (1980) 提出了因果关系的定义——"依赖于使用过去某些时点上所有信息的最佳最小二乘预测的方差。" 即在时间序列情形下, 两个经济变量 X、Y 之间的格兰杰因果关系定义为: 若在包含了变量 X、Y

的过去信息的条件下，对变量 Y 的预测效果要优于只单独由 Y 的过去信息对 Y 进行的预测效果，即变量 X 有助于解释变量 Y 的将来变化，则认为变量 X 是引致变量 Y 的格兰杰原因，本节拟采用这种方法。

7.5.3.1 单位根检验

进行格兰杰因果关系检验的一个前提条件是时间序列必须具有平稳性，否则可能会出现虚假回归问题。因此，在进行格兰杰因果关系检验之前首先应对各指标时间序列的平稳性进行单位根检验（unit root test）。常用增广的迪基—富勒检验（ADF 检验）来分别对各指标序列的平稳性进行单位根检验。

本节在检验兵团对外开放度与经济实力、产业竞争力、企业竞争力的格兰杰因果关系之前，首先对各时间序列进行单位根检验，用以检查各时间序列的平稳性。主要采用 ADF（Augmented Dickey – Fuller）方法检验各序列平稳性，用Eviews8.0 软件分别对兵团对外开放度总得分（X0）、经济实力总得分（X1）、产业竞争力总得分（X2）、企业竞争力总得分（X3）和兵团对外开放度总排名（P0）、经济实力总排名（P1）、产业竞争力总排名（P2）、企业竞争力总排名（P3）进行单位根检验，看 8 个变量序列是否是平稳序列。在检验前，首先采用了阈值法对各因子得分进行标准化处理，将其变化范围限定在 [0 ~ 100]，其次进行了取对数处理，用以消除异方差问题。结果发现 8 个变量序列均不平稳，所以进行了一次差分，除兵团经济实力的得分（X1）、产业竞争力排名（P2）、企业竞争力排名（P3）外，其他 5 个变量均达到平稳，当进行到第二次差分时，8个变量序列均达到了平稳，符合同阶单整。5 个变量的一次差分结果和 3 个变量的二次差分单位根结果如表 7 – 21 所示。

表 7 – 21　兵团对外开放度、经济实力、产业竞争力、企业竞争力总得分单位根检验

	显著性水平	T 检验	P 值
兵团对外开放度得分（X0）	ADF	– 3. 890930	0. 012300
	1% level	– 4. 004425	
	5% level	– 3. 098896	
	10% level	– 2. 690438	
经济实力得分（X1）	ADF	– 4. 657387	0. 003200
	1% level	– 4. 004425	
	5% level	– 3. 098896	
	10% level	– 2. 690439	

续表

	显著性水平	T检验	P 值
产业竞争力得分（X2）	ADF	− 12.139520	0.000000
	1% level	− 4.054724	
	5% level	− 3.098896	
	10% level	− 2.690439	
企业竞争力得分（X3）	ADF	− 4.803984	0.002500
	1% level	− 4.004425	
	5% level	− 3.667545	
	10% level	− 2.882712	

（1）总得分单位根检验。兵团对外开放度竞争力得分、兵团产业竞争力得分、兵团企业竞争力得分在一阶差分后平稳，兵团经济实力的得分在二阶差分后平稳。具体来看：①2000～2015 年兵团对外开放度竞争力得分序列的单位根检验表明：X0 序列表示兵团对外开放度的得分，在第一次差分时，序列达到平稳。− 4.004425 < − 3.89093 < − 3.098896，认为在 95% 的置信水平上，可以拒绝原假设，认为 X0 序列是平稳的。②兵团经济实力得分序列的单位根检验表明：X1 序列表示兵团经济实力的得分，在第二次差分时，序列达到平稳，− 4.657387 < − 4.004425，且 P 值 < 0.05，认为在 99% 的置信水平上可以拒绝原假设，认为 X1 序列是平稳的。③兵团产业竞争力得分序列的单位根检验表明，X2 序列表示兵团产业竞争力的得分，在第一差分时，序列达到平稳，− 12.13952 < − 4.054724，P 值 < 0.01，认为在 99% 的置信水平上，可以拒绝原假设，认为 X2 序列是平稳的。④X3 序列表示兵团企业竞争力的得分，在第一次差分时，序列达到平稳，− 4.803984 < − 4.004425，P 值 < 0.01，认为在 99% 的置信水平上，可以拒绝原假设，认为 X3 序列是平稳的。

（2）总排名单位根检验。兵团对外开放度竞争力排名、兵团经济实力的排名在一阶差分后平稳，兵团产业竞争力排名、兵团企业竞争力排名在二阶差分后到达平稳状态（见表 7 - 22）。具体分析如下：①2000～2015 年兵团对外开放度竞争力排名序列的单位根检验表明：P0 序列表示兵团对外开放度的排名，在第一次差分时序列达到平稳，− 4.004425 < − 3.667910 < − 3.098896，认为在 95% 的置信水平上可以拒绝原假设，认为 P0 序列是平稳的。②兵团经济实力排名序列的单位根检验表明：P1 序列表示兵团经济实力的排名，在第一次差分时序列达到平稳，− 5.119175 < − 4.004425，P 值 < 0.01，认为在 99% 的置信水平上可以拒绝原假设，认为 P1 序列是平稳的。

表 7 - 22 兵团对外开放度、经济实力、产业竞争力、企业竞争力总排名单位根检验

	显著性水平	T 检验	P 值
兵团对外开放度排名（P0）	ADF	- 3.667910	
	1% level	- 4.004425	0.018300
	5% level	- 3.098896	
	10% level	- 2.900439	
经济实力排名（P1）	ADF	- 5.119175	
	1% level	- 4.004425	0.018300
	5% level	- 3.098896	
	10% level	- 2.690439	
产业竞争力排名（P2）	ADF	- 6.663232	
	1% level	- 4.121990	0.000200
	5% level	- 3.144920	
	10% level	- 2.713751	
企业竞争力排名（P3）	ADF	- 3.409802	
	1% level	- 3.309802	0.034600
	5% level	- 4.200056	
	10% level	- 2.728985	

③兵团产业竞争力排名序列的单位根检验表明：P2 序列表示兵团产业竞争力的排名，在第二次差分时序列达到平稳， - 6.663232 < - 4.121990，P 值 <0.01，认为在99%的置信水平上可以拒绝原假设，P2 序列是平稳的。④兵团企业竞争力排名序列的单位根检验表明：P3 序列表示兵团企业竞争力的排名，在第二次差分时序列达到平稳， - 3.409802 < - 3.309802 < - 4.200056，P 值 <0.05，认为在95%的置信水平上可以拒绝原假设，认为 P3 序列是平稳的。

7.5.3.2 格兰杰因果关系检验

本节采用2000 ~ 2015 年兵团对外开放度与经济实力、产业竞争力、企业竞争力的得分和排名，主要考察四个兵团区域竞争力直接影响要素之间的关系，因此，其他变量与对外开放度的格兰杰因果检验关系结果在此不做陈述。首先，通过对 X0（对外开放度得分）、X1（经济实力得分）、X2（产业竞争力得分）、X3（企业竞争力得分）、P（对外开放度排名）、P1（经济实力排名）、P2（产业竞争力排名）、P3（企业竞争力排名）的单位根检验，证明了8 个变量在滞后二阶时同时通过检验，可以做格兰杰因果关系检验；其次，在滞后二阶的基础上对8 个变量进行格兰杰因果关系检验，考察它们之间是否存在因果关系。X0、X1、

X2、X3、P0、P1、P2、P3 做格兰杰因果关系检验得到结果如表 7 - 23 至表 7 - 25 所示。

表 7 - 23　格兰杰因果关系检验结果（滞后一期）

Null Hypothesis：	Obs	F - Statistic	Prob.	结论
LNX2 does not Granger Cause LNX0	15	2.44938	0.14350	接受
LNX0 does not Granger Cause LNX2		24.92610	0.00030	拒绝
LNX2 does not Granger Cause LNX1	15	0.66274	0.43150	接受
LNX1 does not Granger Cause LNX2		9.86099	0.00850	拒绝
LNP1 does not Granger Cause LNP0	15	8.60927	0.01250	拒绝
LNP0 does not Granger Cause LNP1		2.33181	0.15270	接受
LNP3 does not Granger Cause LNP1	15	0.17122	0.68630	接受
LNP1 does not Granger Cause LNP3		18.95860	0.00090	拒绝

表 7 - 24　格兰杰因果关系检验结果（滞后二期）

Null Hypothesis：	Obs	F - Statistic	Prob.	结论
LNP0 does not Granger Cause LNP1		0.37627	0.69670	接受
LNP2 does not Granger Cause LNP0	14	4.51989	0.04380	拒绝
LNP0 does not Granger Cause LNP2		0.03544	0.96530	接受
LNP3 does not Granger Cause LNP0	14	1.95719	0.19690	接受
LNP0 does not Granger Cause LNP3		12.54640	0.00250	拒绝
LNP3 does not Granger Cause LNP1	14	1.44809	0.28490	接受
LNP1 does not Granger Cause LNP3		5.40238	0.02870	拒绝
LNP3 does not Granger Cause LNP2	14	2.06592	0.18270	接受
LNP2 does not Granger Cause LNP3		7.25979	0.01330	拒绝

表 7 - 25　格兰杰因果关系检验结果（滞后三期）

Null Hypothesis：	Obs	F - Statistic	Prob.	结论
LNX1 does not Granger Cause LNX2		3.28178	0.10040	接受
LNP3 does not Granger Cause LNP0	13	5.61871	0.03540	拒绝
LNP0 does not Granger Cause LNP3		7.81090	0.01710	拒绝
LNP3 does not Granger Cause LNP1	13	0.68892	0.59110	接受
LNP1 does not Granger Cause LNP3		7.61620	0.01810	拒绝
LNP3 does not Granger Cause LNP2	13	5.76822	0.03350	拒绝
LNP2 does not Granger Cause LNP3		3.65307	0.08290	接受

以粗实线代表对外开放与经济实力、产业竞争力、企业竞争力之间的因果关系，以细实线代表兵团经济实力、兵团产业竞争力、企业竞争力之间的因果关系，A→B 代表 A 是 B 的原因，单向箭头"→"代表单向因果，双向箭头"←→"代表互为因果，可得如下结论，并绘制图解如图 7 - 14 至图 7 - 16 所示。

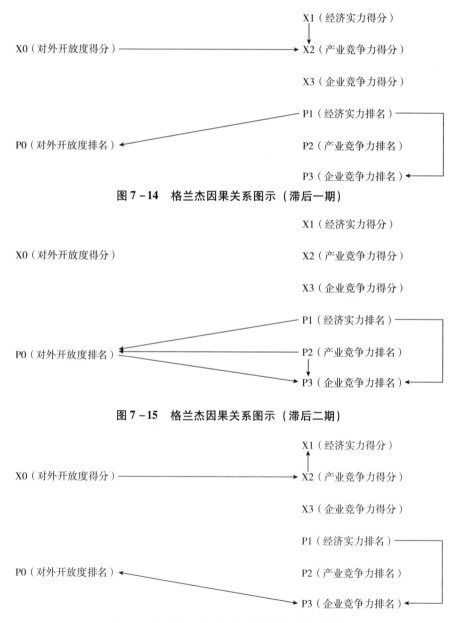

图 7 - 14　格兰杰因果关系图示（滞后一期）

图 7 - 15　格兰杰因果关系图示（滞后二期）

图 7 - 16　格兰杰因果关系图示（滞后三期）

（1）各变量滞后一期时的因果关系。当假设为 X0（兵团对外开放度得分）不是 X2（兵团产业竞争力得分）的原因时，P 值（X0→X2）= 0.0003 < 0.05，则拒绝原假设，认为对外开放度得分是兵团产业竞争力排名提升或降低的原因，对外开放度得分与兵团产业竞争力得分有直接的单向因果关系，图解表示为 X0→X2。

当假设为 P1（兵团经济实力排名）不是 P0（兵团对外开放度排名）的原因时，P 值（P1→P0）= 0.0125 < 0.05，则拒绝原假设，认为兵团经济实力排名是兵团对外开放度排名提升或降低的原因，经济实力排名与兵团对外开放度排名有直接的单向因果关系，图解表示为 P1→P0。

此外，除了对外开放与兵团产业竞争力、经济实力的因果关系外，兵团经济实力、兵团产业竞争力、企业竞争力之间也有因果关系。由图 7 – 16 可知，P1（兵团经济实力排名）是 P3（兵团企业竞争力排名）变动的原因，X1（兵团经济实力得分）是 X2（兵团产业竞争力得分）的原因，图解表示为 P1→P3、X1→X2。

（2）各变量滞后二期时的因果关系。当假设为 P1（兵团经济实力排名）不是 P0（兵团对外开放度排名）的原因时，P 值（P1→P0）= 0.0291 < 0.05，则拒绝原假设，认为兵团经济实力排名是兵团对外开放度排名提升或降低的原因，经济实力排名与兵团对外开放度排名有直接的单向因果关系，图解表示为 P1→P0。

当假设为 P2（兵团产业竞争力排名）不是 P0（兵团对外开放度排名）的原因时，P 值（P2→P0）= 0.0438 < 0.05，则拒绝原假设，认为兵团经济实力排名是兵团对外开放度排名提升或降低的原因，产业竞争力排名与兵团对外开放度排名有直接的单向因果关系，图解表示为 P2→P0。

当假设为 P0（兵团对外开放度排名）不是 P3（兵团企业竞争力排名）的原因时，P 值（P0→P3）= 0.0438 < 0.05，则拒绝原假设，认为兵团对外开放度排名是兵团企业竞争力排名提升或降低的原因，对外开放度排名与兵团企业竞争力排名有直接的单向因果关系，图解表示为 P0→P3。

此外，除了对外开放度与兵团产业竞争力、经济实力的因果关系外，兵团经济实力、兵团产业竞争力、企业竞争力之间也有因果关系。由上表可知，P1（兵团经济实力排名）是 P3（兵团企业竞争力排名）变动的原因，图解表示为 P1→P3。P2（兵团产业竞争力排名）是 P3（兵团企业竞争力排名）变动的原因，图解表示为 P2→P3。

（3）各变量滞后三期时的因果关系。当假设为 P0（兵团对外开放度排名）不是 P3（兵团企业竞争力排名）的原因时，P 值（P0→P3）= 0.0171 < 0.05，

则拒绝原假设，认为兵团对外开放度排名是兵团企业竞争力排名提升或降低的原因，对外开放度排名与兵团企业竞争力排名有直接的单向因果关系，图解表示为 P0→P3。

当假设为 P3（兵团企业竞争力排名）不是 P0（兵团对外开放度排名）的原因时，P 值（P3→P0）=0.0354<0.05，则拒绝原假设，认为兵团对外开放度排名是兵团企业竞争力排名提升或降低的原因，对外开放度排名与兵团企业竞争力排名有直接的单向因果关系。综上，可知 P0（兵团对外开放度排名）与 P3（兵团企业竞争力排名）有着互为因果的双向因果关系，图解表示为 P1←→P0。

此外，除了对外开放度与兵团产业竞争力、经济实力的因果关系外，兵团经济实力、兵团产业竞争力、企业竞争力之间也有着因果关系。由上表可知，X2（兵团产业竞争力得分）是 X1（兵团经济实力得分）的原因，图解表示为 X2→X1。P1（兵团经济实力排名）是 P3（兵团企业竞争力排名）变动的原因，图解表示为 P1→P3。P3（兵团企业竞争力排名）是 P2（兵团产业竞争力排名）变动的原因，图解表示为 P2→P3。

7.6　本章小结

本章在已有研究的基础上，对区域竞争力的影响因素进行了识别和分析，建立了兵团区域竞争力的影响因素模型，选取了适宜指标，测算了兵团的对外开放度、经济实力、产业竞争力、企业竞争力，并将对外开放度和兵团区域竞争力影响要素进行了因果关系分析。主要研究内容及结论如下：

（1）按照国家、区域和城市竞争力三个不同层面归纳了前人关于区域竞争力影响因素的研究成果。将实证研究所表明的竞争力的关键影响因素从基础设施（基本基础设施、技术基础设施、知识基础设施、生活基础设施）、人力资源（人口趋势、工人技能）和生产性环境（部门集中度、国际化、创业文化、创新、治理和制度能力、专业化、竞争的性质、资本的可获得性）三个方面进行了归纳和整理。

（2）结合区域竞争力形成机理的研究，识别和分析了兵团独特的地理位置、社会经济条件下，影响兵团竞争力的直接因素、间接因素、动力因素与制约因素。并选取了合适指标，构建了兵团区域竞争力影响要素模型"直接—间接—动力—阻力"兵团区域竞争力模型。具体来看：①直接竞争力因素包括：经济竞争力、产业竞争力、企业竞争力、开放竞争力；②区域竞争力的间接因素包括：人力资本竞争力、金融与投资环境竞争力、基础设施竞争力、科技竞争力、资源环境能力、政府作用力；③影响兵团区域竞争力的动力因素：市场吸引力因素、制度与政策推动力因素、产业转型与升级因素、科教推动因素；④影响兵团区域竞争力的制约因素包括：自然禀赋因素、地理位置因素、人力资本因素、非市场风险。

（3）从对外开放度与兵团经济实力、产业竞争力、企业竞争力的相关性来看，兵团对外开放度与经济实力、产业竞争力、企业竞争力在总得分与总排名上的相关系数均为正数并且大都在 0.7 以上，可以认为兵团对外开放度与经济实力、产业竞争力、企业竞争力在总得分与总排名上具有高度的正向线性相关。对外开放度与经济实力可能存在着一定程度上的因果关系；兵团对外开放度与企业竞争力总得分的排名的相关系数最高（0.796），与兵团产业竞争力总得分的排名的相关性较低（0.580）；在 2000～2015 年各因素的总得分的排名上，兵团对外开放度总得分的排名与企业竞争力总得分的排名的相关系数最高，为 0.859；与兵团产业竞争力总得分的排名的相关性较低，达到 0.756。

（4）对兵团的对外开放度与兵团区域竞争力影响要素进行了因果关联分析。在现有区域对外开放度的观点、指标构建与评价方法下，根据构建好的"直接—间接—动力—阻力"兵团区域竞争力模型，选取对外开放度、经济实力、产业竞争力、企业竞争力四个直接影响因素进行分析。运用因子分析法测算了兵团对外开放度、经济实力、产业竞争力、企业竞争力的得分与排名，将结果进行了相关分析和格兰杰因果关系检验，得出如下结论：①在滞后一期时，X0（兵团对外开放度得分）是 X2（兵团产业竞争力得分）变动的原因；P1（兵团经济实力排名）是 P0（兵团对外开放度排名）变动的原因；P1（兵团经济实力排名）是 P3（兵团企业竞争排名）变动的原因，X1（兵团经济实力得分）是 X2（兵团产业竞争力得分）的原因。②在滞后二期时，P1（兵团经济实力排名）是 P0（兵团对外开放度排名）变动的原因；P2（兵团产业竞争力排名）是 P0（兵团对外开放度排名）变动的原因；P0（兵团对外开放度排名）是 P3（兵团企业竞争力排名）的原因；P1（兵团经济实力排名）是 P3（兵团企业竞争力排名）变动的原因，P2（兵团产业竞争力排名）是 P3（兵团企业竞争力排名）变动的原因。③在滞后三期时，P0（兵团对外开放度排名）与 P3（兵团企业竞争力排名）有着互为因果的双向因果关系。X2（兵团产业竞争力得分）是 X1（兵团经济实力得分）变动的原因。P1（兵团经济实力排名）是 P3（兵团企业竞争力排名）变动的原因，P3（兵团企业竞争力排名）是 P2（兵团产业竞争力排名）变动的原因。

第8章 基于西向开放的兵团区域竞争力提升的对策

本书第4章、第5章、第6章、第7章主要基于兵团区域经济竞争力、产业竞争力、贸易竞争力、科技竞争力、人才竞争力、资源竞争力、绿色竞争力、公共服务竞争力、文化竞争力的分项和核心竞争力、基础竞争力、潜在竞争力的综合评价，研究了西向开放视角下兵团区域竞争力的时空特征，多维度、多层次对兵团区域竞争力水平进行探究与把握；接着对兵团区域竞争力的影响因素进行识别与分析，归纳并总结了影响兵团区域竞争力的直接因素、间接因素、动力因素与制约阻力因素并建立了兵团直接竞争力、间接竞争力、动力和阻力的指标体系。本章根据前文测评结果，以及兵团西向开放影响因素的分析结果，从提升兵团整体区域竞争力的综合对策、区域差异化对策、具体对策三个方面提出了相关政策建议。

8.1 提升兵团整体区域竞争力的综合对策

提升兵团整体区域竞争力的综合对策主要从三方面着手：稳定和发展兵团核心竞争力、调整和扩大兵团基础竞争力、开拓和创新兵团潜在竞争力。

8.1.1 稳定和发展兵团核心竞争力

（1）加快中心城市经济发展并实现由点到面的全面可持续发展。

一是提高 I 类发达师市、重点城市区域首位度。集中力量加大重点城市，如第八师石河子市、建工师乌鲁木齐市、第十二师乌鲁木齐市这些经济科技较发达的师部，加快其建设区域性中心城市步伐，提高其要素聚集与产业融合程度，提升科技创新能力和区域中心城市核心竞争力，从而使其真正成长为具有强大辐射和带动作用的区域经济增长极。

二是推进Ⅱ类经济中等，资源禀赋优越的师市地区发展。这些地区可以凭借资源优势、劳动力优势积极承接产业转移、带动发展、吸引人口、支撑城市网络体系的重要功能。努力形成有特色的产业集群。如第二师的哈满沟煤矿，第四师的铁厂沟煤矿、南台子煤矿，第十师的和什托洛盖煤矿，这些师市可以凭借丰富的矿产资源引进东部发达地区先进技术承接产业转移项目，也可以优先发展采选加工业，开发矿产资源，并引进先进生产技术，进行冶炼加工、延长产业链条，以采选加工业促进冶炼加工业，带动其他产业发展，促进地方经济发展。如矿业可带动交通运输业、建筑业、化工业、电力工业及多种服务业的发展。

三是将Ⅲ类经济欠发达师市根据各地区的自然条件、资源结构和社会经济条件进行规划建设，发挥本区域的比较优势，增强竞争力。如第一师阿拉尔市拥有著名的风景区天山神木园、天山大峡谷、克孜尔千佛洞，应大力弘扬自然保护区的建设，带动旅游业发展。同时第一师主要特产有：红枣、核桃、香梨等，将这些食品加工制造业产业链延长，打造地区特色食品，带动农产品市场的出口，走向国际市场。阿拉尔市可以借助丰富的矿产资源带动基础设施建设并产生显著的产业波及效应，同时可以根据自身情况发展对外进出口贸易，加强与外界合作，可以对周边地区发展产生连带影响。第三师图木舒克同样也可发展农业、食品业的深加工，加快旅游业的发展，将一年一度的西域美食旅游文化节借助丝路带文化建设推广到国际市场，带动贸易发展和第三产业的发展，进行重点产业的招商引资，积极搭建承接产业转移的平台，以招商引资推进经济结构调整和发展方式的转变。

（2）加大教育和科研投入以提高技术创新能力。科技竞争力的提高主要从科技投入、产出、应用三方面来提升科技竞争力。一是对教育投入，特别是专业性强的高技术人才和经济管理人才培养教育；二是从人力、物力、财力上加大科研投入力度；三是加大政策支持力度的投入。产学研是一条促进科技发展的动力之路，在有高校的地区走产学研的科技发展道路，为人才的培养提供良好的平台，如第八师石河子市石河子大学、第一师阿拉尔市塔里木大学利用当地的教学资源，加大科技投入，通过研究项目的形式来资助兵团科技的发展，加大力度对科技设施购置与使用，推动学术成果的适用性。没有高校资源的兵团师部要加大科技投入，形成多元投融资体系，继续加大政府的科技投入，政府可通过财政拨款、土地转换、税费免征等形式加大对科技的总投入。因为兵团人才和资金有限，所以实行针对性的政策，主要针对兵团的特色产业大力实施"纺织服装产业绿色发展科技创新工程""农机装备制造业科技创新工程"，促进科技与经济紧密结合。产出方面，既要注重科技成果的实用性，又要创新考核机制。每项科技成果的确定都要经过实验和可行性检验，科技创新的方向要基于兵团的现实情况，以第三产业发展和新能源、绿色能源推广为主，有方向、有目地针对兵团现阶段主要问题进行科技竞争力提升。科技应用方面，首先，政府给予技术引入补贴，让先进的科技大量应用在相关领域，带动经济发展；其次，借助丝绸之路的资料、西部大开发战略充分发挥位于新疆南北三大通道沿线和边境沿线的兵团师部的作用，促进兵团与新疆、内地省区之间，疆内各行业、部门之间以及与中央驻疆单位科技交流与合作，吸引国内外人才。

（3）加快一产现代化、二产升级化，推动兵团三次产业发展提质降耗、转型升级。

第一，扶持龙头企业发展，推进农业产业化进程。扶持龙头企业的发展有助于推动产业集聚发展形成产业园区，对一产现代化水平的提升有很大帮助。对兵团特色第一产业（棉纺、毛纺、服装、乳业、果蔬饮料、葡萄酒、番茄酱等）与农用工业（节水灌溉器材、农药、化肥等），特别是南疆垦区进行重点倾斜，并给予资金、政策上的支持，加快机械化、规模化、节水灌溉、科技服务水平的提升，多打造类似阿拉尔市的第一师10团那样的现代农业的示范化团场。加深产业链，加长产业链，将兵团的特色产业，如食品饮料、纺织服装进行深加工，延长产业链，提高附加值。比如兵团的优势棉花产业、番茄产业，加大棉纺织领域的招商引资力度，吸引外资投入到棉纺的生产、科研、教育等领域来，引导棉纺产业优化升级，实现产业链的延伸；积极培育大企业、大集团，龙头企业，打造区域品牌；要开发适合国内消费习惯的小包装番茄制品、连锁店专用番茄制品、番茄饮料等产品。要加强对番茄产品保健作用的宣传，挖掘番茄产品健康文化。

第二，以科技为依托，加快第二产业的转型升级。对第二产业进行供给侧结构性改革，对二产僵尸企业、高能耗企业进行淘汰和升级，对兵团大型工业企业，如天业股份有限公司、天富热电股份有限公司、天盛实业有限公司、新疆天宏纸业股份有限公司等新疆知名规模化经营企业，进行产品技术的升级改造，减少污染物的排放，设置排污奖惩制度，由行政管理部门严格把控工业企业的排污量，对节能减排、积极引进绿色环保技术的工业企业进行奖励如降低税金，对排污超标的企业实行"关门整顿"或是缴纳一定的处罚金。依据兵团当前工业弱点，重点扶持装备制造业、矿产资源加工业的产业升级，培育发展新兴产业，推动产业向价值链的两端延伸；支持工业企业加大研发投入，采用高新技术和信息技术等提高农产品加工转换率和深加工综合利用水平；培育延伸循环经济产业链，促进钢铁、水泥、电解铝、煤炭等向下游终端产品延伸发展，推动绿色建材、新型铝材、精细化工等产品的广泛应用，化解部分过剩产能。

第三，加快兵团第三产业的转型升级。首先，充分发挥兵团绿洲经济优势，依托英雄文化、老兵精神、边境风情等，进一步唱响兵团精神，以全域旅游为导向全力打造兵团第三产业新业态，加快建设绿洲旅游目的地，如第八师石河子市的军垦博物馆、艾青诗歌馆、周恩来纪念馆，第十师一八五团白沙湖景区，利用天山北坡经济带兵团第八师、第六师和第七师等区域经济发展水平比较高的师及城市功能比较完善的有利条件，整合区域旅游资源和产品，加强基础设施和公共服务设施建设，完善旅游产业体系，延长旅游产业链，优化产业结构和旅游发展环境，发挥石河子市、五家渠市和阿拉尔市在兵团南北疆旅游业发展中的先导、辐射、带动作用。其次，拓宽第三产业领域，加快城镇化进程。加快边境团场的基础设施的建设步伐，稳步推进农牧团场小城镇建设和经济适用房建设，发挥团场城镇功能，积极推进五家渠、北屯、阿拉尔、图木舒克4个城市和经济技术开发基础设施建设，通过这些基础设施的建设提高当地生活水平，带动第三产业的发展。最后，优化第三产业结构。加大科技创新力度，为第三产业增加新兴元素，政府多鼓励信息服务、综合技术服务业、科学研究文化领域的行业发展，降低这些行业的进入门槛，实施扶持资金项目，进行课程培训服务，为第三产业多元化做贡献。

8.1.2 调整和扩大兵团基础竞争力

（1）坚持经济与环境的协调发展，提升资源竞争力。加强生态环境建设和保护，处理好兵团经济发展与人口、资源环境的关系，有助于兵团实现经济跨越式发展。第一，兵团应加快经济结构战略性调整，促进经济稳定增长，以产业优势调整经济结构，发展特色优势产业，强化矿产资源保障，多渠道加大地质勘探投入，形成强有力的现实和后续矿产资源保障能力；第二，加大环境保护力度，重视节能减排，发展循环经济，培育绿色产业、红色产业和白色产业，重点引进环保型、节能型、循环型工业产业；第三，倡导生态文明建设，积极开展各类生态保护活动，改善连队生态环境，努力发展生态经济，这样既促进了兵团经济的跨越式发展，又改善了生态环境，提高兵团职工的生活质量和环境质量。

（2）发展绿色农业，提升区域绿色竞争力。对于兵团地区的农业绿色化，要积极推行生态农业，改变传统的农业发展观念和发展模式，大力发展知识密集型农业，以科技技术支持农业发展。根据西部地区气候资源条件和经济基础，应发展绿色产业，培育兵团地区区域绿色竞争力。

一方面，完善兵团现代农业体系。做好绿色农业产业化发展规划，打造现代农业综合园区，利用现有的高新生态技术，对传统农业进行改造；完善农业基础设施建设，因地制宜，采取多样化形式，实行标准化管理、产业化经营。生态食品的生产对技术、管理及周围环境的要求较高，需增加农业技术的资金投入，改变农业基础设施老化及建设滞后的状况；加大节约资源、提高产量和品质、保护环境等方面的农业技术的研究，并加强先进技术的推广运用，如农业水利技术则适合采用滴灌、喷灌等较为先进的灌溉技术。

另一方面，建立健全兵团现代农业服务体系。完善的农业服务体系是发展绿色农业的重要保障，不断加大人力、物力、财力投入，开展公益性服务，着力推进以科技服务、劳务服务、信息服务为重点的社会化服务体系建设，加快构建以公共服务机构为依托、专业合作经济组织为基础、龙头企业为骨干、其他社会力量为补充，公益性服务和经营性服务相结合、专项服务和综合服务相协调的新型农业社会化服务体系。

（3）发展绿色工业，提升区域绿色竞争力。兵团绿色竞争力的提升，主要在于工业的绿色转型，以资源节约和环境友好为基本原则，寻求整个工业生产过程绿色化，实现经济效益、社会效益和生态效益的最大化标准的一种新型工业发展模式。

第一，工业能源利用的绿色转型。绿色经济的发展离不开低碳经济、循环经济的推动。低碳经济是尽可能做到"低能耗、低排放、低污染"的经济模式，循环经济则是实现"高效率、低投入、高回收"的经济模式，旨在保护环境，在产业内部和产业之间最大限度地利用资源，提高资源、能源的利用效率。能源利用效率的提高以及可再生和新兴能源利用，是工业绿色化的前提，是区域绿色竞争力提升的基础。工业的绿色化在三个层次进行：工厂与企业之间、生态工业园区内部、生态和消费的大系统。产业内部需加强管理、减少过程损耗，实行投入产出平衡管理，依托技术进步，节约资源利用；产业之间要以工业园区为主导，在产品关联度高的工业园区实现产品上下游连接，最大限度地发挥园区的集聚效应和规模效应。要最大限度减少燃煤污染，如电力行业发展要坚持优先开发水电、优先发展煤电、大力发展核电、积极推进新能源发电，构建清洁、稳定、安全、多元化的能源产业体系。兵团地区加强节能减排的目标约束，充分利用市场的经济激励手段，促使电力、钢铁、石化、水泥等高耗能行业采用清洁生产技术，降低能耗水平，减少能源消耗。

第二，传统产业绿色改造升级。传统产业的绿色化是工业结构优化的重要部分，打通传统产业与绿色技术之间的通道，逐步将绿色技术、绿色工艺等绿色生产理念渗透到工业生产的各个环节，从而使传统工业从粗放式经济逐步向集约式经济转化。大力推动传统产业的技术创新、管理创新、体制创新及信息化绿色改造，为工业绿色化做出贡献，提升区域绿色竞争力。

（4）发展绿色服务业，提升区域绿色竞争力。加强兵团服务业的绿色化，增强节能减排，大力倡导节约资源。服务业绿色化，强调在不损害满足程度的前提下，通过生态或者绿色服务来补充、替代传统服务方式，以减少原材料和能源的消耗，促进生态的良性发展。服务业绿色转型，是提高人民生活水平的重要内容，是节约资源、节能减排的重要途径，是提升区域绿色竞争力的重要方式。绿色服务业主要包括绿色物流业、绿色商业、绿色金融及其他有关的服务业。从世界环保节能产业的发展趋势来看，节能环保产业的"服务化"趋势日益明显。节能环保服务包括环境技术服务、环境咨询服务、污染设施运营管理、废旧资源回收处置、环境贸易与金融服务、环境功能及其他服务六类；培育区域绿色竞争力，需加大对环保领域的科技攻关及研发投入，促进服务业的绿色化。

（5）保障和改善民生，提升公共服务竞争力。兵团实现跨越式发展，需要不断增加职工福祉，住房建设、社会保障、教育卫生、工资待遇和文化惠民实现均等化不断保障和改善民生生活质量。具体要做到：推进兴城安居、兴业安居工程实施，加强城镇水、电、路、气和房等基础设施建设，完善其服务功能；建立与兵团经济跨越式发展相匹配的社会事业体系，加强城镇社区和团场公共体育设施建设，推广全民健身运动，提高农牧工精神生活水平；加快兵团教育事业发展，全面实施基础素质教育，建设终身教育体系；要进一步改革兵团管理体制，合理规划兵团卫生资源布局，提高医疗卫生服务能力；加强兵团文化事业的建设，着力健全以网络、广播电视和新闻出版为媒介的公共文化体系，整合现有农垦文化资源，加大向团场的倾斜力度；建立健全覆盖整个兵团的社会保障制度，以基本养老、医疗、城乡居民最低生活保障制度为重点，解除职工群众后顾之忧；拓宽职工增收渠道，改善就业环境，提高职工收入水平。

8.1.3　开拓和创新兵团潜在竞争力

（1）加强兵团贸易出口竞争力。在兵团对外贸易中，要将初级产品和资源密集型产品，如工业制成品和农产品竞争力大幅度提升，只有着力培育具有较强出口竞争力的高附加值的初级产品和工业制成品才能有望开拓国际市场发展空间。首先，兵团要强化优化农业，如第二师香梨，第三师甘草，第八师棉花、番茄，第十二师葡萄，第十三师哈密瓜，第十四师苹果、红枣，需要延伸产品产业链，加强产品附加值，对初级产品进行深加工，建立自主品牌的兵团特色食品，加强自主出口品牌建设，建立出口生产加工基地，生产高附加值产品，提升出口竞争力。其次，结合国家扶持的各项贸易优惠政策措施，多与国际贸易接轨，支持企业采用国际通行的质量、环境、技术标准组织生产，建立自主国际营销渠道和售后服务体系，为进一步扩大对外贸易的发展奠定坚实基础。另外，可以借助兵团特殊的多元文化优势，加强农产品品牌的内涵与延伸建设，赋予其特殊的文化底蕴，形成具有自主知识产权的国内外名优品牌，增加国际市场竞争力，参与并充分发挥新疆"亚欧博览会"的会展功能，为兵团农产品走向国际、进一步提高知名度打下基础。

（2）大力实施人才发展战略，提升兵团人才竞争力。优化兵团教育环境，积极引进人才，用人才红利推动区域发展。一是优化兵团人才培养政策环境。坚持"对口援疆人才计划"，放宽与国内国外的交流政策，给予一定的奖励制度让内地高校的名师、科研家、企业家在兵团高校、企业驻扎进行授课交流。加快建设兵团人才改革试验区，探索建立与国际接轨的人才发展特殊政策。二是改善人才的激励体制、考核和评价机制。应用现代化的人才评价系统改善评价机制，用来提升评价的科学水准。进一步完善人才评价系统，对人才进行一定时期的培训以及思想方面的指导。对人才进行调查了解，制定改进措施，适度提高工资增长率，提升收入水平，使人才获得物质上的满足感。三是紧密结合社会环境，利用"产学研"战略，将兵团两所高校、石河子大学和塔里木大学和各类经济开发区、高新园区、产业基地紧密相连，完善"高校实验园—加速器—产业园"的科学、教育、生产的产学研链条，为人才创新创业构建施展才华的平台。

（3）弘扬红色文化，发扬兵团文化软实力。坚持"以人为本、发扬先进"的兵团文化，让文化软实力引领兵团各项事业的发展。要做到信息基础设施的普及，提高互联网、电视、期刊杂志报社以及一些网络媒体的覆盖率和宣传度，通过媒体让兵团文化、屯垦戍边精神发扬光大，让居民在提升生活幸福感的同时及时了解兵团信息和外界信息。项目是文化产业发展的重要载体，是文化资源转化的根本路径。兵团要适度招商引资，可以依托石河子和五家渠两座城市，尽快启动建立兵团文化产业发展重点项目库，推出具有特色的文化产业。一方面，将图书出版发行、电影、电视、演艺和红色旅游等传统文化产业作为试点，进行策划、包装、推介、申报工作，在"异"上下功夫，力争成功；另一方面，适时择时在文化创意、数字动漫和移动媒体等新兴产业有所突破。以产业化、集约化方式进行文化产品的生产，降低成本，增加利润，形成兵团文化产业各门类共同发展的局面。

8.2　提升兵团分区域竞争力的区域差异化对策

8.2.1　南疆团场应注重基础竞争力与核心竞争力

南疆团场在提升区域竞争力方面应以提升基础竞争力为主，开发核心竞争力为辅。第一师、第三师、第七师、第九师、第十师、第十三师均在基础竞争力方面存在严重的制约性，应该加强争取兵团专项扶贫资金，用于解决南疆困难团场和边境团场的建设和发展问题；加强其基础资源建设，增强其环境保护、资源能源的合理利用，增强公共服务竞争力，切实提高其基础竞争力。

第一，加强基础设施建设，实现公共服务均等化，提升公共服务竞争力。目前，兵团各师的基础设施建设情况不一，第一师、第三师、第七师、第九师、第十师、第十三师的基础建设投资比重少、建设结构不合理等问题突出。应该加大力度推进兴城安居、兴业安居工程实施，加强城镇水、电、路、气和房等基础设施建设，完善其服务功能；增加社会居民的体育健康娱乐公共基础设施的多元化，加强城镇社区和团场公共体育设施建设，推广全民健身运动，提高农牧职工精神生活水平；加快兵团教育事业发展，全面实施基础素质教育，建设终身教育体系；要进一步给南疆团场地区医疗机构足够的资金以升级优化服务水平，提高医疗卫生服务能力；加强兵团文化事业的建设着力健全以网络、广播电视和新闻出版为媒介的公共文化体系，整合现有农垦文化资源，加大向团场的倾斜力度；建立健全覆盖整个兵团的社会保障制度，解除职工群众后顾之忧；拓宽职工增收渠道，政府积极给予就业培训，改变就业观念，促进自主创业，给牧民和退休的团场职工优惠政策以改善就业环境，提高职工收入水平。

第二，规范能源资源的监督条例，达到绿色发展要求，增强环境保护，提升绿色竞争力。兵团作为能源大户，其经济发展主要是靠能源资源的消耗来带动。工业能源资源的消费必将带来环境的污染，随着经济的不断发展，面临的环境治理问题也日趋严重。当前，兵团急需合理、规范的能源资源条例来实现兵团区域内能源资源的最优化利用，减少环境污染，实现经济与环境的协调发展。另外，加大环境保护力度，重视节能减排，发展循环经济，培育绿色产业，重点引进环保型、节能型、循环型工业产业；倡导生态文明建设，积极开展各类生态保护活动，改善连队生态环境，努力发展生态经济，这样既促进了兵团经济的跨越式发展，又改善了生态环境，提高兵团职工的生活质量和环境质量。

第三，充分利用南疆团场的资源禀赋，打造现代化农业产业，提升核心竞争力。要大力推进三大农牧产品生产基地建设，即粮、棉、番茄等种植业基地，葡萄、红枣等特色林果业基地，乳、肉等畜牧业基地。着力建设农产品精深加工和现代农业示范基地，基本建成纺织服装、食品饮料两大农产品深加工产业链。立足资源优势，加快发展聚氯乙烯及其配套产业，培育壮大煤焦化、煤制甲醇、煤制合成氨三大煤化工产业链，从而尽快形成兵团工业化的主体产业。

8.2.2 北疆团场应提升核心竞争力、开发潜在竞争力

北疆团场在区域竞争力提升方面应优化核心竞争力，开发潜在竞争力。第五

师、第八师、第九师、第十三师、第十四师在核心竞争力方面存在一定的能力缺失，这几个师应从经济发展及增速、科技技术的提升尤其是科技活动支出、产业布局及转型升级、服务业的发展等方面进行规范和发展，以此来提升核心竞争力从贸易、人才、科技三方面开发潜在竞争力，进一步提升北疆团场竞争力。

第一，增加研究机构创新研发能力，为经济发展提供科技支持。知识经济时代，技术要素在生产中的重要性越来越明显。提高科技运用水平，对兵团经济增长和区域竞争力增强的作用也越来越大。所以要加大科技投入，对重点高校和研究机构给予更多经费支持，鼓励并支持区域之间的科技交流。研发机构要与企业紧密联系，把更多的技术成果转化为实际生产力；企业也可以建立研发机构，或者委托高校和研究机构开发新产品和新技术，实现产学研的联动发展与校企产业技术联盟。

第二，优化产业结构，增强资源、能源的利用效率。产业结构优化是产业结构演变的必然趋势，目前兵团的能源结构存在诸多问题，其优化举措如下：首先，第一产业方面应以市场为导向，按照市场要求和资源条件择优发展主导产业，围绕区域性主导产业优化配置诸生产要素，各产业实行区域化布局，专业化生产、一体化经营、社会化服务、企业化管理。其次，第二产业方面走新型工业化道路，以信息化带动工业化，以工业化促进信息化，走出一条科技含量高、经济效益好、资源消耗低、环境污染少、人力资源优势得到充分发挥的适合兵团发展阶段和特点的新型工业化道路。最后，应顺应第三产业伴随经济的不断发展在国民经济中的比重会越来越大的趋势，提升第三产业对经济的贡献率，重视第三产业的基础设施建设，增大第三产业的投资比重。

第三，加大对北疆团场的资金支持。一是对兵团加强农业"三大基地"建设和农副产品价格补贴给予资金支持。二是由中央出资建立"兵团产业发展基金"，重点支持兵团新型工业化发展，特别是要扶持兵团建立大型企业或企业集团。三是每年安排"兵团基础设施建设专项资金"，用于改善水利、能源、交通、科技等方面的基础设施条件。四是争取兵团专项扶贫资金，用于所在地的小城镇建设。除了城镇基础设施建设外，还要加快发展学校、医疗卫生、文化体育、住房建设等公益事业，发展服务业，不断改善职工的生活条件。五是以中央财政为主，尽快建立兵团全覆盖的社会保障体系，提高兵团职工的收入水平。

第四，加大对北疆团场的贸易、人才、文化等软实力的提升。一是加大团场贸易口岸的开放度。加快第十二师物流园区、石河子、五家渠、阿拉尔、北屯等兵团城市的海关监管库建设，鼓励企业开展属地报关业务，提升当地工业园区的服务功能，在条件成熟时，积极鼓励申报国家海关特殊监管区域（综合保税区），并给予政策支持。加快境外物流通道的建设工作。以"丝绸之路经济带"

为契机，结合兵团产业发展需求，在境外建设以针对国内市场为主，打造覆盖中亚地区及西亚、俄罗斯市场的千万吨级的物流中心，将国际铁路货物运输和现代化集装箱场站、报关报检、现化化仓储及公路货运相结合，成为我国进出口商品的集散地。二是增强人才培养战略，大力引进高层次、专业型人才。充分利用北疆兵团的石河子大学、塔里木大学的大学资源，给予优惠政策留住人才，开展国内、国外对口人才交流培养计划，共享先进的科技学习资料以及传播优秀的科研成果。财政方面要注意向北疆团场城市倾斜，加大人才物质奖励和精神嘉奖，提高教育质量，健全人才激励机制等。三是提升北疆团场文化竞争力。弘扬石河子、阿拉尔等军垦新城的红色军垦文化，建立红色旅游区，要全面做好兵团、师、团、连四级公共文化设施建设规划，在充分利用国家政策的同时，加大各师、团场、企业对文化的投入，使兵团公共文化设施明显改观。条件具备的师和城市要建设好文化中心、图书馆、博物馆、剧院、电影院，团场要建设好综合性文化中心，连队要建设好综合性文化活动室。

8.2.3　兵团边境团场应依托口岸优势提升潜在竞争力

加强边境口岸建设与扩大开放是兵团边境团场提升潜在竞争力的主要渠道。第一，加大边境团场贸易力度。选择交通条件较好、与周边国家联系较多、处在口岸一线的边境团场，如 62 团境内的霍尔果斯、163 团境内的巴克图、186 团境内的吉木乃、与 90 团接壤的阿拉山口等国内外知名口岸内设立资源型产品加工区，使之成为辐射边境团场和周边国家的优势资源加工区。第二，加大口岸基础设施建设，大力发展边境贸易。改造与更新口岸区基础设施，包括货场、冷库、保鲜库建设，提高口岸的整体服务水平。同时，可在距外方（政治、社会稳定的周边国家）与居民较近的团场（如 186 团）尝试探索居民互市贸易，在指定的边贸集市上进行商品交换活动。第三，加大边境团场资源转化能力。依托边境团场旅游资源的禀赋大力发展边境旅游业，完善边境团场的旅游景点景区配套设施与服务，开发富有特色的旅游产品，实现旅游资源优势向旅游产品优势和经济优势转化。

8.2.4　兵团贫困团场应依托精准扶贫提升基础竞争

贫困团场在区域竞争力方面应以精准扶贫提升竞争为主。首先，贫困团场如南疆三地州集中连片特困地区兵团第三师、第十四师团场、边境团场和腹心贫困团场要强化基础设施建设，如改善贫困团场农业基础设施，修建防渗渠道、新建喷滴灌面积、改良草场、建设养殖基地、小区等；其次，增强贫困团场的民生建设，提高贫困团场城镇化率，增强人口和产业承载的综合力，实施新建廉租住房、城镇棚户区改造和农村安居工程等保障性住房工程,免除义务教育阶段学生书本费,实施义务教育阶段学生营养改善计划,在贫困团场设置职业教育教学点,开展技术培训;最后,从农业基础设施入手改善产业发展的基础条件,如增加农业高效节水灌溉面积、狠抓水利骨干工程和农田水利基本建设,通过大搞渠道防渗、喷灌、滴灌和打井提取地下水等措施,实现增节水的目的。

8.2.5 兵团腹心团场依托经济优势强化核心竞争力

腹心团场充分利用地理优势和经济优势强化核心竞争力。第一,兵团南疆边境腹心团场要增强其产业优势。如第一师四团应大力推进"三化"建设,持续推进城镇发展,持续推进工业提质增效,持续推进农业转型升级,发挥特色优势资源,有效调整产业结构,大力发展一产,促动二产,带动三产,形成"推动一产接二连三"大好局面,聚集团场发展要素,大力推进产城融合,加快推进城镇化建设。第二,地处天山北坡经济带的腹心团场要充分发挥其经济带动作用。如第八师142团,第六师、第七师等,充分发挥经济带动作用,优化资源配置,加快科技投入产出能力,提高经济竞争力,产生溢出效应,带动其他团场发展。第三,优化腹心团场的产业结构,对农业进行深加工,延长产业链,打造腹心团场的核心品牌;对工业进行优化升级,淘汰高污染、高能耗产业,推行绿色生产,加大监控和排污治理力度;对服务业进行多元化升级,促进第三产业的扩大化和多样化,如红色旅游文化产业,促进当地软实力的发展,带动经济发展。

8.3 提升兵团综合竞争力的其他具体对策

落实兵团区域竞争力和分项竞争力的提升,除了增强兵团具体的核心、基础、潜在竞争力外,离不开配套具体措施的落实。下文将主要从四个方面提出具体对策;一是依托新经济新业态发展,促进兵团产业结构的合理化、高级化;二是"依托口岸,发展边贸",提升兵团在西向开放中的综合实力;三是积极运用高科技成果,为兵团综合竞争力赋能增效;四是深化生态文明体制改革,增强兵团可持续发展能力。

8.3.1 依托新经济新业态发展,促进兵团产业结构的合理化、高级化

一方面,推动兵团更广领域新技术、新产品、新业态、新模式蓬勃发展,增强兵团自我发展能力。这要求兵团做强新兴产业。首先,应拓展网络经济新空

间，加快兵团光纤宽带网络升级改造计划，力促 3G 网络向团场和有条件的连队覆盖；推进"融合云"等平台建设，完善兵团"工业云"计算中心，推动信息技术产业快速发展。其次，推动兵团产业的技术创新，发展食品高加工化，技术集约化产业，培育增长极，建设高技术产业群，推动新能源汽车、新能源和节能环保产业快速壮大，力争光伏、风电、新能源汽车推广等企业进入国家支持推广目录。最后，兵团要建立战略性新兴产业重大项目招商引资库，紧抓"一带一路"机遇，吸引外资和民营企业进兵团，同时支持境内外企业、研发机构开展全球研发合作，在兵团和境外建设一批科技园区和产业园区。兵团的发展需要不断地去寻找新增长点和发展突破口，需要活力喷涌的战略性新兴产业。

另一方面，加大力度提升产业结构高级化的水平。首先，通过"摸清家底"来对兵团经济及产业部门的发展现状做好经济普查，厘清所处的阶段水平，找出与新疆以及内地省市的差距，做到政策的有的放矢。其次，结合国家产业结构升级的政策要求，积极培育发展特色优势产业，围着一个重点向外部产业扩展，延伸产业生产链条。最后，将相似产业化零为整形成产业集团，以提升整体产业支撑能力，从过去粗犷的低附加值的依靠资源高消耗产业转化为经济竞争优势明显的新型低碳的高新产业。

8.3.2　"依托口岸，发展边贸"，提升兵团在西向开放中的综合实力

一方面，以改基础、增规模、促转型、强外贸为主鼓励外贸优化升级。一是加快推进八大进出口基地建设，鼓励企业引进先进设备技术和原材料，促进产业转型升级。二是支持在境外开展产品认证及商标、专利注册，建设营销服务网络；积极开展跨境电子商务，发展"海外仓"和境外营销网络。三是加快边境贸易转型发展，鼓励发展边境口岸特色优势产业。如可以通过发挥中欧班列优势，拓展进出口规模；大力发展加工贸易，培育加工贸易主体，把棉花、粮食等农产品进口加工复出口作为战略性任务。四是大力发展服务贸易，培育服务贸易主体，重点发展境外工程设计和施工、国际旅游、国际运输、跨境商业批发和零售、农业技术和服务出口、科教文卫国际交流。

另一方面，以抓机遇、引技术、扩规模、建基地、提质量为主加快外贸转型升级步伐。一是抓住国家建设"一带一路"和产业援疆战略机遇，积极承接东部沿海产业转移，引进先进设备技术，发展外向型产业，打造以技术、品牌、质量、服务为核心的外贸竞争新优势。二是创新贸易发展方式，推行跨境电子商务，提升对外贸易发展规模和质量。三是加快培育出口规模大、行业带动作用强的市场主体，发挥龙头企业对兵团产业发展的引领和促进作用。四是积极利用喀什综合保税区等海关特殊监管区域，扩大能源资源商品进口，建立进口商品加工

储备基地，发展加工贸易。

8.3.3 积极运用高科技成果，为兵团综合竞争力赋能增效

科技力量为兵团整体竞争力提高源源不断的动力。首先，科技为兵团核心竞争力赋能增效，从科技投入入手来加大教育和科研投入以提高技术创新能力，如加大科技经费投入，如通过研究项目的形式来资助兵团科技的发展，加大对科研经费的拨付，建立严格的经费管理制度，更好地促进兵团科技创新，设置专门的研究机构，购买专门的研究器材和研究工具优化科技环境。其次，科技为兵团基础竞争力赋能增效，从科技成效促进经济与环境的协调发展，提升基础资源竞争力。如依靠科技创新和体制创新，大力发展精准农业，跟踪世界科技发展前沿与产业发展趋势，围绕兵团"三化"建设需求和关系兵团发展的重大科技问题，促进优势特色产业成长，加快高新技术发展，培育战略性新兴产业，全面支撑兵团经济发展方式转变与经济结构战略性调整，充分发挥兵团集约化、组织化、规模化优势，将创新驱动发展建立在大众创业、万众创新的基础上，积极落实创业投资的优惠政策，保障创业、创新主体的权益，营造"双创"的良好环境，推动新技术、新产业、新业态蓬勃发展。最后，科技为兵团潜在竞争力赋能增效，从科技效力这一方面入手，大力实施人才发展战略，提升人才竞争力，例如，壮大创新型科技人才队伍。以科技创新人才引进、中青年创新领军人才培养、科技管理与实用技术人才培养、创新团队搭建为核心内容，切实加强兵团创新人才队伍建设，推进兵团科技创新能力提升，建成满足兵团社会稳定、长治久安以及"三化"建设需求的德才兼备、专业素质高、创新能力强、团队结构优的创新型科技人才队伍。

8.3.4 深化生态文明体制改革，增强兵团可持续发展能力

一方面，深化生态文明体现改革，加强兵团污染治理和生态修复。第一，兵团重点是进一步加大对各级党政及其工作部门履职尽责情况的监督检查力度，全面落实环境保护"党政同责"和"一岗双责"，落实国家控制污染物排放许可制，建立健全固定污染源关键管理制度。第二，全面推行兵团、师市、团镇、连队四级河长制，构建党政主导、部门联动、责任明确、协调有序的河湖管理保护组织体系。加强河湖水资源保护、水域岸线管理保护、水污染防治、水生态修复，建立健全河湖管理与保护制度。第三，注意保护兵团地区的水源，加强对河流、湖泊污染物的综合治理。具体实施细节方面应全面整治废水、废气、废渣等工业污染物，鼓励企业引进先进的除污、除尘、降噪、脱硫等绿色环保设备，从污染源头上实施有效防控。第四，推行退耕还林政策，有计划、有步骤地停止

耕种水土流失比较严重的土地，因地制宜地植树造林，恢复森林植被，提高森林覆盖率。第五，应当加强对重金属污染的治理，如启用土壤生态修复和再生利用等技术，通过生物、化学和物理等科学原理对土壤中重金属含量超标的区域进行沉淀或中和处理，降低甚至消除土壤中的重金属毒性，从而实现土地的再生利用。

另一方面，以农业的可持续发展为重点促进兵团可持续发展。兵团应加快现代农业综合改革创新，大力推进农业产业化经营，同时推进精准农业、特色农业稳步发展。重点抓好优化农业主体功能与空间布局、强化农业资源保护和节约利用、加强产地环境保护与治理、养护修复农业生态系统四项重点任务，让生态环保成为兵团现代农业的明显标志，让绿色发展成为兵团农业发展方式的战略选择。

8.4 本章小结

本章根据前文测评结果，以及兵团西向开放影响因素的分析结果，从提升兵团整体区域竞争力的综合对策、区域差异化对策、具体对策三个方面提出了相关政策建议。

提升兵团整体区域竞争力的综合对策主要从三方面着手：稳定和发展兵团核心竞争力、调整和扩大兵团基础竞争力、开拓和创新兵团潜在竞争力。

提出兵团差异化分区域的竞争力提升对策：南疆团场应注重基础竞争力与核心竞争力，北疆团场应提升核心竞争力、开发潜在竞争力，兵团边境团场依托口岸优势提升潜在竞争力，兵团贫困团场应依托精准扶贫提升基础竞争力，兵团腹心团场依托经济优势强化核心竞争力。

提升兵团综合竞争力的其他对策主要有四个方面；一是依托新经济新业态发展，促进兵团产业结构合理化、高级化；二是"依托口岸，发展边贸"，提升兵团在西向开放中的综合实力；三是积极运用科技发展的成果，为兵团综合竞争力赋能增效；四是深化生态文明体制改革，增强兵团可持续发展能力。

第9章 主要研究结论与展望

9.1 主要研究结论

　　兵团是对外开放的主力军和排头兵，由于受特定区位、自然条件、历史和社会环境等因素制约，兵团相对于东部发达地区、沿海地区来说对外开放水平相对较低，决定了兵团"西向开放"具有一定的迫切性。兵团"西向开放"既是兵团主动融入"一带一路"倡议、推进"上合组织框架"落实、促进与周边经贸一体化发展的需要，也有利于建设提升兵团区域竞争力与建设先进生产力和先进文化的示范区，是推进丝绸之路核心区——新疆经济社会发展的必由之路，更是增强兵团区域竞争力，使兵团真正成为安边固疆的稳定器和凝聚各族群众的大熔炉，在新时期更好发挥兵团"屯垦戍边""建城戍边"职责的重要途径。

　　本书结合"以人为本"科学发展观、"一带一路"的政策背景、决胜全面建成小康社会的时代背景与兵团特殊性的现实背景，以区域竞争力相关理论为基础，厘清了西向开放视角下兵团区域竞争力多维评价的理论框架；分析了兵团区域竞争力的资源基础、支撑环境与发展条件，为分项测评区域竞争力提供现实依据；采用熵权法对兵团的经济竞争力、产业竞争力、贸易竞争力、科技竞争力、人力竞争力、资源竞争力、绿色竞争力、公共服务竞争力、文化竞争力进行测评；之后，采用变异系数法和综合评价法分别从区域差异视角、师域差异视角、兵地对比的视角对比分析各区域的综合竞争力、核心竞争力、基础竞争力、潜在竞争力的空间时空特征与空间差异；随后，从直接因素、间接因素、动力因素、制约因素四个层面对兵团区域竞争力的影响因素进行识别与分析，构建了具有兵团特征属性并包含四个层次的"直接—间接—动力—阻力"兵团区域竞争力模型，采用格兰杰因果关系法探究了对外开放度与兵团区域竞争力的因果互动关系；最后，在实证分析的基础上提出西向开放视角下提升兵团区域竞争力的有效途径与对策。主要研究结论如下：

（1）以西向开放为背景探究兵团区域竞争力互动关系的作用机理，理论分析框架的研究主要结论如下：①西向开放的政策与演进印证了西向开放是国家改革开放的重要组成部分，新中国成立以来兵团在西向开放过程中共分为起步、缓慢发展、快速发展、新经济发展四个阶段，先后经历了支援边疆建设、对口援疆政策及西部大开发战略、建设丝绸之路经济带与"一带一路"全球战略，这些政策的实施为新疆及兵团区域经济发展奠定了良好的基础。②提升兵团区域竞争力对西向开放的支撑功能主要体现在三个方面：提升区域竞争力能优化西向开放的支撑环境、能够拓展西向开放的广度与深度、能增强西向开放主体的实力与动力。③西向开放对兵团区域竞争力的具体影响效应表现在西向开放的外资利用效应、贸易效应、产业结构调整效应、国内外市场联动效应与经济增长效应五个方面。其中，西向开放的外资利用效应与贸易效应属于前导直接效应，产业结构调整效应和国内外市场联动效应属于中间传导效应，经济增长效应为各种效应协同倍加的最终归因效应。④西向开放的理想状态是能够进入"外资增加—贸易规模与结构提升优化—产业结构不断升级—经济不断增长带动市场联动与外向经济发展—提升兵团区域竞争力—吸引下一轮外资和产业升级、经济稳健发展"的良性循环。

（2）从水文资源、土地资源、森林资源、农业资源和旅游资源五个方面分析了兵团区域竞争提升的资源基础，发现兵团能源资源总量充足、结构不优、利用效率不高。兵团具有西向开放发展明显的地缘优势、基础扎实的农业、服务业发展潜力巨大、投资环境优越等有利条件；在兵团区域竞争力支撑环境方面，在西向开放发展的背景下兵团面临着第三产业发展滞后、对外开放程度不高、政策不配套，资金扶持不够、人力资本开发不足、创新发展动力不足等问题。在兵团区域竞争力的发展条件方面，近年来兵团经济发展、产业发展、贸易发展、科技发展、人力资源、绿色发展、公共服务发展、文化发展条件有了长足进展，但普遍存在发展方式不优、结构失衡、价值链延伸不足、人力缺乏等问题。

（3）为能多维度、多层次对西向开放视角下兵团区域竞争力水平进行探究与把握，通过改进的熵权 TOPSIS 方法，分别从区域经济、产业、对外贸易、科技、人才、资源、绿色、公共服务以及文化九个方面对兵团区域竞争力进行测度，得到如下结论：①从整体上看，2005～2015 年，兵团在区域经济、产业、对外贸易、科技、人才、资源、绿色、公共服务以及文化九个方面的竞争力得分都呈现波动上升趋势，竞争力水平有明显的上升。②2005~2015年，从分项竞争力变化趋势来看：兵团经济竞争力指数整体呈稳步上升态势，经济发展稳步向前；兵团产业竞争力指数整体呈稳步上升态势，产业结构优化升级不断完善；兵团贸易竞争力指数整体呈"M"形波动上升趋势，贸易发展历程较为曲折；兵团科技竞争力指数整体呈升降更迭式的攀升趋势，科技发展波动频繁；兵团人才竞争力指数整体呈小幅度波浪下降的态势，人才集聚成效不足；兵团资源竞争力指数整体呈波动上升态势，资源优势效果凸显；兵团绿色竞争力整体呈"J"形变化趋势，绿色发展在2012年之后效果显著；兵团公共服务竞争力整体呈"J"形稳步增长趋势，公共服务竞争力显著提升；兵团文化竞争力整体呈稳步上升的趋势，文化事业发展势头强劲。③从分项竞争力的得分均值排序来看：兵团经济竞争力分项得分均值：经济发展潜力>外向型经济>经济基础>市场规模；兵团产业竞争力分项得分均值：市场绩效>产业效益；兵团贸易竞争力分项得分均值：贸易规模>贸易基础>贸易贡献；兵团科技竞争力分项得分均值：科技投入>科技产出；兵团人才竞争力分项得分均值：人才资源竞争力>人才发展竞争力>人才环境竞争力；兵团资源竞争力分项得分均值：投资状况>经济水平>资源优势；兵团绿色竞争力分项得分均值：人口环境>生活环境>经济环境>能耗环境>资源环境；兵团公共服务竞争力分项得分均值：公共教育>社会保障>交通服务能力>环境保护；兵团文化竞争力分项得分均值：文化投入>文化市场潜力>文化服务>文化输出力。④2005~2015年各分项竞争力内部要素的贡献排序如下：经济竞争力内部要素贡献排序：市场规模>经济基础>经济发展潜力>外向型经济；产业竞争力内部要素贡献排序：产业效益>市场效益；贸易竞争力占比：贸易贡献>贸易规模>贸易基础；科技竞争力内部要素贡献排序：科技投入>科技产出；兵团人才竞争力内部要素贡献排序：人才环境竞争力>人才发展竞争力>人才资源竞争力；兵团资源竞争力内部要素贡献排序：兵团资源优势竞争力>经济水平竞争力>投资状况竞争力；兵团绿色竞争力内部要素贡献排序：资源环境>经济环境>生活环境>能耗环境>人口环境；兵团公共服务竞争力内部要素贡献排序：社会保障>交通服务能力>公共教育>环境保护；兵团文化竞争力内部要素贡献排序：文化市场潜力>文化输出力>文化服务>文化投入。

（4）通过采用变异系数法和综合评价法，从区域综合竞争力、核心竞争力、基础竞争力、潜在竞争力四个维度对兵团区域竞争力进行综合评价，研究结果如下：①兵团区域综合竞争力在指数变动数值上呈现递增趋势，在指数增速变化上呈现"V"形波动式递增态势；在总竞争力指数构成情况上均值排序为核心竞争力>基础竞争力>潜在竞争力。在十年的指数构成变动中，其综合竞争力指数结构在不断优化调整，核心竞争力的主导地位逐渐凸显。其中2005年的排序为：基础竞争力总指数＞潜在竞争力总指数＞核心竞争力总指数；2010年的排序为：基础竞争力总指数＞核心竞争力总指数＞潜在竞争力总指数；2015年的排序为：核心竞争力总指数＞基础竞争力总指数＞潜在竞争力总指数。②从各分项竞争力的变动趋势来看，核心竞争力指数呈现波动式递增态势，基础竞争力指数振幅较小，发展相对稳定，潜在竞争力指数呈现"M"形发展态势。从分项竞争力的指数增速来看，核心竞争力增速呈现波动式的上升态势，基础竞争力增速呈现"两峰一谷"的发展态势，潜在竞争力指数增速波动幅度不大，变动相对稳定。对比各分项竞争力十年的发展情况，核心竞争力的发展良好，且其发展速度波动式上升，基础竞争力的发展次之，其指数发展相对稳定，而潜在竞争力的发展相对较弱，其指数变动较为剧烈。③核心竞争力2015年各分项竞争力贡献率的排序为：核心竞争力＞科技竞争力＞产业竞争力；基础竞争力各分项竞争力贡献率的排序为：公共服务竞争力＞绿色竞争力＞资源竞争力；潜在竞争力2015年各分项竞争力贡献率的排序为：公共服务竞争力＞绿色竞争力＞资源竞争力。

（5）根据变异系数法和综合评价法对兵团区域竞争力进行时空特征的实证分析，分别从南北疆区域差异视角、师域差异视角、兵地对比的视角分析各区域的综合竞争力、核心竞争力、基础竞争力、潜在竞争力的空间分布特征与空间差异，结论如下：①从南北东疆区域竞争力比较来看：综合竞争力、核心竞争力、基础竞争力与潜在竞争力存在空间差异性。第一，从2015年南北东疆竞争力指数来看，综合竞争力的数值大小上排序为：北疆＞东疆＞南疆，核心竞争力指数的排序为：北疆＞东疆＞南疆，基础竞争力指数的排序为：东疆＞北疆＞南疆，潜在竞争力指数的排序为：北疆＞南疆＞东疆。②从各分项竞争力指数对各区域综合竞争力的贡献率来看，核心竞争力贡献率的排序为：东疆＞南疆＞北疆，基础竞争力贡献率的排序为：东疆＞南疆＞北疆，潜在竞争力贡献率的排序为：北疆＞南疆＞东疆。③在兵团与新疆竞争力的对比方面，兵团与新疆综合竞争力增速变化基本同步，新疆核心竞争力指数＞兵团，新疆核心竞争力贡献＜兵团；新疆基础竞争力指数＞兵团；新疆基础竞争力对总竞争力贡献＜兵团；新疆潜在竞争力指数＞兵团，新疆潜在竞争力对总竞争力贡献＞兵团。④从兵团师域总竞争力差异来看，兵团10年间各师区域总竞争力均呈现出波动上升的趋势；核心竞争力的空间差异经历了一个先增大后减小的过程，基础竞争力空间差异经历了一个先增大后减小的过程，潜在竞争力空间差异经历了一个先增大后减小的过程。⑤在2015年总竞争力指数排序上，第八师＞第四师＞第五师＞第一师＞第十师＞第六师＞第三师＞第十二师＞第九师＞第七师＞第二师＞第十三师；在核心竞争力指数的排序上,第八师 > 第一师 > 第四师 > 第十二师 > 第六师 > 第十三师 > 第十师 > 第二师 > 第七师 > 第五师 > 第三师 > 第九师;在基础竞争力的排序上,第二师 > 第十二师 > 第十三师 > 第十师 > 第四师 > 第九师 > 第八师 > 第六师 > 第七师 > 第五师 > 第一师 > 第三师;在潜在竞争力的排序上,第四师 > 第六师 > 第十师 > 第七师 > 第五师 > 第一师 > 第十二师 > 第十三师 > 第二师 > 第八师 > 第三师 > 第九师。⑥从各师对兵团总竞争力的贡献来看,第八师、第四师、第五师对兵团总竞争力的贡献率最高,第二师、第三师、第九师、第十二师、第十三师对兵团总竞争力的贡献率最低。

(6) 运用雷达图和自然断点法对兵团各师的各类竞争力进行梯队划分,发现:①在师域核心竞争力上,第八师和第六师属于科技主导型,第三师、第五师、第七师、第十师、第十四师属于产业主导型,第一师、第四师、第九师、第十三师、第十二师均经历了主导类型的转变。②在师域基础竞争力上,第一师、第二师、第五师、第十二师、第十四师属于公共服务主导型,第四师属于资源主导型,第七师属于绿色主导型,第六师属于绿色、资源、公共服务竞争力均衡发展类型,第三师、第八师、第十三师均经历了主导类型的转变。③在师域潜在竞争力上,第一师、第二师、第九师、第十师、第十三师属于人才主导型,第十二师属于贸易主导型,第八师、第四师、第五师、第三师、第六师、第七师和第十四师均经历了主导类型的转变。

(7) 结合区域竞争力形成机理的研究,识别和分析了兵团独特的地理位置、社会经济条件下,影响兵团竞争力的直接因素、间接因素、动力因素与制约因素,构建了兵团区域竞争力影响要素模型——"直接—间接—动力—阻力"模型。具体来看:①直接竞争力因素包括:经济竞争力、产业竞争力、企业竞争力、开放竞争力;②区域竞争力的间接因素包括:人力资本竞争力、金融与投资环境竞争力、基础设施竞争力、科技竞争力、资源环境能力、政府作用力;③影响兵团区域竞争力的动力因素:市场吸引因素、制度与政策推动力因素、产业转型与升级因素、科教推动因素;④影响兵团区域竞争力的制约因素包括:自然禀赋因素、地理位置因素、人力资本因素、非市场风险。

(8) 对兵团的对外开放度与兵团区域竞争力影响要素进行了因果关联分析,运用因子分析法测算了兵团对外开放度、经济实力、产业竞争力、企业竞争力的得分与排名,将结果进行了相关分析和格兰杰因果关系检验,得出如下结论:①从对外开放度与兵团经济实力、产业竞争力、企业竞争力的相关性来看,兵团对外开放度与经济实力、产业竞争力、企业竞争力在总得分与总排名上的相关系数均为正数并且大都在0.7以上,可以认为兵团对外开放度与经济实力、产业竞争力、企业竞争力在总得分与总排名上具有高度的正向线性相关。对外开放度与经济实力可能存在着一定程度上的因果关系；兵团对外开放度与企业竞争力总得分的排名的相关系数最高（0.796），与兵团产业竞争力总得分的排名的相关性较低（0.580）；在 2000~2015 年各因素的总得分的排名上，兵团对外开放度总得分的排名与企业竞争力总得分的排名的相关系数最高，为 0.859；与兵团产业竞争力总得分的排名的相关性较低，达到 0.756。②在滞后一期时，X0（兵团对外开放度得分）是 X2（兵团产业竞争力得分）变动的原因；P1（兵团经济实力排名）是 P0（兵团对外开放度排名）变动的原因；P1（兵团经济实力排名）是 P3（兵团企业竞争力排名）变动的原因，X1（兵团经济实力得分）是 X2（兵团产业竞争力得分）的原因。③在滞后二期时，P1（兵团经济实力排名）是 P0（兵团对外开放度排名）变动的原因；P2（兵团产业竞争力排名）是 P0（兵团对外开放度排名）变动的原因；P0（兵团对外开放度排名）是 P3（兵团企业竞争力排名）的原因；P1（兵团经济实力排名）是 P3（兵团企业竞争力排名）变动的原因，P2（兵团产业竞争力排名）是 P3（兵团企业竞争力排名）变动的原因。④在滞后三期时，P0（兵团对外开放度排名）与 P3（兵团企业竞争力排名）有着互为因果的双向因果关系。X2（兵团产业竞争力得分）是 X1（兵团经济实力得分）变动的原因。P1（兵团经济实力排名）是 P3（兵团企业竞争力排名）变动的原因，P3（兵团企业竞争力排名）是 P2（兵团产业竞争力排名）变动的原因。

（9）根据前文测评结果和兵团西向开放影响因素的分析结果，提出了提升兵团整体区域竞争力的综合对策、按竞争力层次的分区域竞争力提升对策、提升兵团综合竞争力的其他具体对策，能够为相关部门决策提供智力支持和理论指导。其中，提升兵团整体区域竞争力的综合对策主要从三个方面着手：稳定和发展兵团核心竞争力、调整和扩大兵团基础竞争力、开拓和创新兵团潜在竞争力。对不同的区域，提出兵团应差异化分区域的竞争力提升对策：南疆团场应注重基础竞争力与核心竞争力，北疆团场应提升核心竞争力、开发潜在竞争力，兵团边境团场依托口岸优势提升潜在竞争力，兵团贫困团场依托精准扶贫重点提升基础力，兵团腹心团场依托经济优势强化核心竞争力。提升兵团综合竞争力的其他具体对策主要体现在四个方面：一是依托新经济新业态发展，促进兵团产业结构的合理化、高级化；二是"依托口岸，发展边贸"，提升兵团在西向开放中的综合实力；三是积极运用科技发展的成果，为兵团综合竞争力赋能增效；四是深化生态文明体制改革，增强兵团可持续发展能力。

9.2 研究创新及主要建树

9.2.1 研究的主要创新

（1）在研究视角上的创新。本研究选题比较新颖，本书基于"西向开放"的视角探究兵团区域竞争力的提升，而目前尚未发现将西向开放与区域竞争力评价结合的相关研究，这从理论上进一步开拓了区域经济学的研究视野；兵团承担着"屯垦戍边"的历史重任，而兵团"西向开放"有助于国家全面开放战略的实施，有助于"第一个百年目标"的顺利实现，有助于新疆经济社会的健康发展。

（2）在研究内容上创新。本书在立足西向开放的背景下，着力于对兵团区域竞争力进行多维评价，更加全面系统，不仅涉及 2000 年以来兵团整体的区域竞争力变化趋势，也涉及兵团各个师市、南北疆的区域竞争力变化趋势，不仅对比了兵团与新疆的区域竞争力，更深入分析对比了兵团区域内部不同的分项竞争力，不仅考察了西向开放背景下，不同维度的竞争力，也探究了影响兵团区域竞争力的因素，对王秉安教授提出的"直接—间接"竞争力模型进行改进和拓展，提出了更适用兵团的"直接—间接—动力—阻力"竞争力评价模型，力求为兵团区域竞争力的提升政策提供有效建议。

（3）研究对象上的创新。首先，以往文献涉及兵团区域竞争力的较少，而由于影响因素指标的选择和指标体系的确立是构建区域竞争力的评价模型基础，因而研究对象发生改变，将直接影响标的选择和指标体系的确立，进而影响区域竞争力的评价；其次，兵团是有别于国家、城市、经济圈以及其他区域的特殊区域，对其兵团区域竞争力的多维评价研究是个相对特殊、较为新颖的领域，而将西向开放与兵团区域竞争力多维评价相结合进行深入系统的研究更是一项全新的课题，也是将区域经济学、发展经济学、国际贸易学相结合的跨学科研究成果，这在一定程度上丰富和发展了区域竞争理论。

（4）研究方法的创新。本研究首次尝试在 IMD、波特等两大传统区域竞争力评价模型基础上提出改进后的兵团区域竞争力多维评价模型；通过改进的熵权 TOPSIS 方法对兵团经济、产业、对外贸易、科技、人才、资源、绿色、公共服务和文化分项竞争力进行了测度；运用变异系数法、综合评价法、自然断点法，分别从南北疆区域差异视角、师域差异视角、兵地对比的视角对比分析各区域的综合竞争力、核心竞争力、基础竞争力、潜在竞争力的空间分布特征与空间差异；较为系统地利用面板数据对兵团与全国及新疆区域竞争力展开静态比较分析，采用因子分析法测度了兵团竞争力影响因素，运用格兰杰因果关系检验考察影响兵团开放竞争力与其他竞争力的因果关系，力图多维度、多层次对西向开放视角下兵团区域竞争力水平进行探究与把握。

9.2.2 研究的主要建树

（1）构建了西向开放视角下兵团区域竞争力多维评价的理论框架。提升兵团区域竞争力对西向开放的支撑功能主要体现在三个方面：提升区域竞争力能优化西向开放的支撑环境、能够拓展西向开放的广度与深度、能增强西向开放主体的实力与动力。西向开放对兵团区域竞争力的具体影响效应表现在西向开放的外资利用效应、贸易效应、产业结构调整效应、国内外市场联动效应与经济增长效应五个方面。其中，西向开放的外资利用效应与贸易效应属于前导直接效应，产业结构调整效应和国内外市场联动效应属于中间传导效应，经济增长效应为各种效应协同倍加的最终归因效应。西向开放的理想状态是能够进入"外资增加—贸易规模与结构提升优化—产业结构不断升级—经济不断增长带动市场联动与外向经济发展—提升兵团区域竞争力—吸引下一轮外资和产业升级、经济稳健发展"的良性循环。

（2）为有效深入地对兵团区域竞争力进行综合测度，构建了由 3 个一级指标（核心竞争力、基础竞争力及潜在竞争力）、9 个二级指标（经济竞争力、产业竞争力、贸易竞争力、科技竞争力、人力竞争力、资源竞争力、绿色竞争力、公共服务竞争力、文化竞争力）、21 个三级具体指标构成的兵团西向开放竞争力评价指标体系。

（3）结合区域竞争力形成机理的研究，识别和分析了兵团独特的地理位置、社会经济条件下，影响兵团竞争力的直接因素、间接因素、动力因素与制约因素。具体来看：①直接竞争力因素包括：经济竞争力、产业竞争力、企业竞争力、开放竞争力；②区域竞争力的间接因素包括：人力资本竞争力、金融与投资环境竞争力、基础设施竞争力、科技竞争力、资源环境能力、政府作用力；③影响兵团区域竞争力的动力因素：市场吸引力因素、制度与政策推动力因素、产业转型与升级因素、科教推动因素；④影响兵团区域竞争力的制约因素包括：自然禀赋因素、地理位置因素、人力资本因素、非市场风险。

（4）鉴于现有区域竞争力要素模型对地域分布分散、经济分散的兵团存在不适用性，本研究通过选取合适指标，构建了兵团区域竞争力影响要素模型——"直接—间接—动力—阻力"兵团区域竞争力模型。该模型以介于国家与城市之间的兵团区域为基础，以兵团这种地域分布分散、经济分散的区域为研究对象，系统详细地描述了区域竞争力的影响因素及其相互之间的关系，弥补了现有区域竞争力要素模型对兵团区域竞争力解释的不足，对于兵团区域竞争力的分析和评价，以及提升措施的探讨具有切实可行的指导意义。兵团区域竞争力的要素模型主要包含内环、"五星"型虚线外环、内环外环之外左侧的动力因素和内环外环之外右侧的制约因素。

9.3 学术价值与社会效益

第一，丰富了区域经济学的研究内容。以往文献涉及兵团区域竞争力的较少，兵团是有别于国家、城市、经济圈的区域，对其兵团区域竞争力的多维评价研究是个相对特殊、较为新颖的领域，而将西向开放与兵团区域竞争力多维评价相结合进行深入系统的研究更是一项全新的课题，也是将区域经济学、发展经济学、国际贸易学相结合的跨学科研究成果。

第二，丰富和完善了区域竞争力的测度理论。首先，采用熵权法对兵团经济竞争力、产业竞争力、贸易竞争力、科技竞争力、人力竞争力、资源竞争力、绿色竞争力、公共服务竞争力、文化竞争力进行测评。其次，从核心竞争力、基础竞争力、潜在竞争力层面上采用变异系数法综合评价了兵团总体的区域竞争力状况与发展态势，并研究了西向开放视角下兵团区域竞争力的时空特征，对比分析了兵团南北东疆、兵团各个师市、兵团与新疆在核心竞争力、基础竞争力、潜在竞争力的差异。最后，采用因子分析法测算出兵团经济竞争力、产业竞争力、企业竞争力的情况下，通过相关分析和格兰杰因果关系检验考察了对外开放度与兵团区域竞争力影响要素之间的因果关系。全书在西向开放视角下，系统、全面地测度了区域竞争力。

第三，从系统论角度构筑了兵团区域竞争力影响因素的理论模型。从直接因素、间接因素、动力因素、限制因素四个层面对兵团区域竞争力的影响因素进行识别与分析；构建了在形式上包含"内环""五星""六棱型""外环"，内容上包含四个层次的"直接—间接—动力—阻力"区域竞争力模型，系统描述了区域竞争力的影响因素及其相互之间的关系，弥补了现有区域竞争力要素模型对兵团区域竞争力解释的不足，对于兵团区域竞争力的分析和评价，以及提升措施的探讨具有切实可行的指导意义，为评价兵团区域综合竞争力提供了理论基础。

第四，兵团"西向开放"具有一定的迫切性，在西向开放视角下对兵团区域竞争力展开多维评价也具有重要的社会效益，有利于丰富区域竞争力研究领域的实践性与应用性。一方面，在研究过程中公开发表了12篇学术论文（其中6篇CSSCI论文、5篇核心期刊），不仅在区域竞争力多维评价领域具有较高的学术价值，而且对于全方位对外开放格局的构建、落后地区与民族聚居贫困区域的脱贫减贫等研究领域也具有较高的应用价值。另一方面，兵团发展口岸经贸地缘优势、资源优势突出，是西向开放的地缘通道和发展区域经济的前沿阵地。在西向开放视角下兵团区域竞争力展开多维评价，进而找出影响和制约各区域竞争力的关键因素，进而有效提升兵团区域竞争力，有助于切实解决兵团经济先行区如何发挥比较优势、经济欠发达区域为何缺乏竞争优势、如何有针对性地提高兵团产业竞争力优势等问题；有利于兵团加快实施西向开放战略、推进西向开放进程，主动融入"一带一路"倡议、推进"上合组织框架"，落实、促进丝绸之路核心区建设和周边经贸一体化发展，由此对兵团真正成为安边固疆的稳定器和凝聚各族群众的大熔炉，成为建设先进生产力和先进文化的示范区均具有重要的实践指导作用。

9.4　研究不足与未来展望

西向开放视角下兵团区域竞争力的多维评价涉及面广、理论性强，在实践上是一个具有挑战性的课题。尽管本研究对兵团竞争力的背景基础、难点、机制构建、指标体系构建、区划等方面做了较为全面的研究，但由于时间和能力有限，还存在许多有待完善和深入研究的地方。

（1）受到本研究对象、研究范围与研究重点的限制，本研究主要基于师域层面对兵团地区区域多维竞争力研究，囿于研究时间有限和部分数据资料获取困难，没能深化到地州层面，这将是今后研究的重要方向。

（2）评价划分指标问题。在区域竞争力的二级指标和三级指标（即分类竞争力和分项竞争力）中，部分指标难以量化，并且数据资料收集困难。另外，新疆位于自然条件恶劣、生态环境脆弱的西北干旱地区，大部分经济分布在绿洲上，由于肩负着屯垦戍边独特历史使命，具有重要的战略意义，部分指标如战略重要性等的权重应加大。具体哪些指标应加大、加大多少适宜，怎样能够科学、客观地反映兵团实际，都是值得研究的议题。

（3）影响因素探究深度问题。一是本书由于受到篇幅和数据可获得性的限制，仅仅探究了兵团对外开放竞争力因素与经济实力、产业竞争力、企业竞争力的关系，未能细分到分类竞争力（人才竞争力、资源竞争力、文化竞争力、科技竞争力、绿色竞争力、公共服务竞争力）和分项竞争力（即构成分类竞争力的三级指标）上，而对外开放竞争力受到国家政策、科技文化、公共服务竞争力等多方面的影响，这也是后续研究的重要领域。二是格兰杰因果关系检验是计量工具进行因果关系识别最常用、最普遍的方法，但格兰杰因果关系检验的结论只是一种预测，是统计意义上的"格兰杰因果性"。格兰杰因果关系不等于实际因果关系，也并不妨碍其参考价值，因为在经济学中，统计意义上的格兰杰因果关系也是有意义的，对于经济预测等仍然能起一些作用。因此，对时间序列的因果关系寻找更好的方法，还存在许多有待完善和深入研究的地方。

参考文献

［1］狄昂照．国际竞争力［M］．北京：改革出版社，1992．

［2］严于龙．我国地区经济竞争力比较研究［J］．中国软科学，1998（04）：110 – 112 + 129．

［3］徐云峰．制度创新与培育西部区域竞争优势［J］．经济师，2001（08）：76 – 77．

［4］王海霞，王德发．我国经济竞争力概况分析［J］．统计与决策，2004（04）：42 – 43．

［5］徐琼．区域经济竞争力的理论与实证研究——浙江省地区差异分析［J］．浙江社会科学，2006（01）：48 – 51．

［6］阳国新．区域贸易与区域竞争［J］．经济学家，1995（02）：122 – 123 + 121．

［7］郝寿义，倪鹏飞．中国城市竞争力研究——以若干城市为案例［J］．经济科学，1998（03）：50 – 56．

［8］王国贞．河北省区域技术创新能力评价研究［J］．河北科技大学学报，2005（03）：254 – 258．

［9］谢立新．论地区竞争力的本质［J］．福建师范大学学报（哲学社会科学版），2003（05）：59 – 66．

［10］单玉丽，张旭华，苏美祥．福州与厦门、东莞、苏州区域竞争力比较分析及对策研究［J］．福建论坛（人文社会科学版），2005（03）：94 – 98．

［11］张为付，吴进红．区域综合竞争力评估体系研究——以长江三角、珠江三角、京津地区为例［J］．南京社会科学，2002（S1）：35 – 41．

［12］丁力，杨茹．经济增长加速度与地区竞争力［J］．广东社会科学，2003（03）：13 – 21．

［13］左继宏，胡树华．我国各省、市区域竞争力实证研究［J］．科技管理研究，2008（05）：98 – 101．

[14] 张斌，梁山．区域竞争力初探 [J]．经济师，2005（11）：23 - 24.

[15] 芦岩，陈柳钦．国内区域竞争力研究综述 [J]．上海财经大学学报，2006（04）：92 - 97.

[16] 程玉鸿．区域、竞争力与区域发展 [J]．人文地理，2008（05）：22 - 26.

[17] 王秉安．我国省域经济综合竞争力现状研究 [J]．华东经济管理，2005（06）：55 - 59.

[18] 张继良，张奇．基于空间经济学的长三角区域经济差距研究 [J]．统计研究，2009（12）：41 - 48.

[19] 王连月，韩立红．AHP 法在区域竞争力综合评价中的应用 [J]．企业经济，2004（06）：112 - 113.

[20] 王立成，牛勇平．科技投入与经济增长：基于我国沿海三大经济区域的实证分析 [J]．中国软科学，2010（08）：169 - 177.

[21] 赵修卫．区域竞争力基础的多元化及其思考 [J]．中国软科学，2003（12）：110 - 114.

[22] 蒋满元，唐玉斌．基于区域经济学基本假定的区域竞争力形成机制解释 [J]．财贸研究，2005（02）：13 - 17.

[23] 王秉安．关于企业核心竞争力的探讨 [N]．中国机电日报，2000 - 08 - 16（001）．

[24] 左继宏．区域竞争力的理论研究与实证分析 [D]．武汉理工大学，2005.

[25] 程臻宇．区域文化产业竞争力比较评价体系初探——以山东半岛城市群为例 [J]．东岳论丛，2011，32（01）：93 - 98.

[26] 孙东琪．苏鲁两省产业竞争力模式比较及其竞争路径研究 [J]．经济地理，2013，33（02）：128 - 134.

[27] 李治国，郭景刚．东北亚清洁能源利用与能源消费结构关系的实证研究——基于状态空间模型的变参数分析 [J]．东疆学刊，2012（04）：56 - 62.

[28] 潘霞，鞠晓峰，陈军．基于因子分析的我国 29 个地区高新技术产业竞争力评价研究 [J]．经济问题探索，2013（04）：65 - 69.

[29] 程乾，方琳．生态位视角下长三角文化旅游创意产业竞争力评价模型构建及实证 [J]．经济地理，2015，35（07）：183 - 189.

[30] 胡霞．广东省服务业区域竞争力分析 [J]．商讯商业经济文荟，2004（05）：31 - 35.

[31] 宋光辉．我国人口与经济增长长期稳定关系的实证分析（1953 -

2000）［J］．西北人口，2004（03）：15－18．

［32］张平宇，赵艳霞，马延吉．东北地区智力资源开发与区域竞争力［J］．地理科学，2003（05）：513－518．

［33］张金华，俞金红．江苏省制造业区域竞争力分析［J］．江苏统计，2002（03）：20－22．

［34］陈晓红，解海涛，常燕．基于"星形模型"的中小企业区域竞争力研究——关于中部六省的实际测算［J］．财经研究，2006（10）：124－133．

［35］上官飞，舒长江．中部省份区域竞争力的因子分析与评价［J］．统计与决策，2011（09）：71－73．

［36］李磊，汤学兵，陈战波．中部六省会城市区域经济竞争力评价研究［J］．商业经济研究，2017（13）：122－125．

［37］蒋同明．区域竞争力研究——以西部12省区市为例［J］．西南金融，2006（07）：21－22．

［38］谯薇，梁剑．西部地区产业集群与区域竞争力研究［J］．经济体制改革，2007（02）：175－177．

［39］陈桃红．西南六省区市区域竞争力评价［J］．科技管理研究，2013，33（01）：56－59．

［40］李娟．基于产业集群竞争力的西部区域经济发展的路径选择［J］．商业经济，2014（16）：43－44．

［41］马建会．提升大珠三角区域竞争力的对策研究［J］．特区经济，2006（03）：60－62．

［42］于丹．以会展业的发展提升珠三角区域竞争力研究［J］．广东财经职业学院学报，2009，8（05）：83－88．

［43］刘璟．珠三角区域工业竞争力比较分析及政策建议［J］．工业工程，2009，12（05）：54－57＋75．

［44］林寿富．泛珠三角区域经济竞争力动态评价比较研究［J］．东南学术，2015（02）：108－115．

［45］张国强，汤向俊．区域战略性新兴产业竞争力比较：以长三角、珠三角和京津冀为例［J］．经济问题探索，2012（08）：42－47．

［46］徐光瑞．我国三大经济圈竞争力研究——兼论京津冀一体化发展对策［J］．产业经济评论，2015（01）：79－88．

［47］曾冰．我国各大经济圈竞争力比较研究［J］．区域经济评论，2015（06）：130－135．

［48］黄茂兴，林寿富．海西区与长三角、珠三角区域经济竞争力比较与联

动机制探讨［J］.东南学术，2012（02）：95－110.

　　［49］韩国元.区域竞争力分析评价与提升对策研究［D］.哈尔滨工程大学，2004.

　　［50］龚发金.区域竞争力评价模型研究［D］.北京交通大学，2007.

　　［51］张继良，胡荣华.区域产业竞争力评价体系研究——基于江苏产业转型升级背景［J］.产业经济研究，2010（06）：72－80.

　　［52］胡瑞华.基于 PCA－DEA 模型的中国区域建筑产业竞争力评价研究［D］.天津大学，2009.

　　［53］喻胜华，杨薇.基于结构方程的区域旅游产业竞争力评价模型［J］.大连理工大学学报（社会科学版），2011，32（04）：44－47.

　　［54］李雪茹.区域文化产业竞争力评价分析：基于 VRIO 模型的修正［J］.人文地理，2009，24（05）：76－80.

　　［55］唐颖，张慧琴.基于 SEM 结构方程的区域科技竞争力评价模型构建［J］.科学管理研究，2013，31（01）：79－83.

　　［56］董会忠，张峰，宋晓娜.基于正态云模型的科技创新与区域竞争力动态关联评价［J］.科技进步与对策，2015，32（15）：125－131.

　　［57］诸葛晴怡，安海忠，陈景明.江浙沪产业结构对比研究——基于偏离—份额模型［J］.资源与产业，2015，17（05）：124－128.

　　［58］万绪才，李刚，张安.区域旅游业国际竞争力定量评价理论与实践研究——江苏省各地市实例分析［J］.经济地理，2001（03）：355－358.

　　［59］张欣.旅游产业区域竞争力的理论研究与实证分析［D］.青岛大学，2002.

　　［60］杨森林，陈德泉.论区域经济一体化演进机制及阶段特征［J］.商业经济与管理，1995（01）：75－77.

　　［61］黎洁，赵西萍.论国际旅游竞争力及其阶段性演进［J］.社会科学家，1999（05）：20－23.

　　［62］冯茂娥.陕西省旅游业国际竞争力测评与提升战略研究［D］.陕西师范大学，2003.

　　［63］张争胜，周永章.城市旅游竞争力的实证研究——以广东省为例［J］.资源开发与市场，2005（01）：13－16.

　　［64］黄秀娟.区域国际旅游竞争力评价的理论与实证分析［J］.科技和产业，2007（06）：41－45.

　　［65］郭子雪，王兰英.基于组合赋权－TOPSIS 的河北省物流业竞争力评价研究［J］.河北大学学报（哲学社会科学版），2017，42（01）：121－130.

［66］郑亚平，朱玉. 基于熵权法的区域经济竞争力实证研究——以四川省为例［J］. 绵阳师范学院学报，2015，34（06）：27-32.

［67］李彩惠，霍海鹰，李雅洁，侯玮. 基于突变级数模型的城市低碳竞争力评价及障碍因子诊断分析［J］. 资源科学，2015，37（07）：1474-1481.

［68］关建清. 神经网络模型在城市科技竞争力评价中的应用研究——基于浙江省的实证分析［D］. 杭州：杭州电子科技大学，2012.

［69］慕静，张臻竹，武开，张俊. 区域产业竞争力动态评价模型［J］. 统计与决策，2008（03）：166-167.

［70］马铭. 基于 AHP-EM-SD 集成模型的区域低碳竞争力评价体系及提升机制研究［D］. 重庆：重庆交通大学，2016.

［71］晏永刚，唐小鸿. 基于 PCA-SEM 的污染型邻避设施规划建设中的公众参与影响因素研究［J］. 生态经济，2017，33（07）：213-217.

［72］王旭，李林，邓鸿星. 我国区域建筑业竞争力综合评价研究——基于 PP-DEA 模型［J］. 技术经济与管理研究，2013（08）：23-28.

［73］徐知渊，吕昌河. 长三角城市旅游产业竞争力综合比较研究——基于 AHP 法与 BP 人工神经网络模型［J］. 中国人口·资源与环境，2017，27（S1）：237-240.

［74］魏敏，李国平，王巨贤. 我国区域竞争力区位差异的实证研究［J］. 中央财经大学学报，2004（05）：41-45.

［75］夏智伦，李自如. 区域竞争力的内涵、本质和核心［J］. 求索，2005（09）：44-47.

［76］宁越敏，唐礼智. 城市竞争力的概念和指标体系［J］. 现代城市研究，2001（03）：19-22.

［77］周小川. 走向开放型经济［J］. 经济社会体制比较，1992（05）：4-11.

［78］樊纲. 在开放中发展［J］. 开放导报，2010（05）：8-10+1.

［79］左继宏，胡树华. 区域竞争力的指标体系及评价模型研究［J］. 商业研究，2005（16）：23-26.

［80］王秉安. 区域竞争力研究述评［J］. 福建行政学院经济管理干部学院学报，2003（04）：29-34+80.

［81］汪明峰. 城市竞争、职能与竞争力：一个理论分析框架［J］. 现代城市研究，2002（02）：44-48.

［82］倪鹏飞. 中国城市竞争力的分析范式和概念框架［J］. 经济学动态，2001（06）：14-18.

［83］王秉安，陈振华，徐小佶，姜华，罗海成. 区域竞争力研究——理论探讨［J］. 福建行政学院经济管理干部学院学报，1999（01）：2－4.

［84］李翀. 我国对外开放程度的度量与比较［J］. 经济研究，1998（01）：28－31.

［85］李雪芳. 关于经济开放度指标重新构建的几点见解［J］. 上海统计，1998（10）：24－25.

［86］刘朝明，韦海鸣. 对外开放的度量方法与模型分析［J］. 财经科学，2001（02）：34－36.

［87］黄繁华. 中国经济开放度及其国际比较研究［J］. 国际贸易问题，2001（01）：19－23.

［88］胡智，刘志雄. 中国经济开放度的测算与国际比较［J］. 世界经济研究，2005（07）：10－17＋25.

［89］何智恒. 中部六省经济开放度的比较研究［J］. 统计与决策，2008（01）：108－110.

［90］Padmore T. , Gibson H. Modelling Systems of Innovation: A Framework for Industrial Cluster Analysis in Regions［J］. Research Policy, 1998, 26（6）: 625－641.

［91］Brooksbank D. J. , Pickernell D. G. Regional Competitiveness Indicators. A Reassessment of Method［J］. Local Economy, 1999, 13（13）: 310－326.

［92］Tong G. J. , Wang W. The Comprehensive Evaluation of Regional Agricultural Brand Competitiveness Based on Fuzzy Gray Analysis［J］. Applied Mechanics & Materials, 2011, 44（47）: 3687－3691.

［93］Mongkhonvanit J. Development of Industrial Cluster in Emerging Economy: Case Study of Academe－Industry－Government Partnership in Automotive Cluster of Thailand［M］. Berlin: Springer Singapore, 2014.

［94］Kasımoglu M. , Göre Z. S. , Altın E. Competitiveness Analysis of Istanbul Financial Center 1［J］. Procedia－Social and Behavioral Sciences, 2016（235）: 771－781.

［95］Coronado F. , Vincent Charles, Rocky J. Dwyer. Measuring Regional Competitiveness through Agricultural Indices of Productivity: The Peruvian Case［J］. World Journal of Entrepreneurship Managemert, 2017, 13（02）: 678－691.